· 光明文丛系列 ·
Guangming Wencong series

中华女子学院学术文库资助项目

马克思历史唯物主义基本范畴体系研究

任　琳◎著

光明日报出版社

图书在版编目（CIP）数据

马克思历史唯物主义基本范畴体系研究 / 任琳著 .
北京 : 光明日报出版社，2025.5. — ISBN 978-7-5194-
8748-5

Ⅰ . B03

中国国家版本馆 CIP 数据核字第 2025761DX5 号

马克思历史唯物主义基本范畴体系研究

MAKESI LISHI WEIWU ZHUYI JIBEN FANCHOU TIXI YANJIU

著　者：任　琳

责任编辑：郭玫君　　　　　　　责任印制：曹　净
封面设计：李　阳　　　　　　　责任校对：房　蓉

出版发行：光明日报出版社
地　　址：北京市西城区永安路 106 号，100050
电　　话：010-63169890（咨询），010-63131930（邮购）
传　　真：010-63131930
网　　址：http://book.gmw.cn
E - mail：gmrbcbs@gmw.cn
法律顾问：北京市兰台律师事务所龚柳方律师

印　　刷：北京亿友数字印刷有限公司
装　　订：北京亿友数字印刷有限公司
本书如有破损、缺页、装订错误，请与本社联系调换，电话：010-63131930

开　　本：170mm×240mm　　　　　印　　张：16.25
字　　数：250 千字
版　　次：2025 年 5 月第 1 版
印　　次：2025 年 5 月第 1 次印刷
书　　号：ISBN 978-7-5194-8748-5

定　　价：68.00 元

前　言

　　历史唯物主义理论体系是由一系列范畴、概念及原理有机构成的统一体，作为马克思和恩格斯关于人类社会发展思想的逻辑整理与逻辑发展的产物，它首先是作为范畴和概念的体系而存在的。因此，注重研究各个范畴的生成以及范畴之间的内在逻辑关系，从整体上对人类社会发展的一般规律予以分析说明理应成为历史唯物主义研究领域的重大任务之一。当然这些范畴和概念的排列顺序应该反映历史的实际，而且只有与社会生活的实际发展相一致，才能更好地为历史唯物主义的正确性发展指明方向。正是从这个意义上讲，对"马克思历史唯物主义基本范畴体系"进行深入研究具有极其重要的理论和实践意义。本书在尊重人类社会历史辩证发展客观事实的基础上，遵循逻辑与历史相一致的原则对马克思主义创始人创立历史唯物主义的进程进行了说明，分析了建立历史唯物主义基本范畴体系的必要性及其方法论原则，论述了劳动范畴作为逻辑起点的必然性，探讨了历史唯物主义基本范畴体系的逻辑内容及其范畴相互作用的机制，最终阐明了历史唯物主义基本范畴体系的逻辑主线和逻辑旨归，力争再现一个概念清晰、逻辑严谨、完整系统的历史唯物主义范畴体系。

　　全书包括导论总共设计了六章内容。其中第一章和第二章构成了本书的第一大部分，该部分主要论述了与历史唯物主义基本范畴体系相关的几个问题，深入探讨了建立历史唯物主义基本范畴体系的必要性，从逻辑与历史相统一的角度对马克思创立历史唯物主义的历史进程和思维逻辑进程展开了分析，最后从根本原则与一般原则的角度对建立历史唯物主义基本范畴体系所应遵循的原则进行了阐述。这一部分主要是为全书写作奠定基础，提供方法论指导。

第三章到第五章构成本书研究的第二部分，也是本书主体部分。首先，对马克思劳动范畴本质内涵及其内在矛盾进行了明确规定，在此基础上主要对劳动作为逻辑起点的必然性从逻辑与历史的角度做出了必要的分析，详细阐明了劳动过程展开的五个环节，即劳动对象化、劳动分工、劳动异化、劳动社会化和劳动自由自主化，它们是环环相扣、辩证展开的过程。其次，着重对劳动范畴在现实生活中对应的发生机制进行了诠释。本书把需要和利益、分工以及交往看作是这一机制的表现形式，并且详细分析了这些范畴在历史唯物主义体系中的地位和作用。最后，本书主要从社会存在、社会意识范畴、生产力、生产关系、生产方式范畴以及经济基础、上层建筑、社会结构范畴和社会形态、社会有机体范畴等这些历史唯物主义的基本范畴及其之间的内在逻辑关系着手阐明了历史唯物主义范畴体系的逻辑内容，进而更好地说明马克思是如何从劳动发展史中发现整个人类社会历史的奥秘的。

第六章即本书研究的第三部分，也是本书的落脚点。该部分提出了劳动的发展与人的发展以及社会的发展三者的有机统一构成了历史唯物主义范畴体系的逻辑主线，这一主线使历史唯物主义诸范畴形成了一个有着内在联系的有机系统。同时，进一步指明在尊重人类社会发展客观规律的基础上，在劳动由奴役人的手段变为解放人的手段的过程中，人类社会真正朝着自由人联合体的发展趋势前进，从而使人真正实现自由而全面发展的存在状态。

目　录
CONTENTS

第1章
导论

第 2 章
历史唯物主义创立的历程及诠释体系的方法论原则

第3章
历史唯物主义基本范畴体系的逻辑起点

第4章
历史唯物主义基本范畴体系中的发生机制

第5章
历史唯物主义基本范畴体系的逻辑内容

第6章
历史唯物主义基本范畴体系的逻辑主线和逻辑旨归

第 1 章

导　论

1.1　选题缘起

　　按照恩格斯所言，马克思一生中有两大发现，历史唯物主义便是其中之一。历史唯物主义科学地揭示了人类社会历史发展的一般规律，把人们对社会历史的认识从唯心主义以及旧唯物主义的阵营中拉回到历史唯物主义中，并依据历史唯物主义指导自己的行动和社会发展。搞清楚历史唯物主义理论体系的实质精神是马克思主义研究中一个至关重要的理论问题，同时也是人们在认识社会发展时需要弄明白的一个现实问题。近年来，随着我国市场经济的深入推进和改革的继续深化发展，诸多迫切的社会重大现实问题逐渐凸显出来，如贫富分化、城乡发展失衡等，这些社会问题都亟须从历史唯物主义理论的高度对其做出相应的反思和解答。从理论本身来讲，自从历史唯物主义诞生以来，学界纷纷围绕历史唯物主义的相关问题展开了深入研究，取得了一些宝贵成果。然而，有些学者对历史唯物主义的性质、理论体系由于承袭苏联的解释模式以及传统哲学教材中的解释而陷入了一些思想困境，出现了一些理论表述上的混乱现象。此外，西方马克思主义者也以现代西方资本主义发展出现的新变化为借口，大肆宣扬马克思主义"过时"了或者"无用"了，并且批判和否定马克思主义理论中的基本概念和核心内容，如生产、劳动范畴以及历史唯物主义等，其中最主要的就是宣扬历史唯物主义不再适用于解释现代资本主义出现的新变化，以此来抛售自己的所谓的终极真理。还有一些西方马克思主义者扬言要重建历史唯物主义。这些现象和状况对我们从事马克思主义研究的人来说是绝对不能忽视和小觑的。我们当前要展现马克思主义的当代性，尤其是更好地彰显历史唯物主义的科学性与指导现实实践的功能，就要十分注重历史唯物主义研究范式，并在吸收前人成果的基础上对其有所创新，即尝试从一个新的角度对历史唯物主义这一科学理论体系做出诠释和阐发。正是在这个意义上，我们尝试从范畴的角度来对历史唯物主义理论体系进行一些必要的探讨和说明，以期为深化历史唯物主义理论体系尽绵薄之力。

理论只有形成体系且只有作为由一定的范畴和概念等要素按照严谨而科学的方式、逐个层次构筑起来形成一个严密的逻辑体系而存在，才能凸显其作为科学理论的完整性。历史唯物主义理论当然也不例外。质言之，作为揭示人类社会发展一般规律的真理，历史唯物主义的科学性和完整性也必须而且只有在其范畴和概念的总和中以及在这些范畴所构成的相互关系中才能被表现出来。即历史唯物主义需要以一个更加严密而有机的范畴系统的形态出现。只有把历史唯物主义首先作为一个由各个范畴从简单到复杂、从抽象到具体而形成的范畴体系来对待并进一步对其逻辑结构加以研究，才能够真正将其真理性道明白、讲清楚。因此，我们就十分有必要研究历史唯物主义诸范畴的生成和发展过程，研究各个范畴之间的内在逻辑联系。正是在此基础上，我们可以这样认为，即历史唯物主义就是由一系列范畴遵循一定的逻辑原则建构而成的有机系统理论，因而它会有作为自己逻辑体系之开端的逻辑起点范畴，以及围绕该逻辑起点范畴而展开的逻辑结构，同时还会有属于自己的各个范畴相互联系和相互作用的内在机制，以及整个逻辑体系形成的逻辑主线和逻辑旨归。很显然，所有这些要素构成了历史唯物主义的范畴体系。鉴于此，我们说历史唯物主义基本原理也就是由各个范畴和概念等要素所组成的，所以我们在认真研读马克思和恩格斯的相关著作时必须注重研究其各个范畴的生成过程，研究各个范畴之间的内在逻辑关联，同时还要自觉地在逻辑上把历史唯物主义诸范畴作为一个有机的系统整体来进行探究。做到这一点，就为我们在理论上完整准确地掌握历史唯物主义范畴体系及其所表现出来的基本原理提供了保证，也只有这样，才能更好地把握鲜活而生动、丰富而具体的人类社会发展过程。

理论只有被人们掌握并应用到实践中才能转化为现实的力量，从而发挥其作用。历史唯物主义理论及其原理也只有与人民群众相结合并被人们所运用才能真正成为指导实践的力量。然而在现实实践中，人们对历史唯物主义的理解和掌握出现了教条化和公式化的倾向及现象，主要表现为，把历史唯物主义简单抽象地归结为是几个或几对范畴和概念或者是几条僵固的原理，随手拿来套用和乱用，严重削弱了历史唯物主义指导实践的功能，甚至会造成严重的损失。可见，这种倾向和做法在实践中是错误的，是万万不可取的。针对这种情况，我们就应该更加深入研究历史唯物主义基本范畴及其科学体系，领会和把握其实质精神。我们知道，人类社会是一个由多层次、多要素构成的有机整体，这个有机体的发展、运动和变化，都是历史的而且是受着一定的内在规律所支配的。我们所要研究的历史唯物主义范畴体系不仅与人类社会历史发展的客观过程相一致，而且也是对它的科学反映。它的诸范畴其实就是从人类社会这个复杂有机体的不同侧面和层面来揭示其内在的、本质的、必然的联系的。因而，这些范畴体现了人们对社会认识发展的不同阶段，并成为我们认识人类社会有机体这一现象之网的网上纽结。诚然，马克思主义经典作家提出不同的范畴和概念，绝不是要搞"语言游戏"，而是从不同角度对客观存在着的、丰富多彩的人类社会现象进行科学抽象的结晶。可以说，每个范畴都有其自身客观而具体的内容，有着与其他范畴不同的内涵和外延，在整个历史唯物主义范畴体系中，它们以及由其构成的原理和规律有着属于自己的一个确定的地位，同时彼此之间又相互联系和作用，因此我们绝不能将其混淆。这就表明，历史唯物主义并不是由一个个的范畴之间所实现的简单组合或杂乱无章的混合体，恰恰相反，它是一个各范畴之间有着严密逻辑联系的且是作为整体而存在的理论体系。这种逻辑联系不是人们随意或任意虚构出来的，而是对人类社会历史发展过程的真实反映。所以说，只有认真研究历史唯物主义范畴体系，科学揭示其范畴之间的内在逻辑关系，使其呈现为一个科学的理论形态被人们认识和掌握，这样才能真正发挥其对实践的巨大指导意义，同时在针对那些西方马克思主义者扬言要重建历史唯物主义的状况时能够真正指出其实质和荒谬之所在，从而更好地彰显历史唯物主义的当代性和科学性。

1.2 研究历史唯物主义基本范畴体系的必要性

作为揭示人类社会发展一般规律的结构复杂的人类思维之果，历史唯物主义反映的是人类社会历史过程中的必然性、规律性联系，这种联系不是露形于外而是隐形于内，是人们看不见摸不着的。我们要把握这种联系和规律就必须借助反映对象本质属性和普遍联系的范畴来进行理论的表述，从而使人们通过学习这种理论形态化的内容来掌握其本质精神，以更好地运用到实践中。对历史唯物主义范畴的重视和研究并不是脱离实际的毫无意义的概念之争，相反，是十分必要和有意义的。

1.2.1 当前丰富和完善历史唯物主义理论的迫切要求

历史唯物主义是人类社会实践的产物，是人们对社会历史发展和自身发展的认识结晶。随着时代和实践的发展，历史唯物主义必然要与时俱进，内容也要不断丰富和完善。诚然，人们要认识和掌握历史唯物主义原理及其理论体系，就必须通过一定的思维工具来进行。而历史唯物主义范畴就是人们借以理解历史唯物主义理论的最基本也是最重要的思维工具，是人们认识人类社会生活及其发展关系之网的一个个纽结。通过这些范畴纽结，进一步透视范畴在纽结之网中的地位和内在关系，对其形成整体性认识，这样也就实现了对历史唯物主义理论基本框架的认知和把握。然而，当我们进一步回到马克思和恩格斯的经典著作中借助这些文献资料来梳理和认识一个个作为纽结而存在的历史唯物主义范畴时，却发现他们并没有给我们留下一个直接现成的且是体现这些范畴之间内在严密逻辑关系的理论体系著作。尽管如此，但我们绝不能因此而说马克思和恩格斯不重视对历史唯物主义的研究。相反，我们发现在马克思和恩格斯针对不同问题写于不同时期的众多著作中，涉及很多对历史唯物主义范畴的相关论述和阐释。然而这些阐述只是大致勾勒出了历史唯物主义发展的进程以及范畴之间的内在关系。我们不难发现，马克思和恩格斯对某些历史唯物主义基本范畴的使用是非常灵活的，从而赋予它们在特定时期的特定内涵。除此之外，他们在其著作中经常会出现仅仅是围绕某一范畴或原理展开论述而未涉及其他的现象，而且在对范畴进行说明时有时也只是在这一著作中对其某一方面进行论述而在另一著作中对该范畴的其他方面进行论述。一方面，这种现象表明马克思和恩格斯对历史唯物主义范畴的认识和形成也是经历了一个过程，表明这些范畴的内容始终是不断发展和充实的；另一方面，由于未能对其基本范畴内涵进行明确严格的界定从而造成了人们理解上的困难，进一步导致人们在对历史唯物主义进行研究时出现众多互有差异的诠释体系。面对这种情况，我们就必须在对相关文本及著作展开逻辑分析的基础上，进一步厘清历史唯物主义每一个基本范畴的确切内涵以及它们之间的内在逻辑关系。

历史唯物主义作为一个具有广博内容的理论体系，为了使其能够更好地深入人心从而更有效地被应用到实践中发挥指导作用，就必须把蕴含在马克思和恩格斯相关文本中的思想转化成具有一定严密逻辑而又完整的范畴体系。可见，研究历史唯物主义范畴体系既是当前进一步丰富和完善历史唯物主义理论、推进其理论创新以使其成体系化的必然要求，又是该理论体系自身进一步深化发展和走向成熟的迫切需要，还是更好地发挥其指导实践功能的现实需要。当然，建立完整的历史唯物主义范畴体系，并非干巴巴地罗列范畴和规律，也不是对人类社会各种现象的表面描述和汇编，而是围绕逻辑主线把逻辑起点与发生机制和逻辑内容融为一体，并把逻辑旨趣贯穿其中的，既有骨架又有血肉的科学体系。所以我们研究历史唯物主义，绝不允许局限于提出几条规律并在其中兜圈子，而是要找出反映这些规律的范畴之间更深层次的逻辑关系。因此在逻辑上从范畴角度来对历史唯物主义进行诠释，就能更加全面科学地认识历史唯物主义所揭示的人类社会发展规律的内容和要求。

1.2.2 成功解决历史唯物主义发展中所提出的问题和挑战的内在要求

从时间角度来理解，马克思和恩格斯创立的历史唯物主义在19世纪40年代就已经基本形成了。历史唯物主义这一伟大思维成果从它诞生之日起发展到今天的过程中，对人们现实社会生活发挥的指导作用愈来愈明显，也越来越重要。纵观历史唯物主义诞生以来一百多年的发展历史，可以看出，其中出现了不少所谓标榜为"马克思主义者"的人对其进行的扭曲发展，将其归纳为"经济决定论"，这些人认为马克思所发现的历史唯物主义主要甚至唯一承认的就是经济因素在社会发展历史过程中的决定性因素，而忽视了其他因素的作用。这就使得人们对历史唯物主义的理解出现了混乱的局面以至于在实践的运用中造成了不可避免的损害。同时，国际共产主义运动从20世纪初取得十月革命胜利经过半个世纪的突飞猛进的发展进入高潮期，随着20世纪80年代末开始的苏联解体、东欧剧变而进入低潮期，遭受了严重的挫折和曲折发展，这对历史唯物主义提出了许多理论性课题。与此相反，当代西方资本主义社会却从两次世界大战中恢复过来，发生了许多重大社会变革，摆脱了危机而显示出了新的生命力，这些实践出现的新变化都直接或间接地指向了历史唯物主义。面对这种情况，一些西方马克思主义者对历史唯物主义所揭示的人类社会发展的客观规律产生了怀疑和否定，同时一些原本相信历史唯物主义的人也开始产生了种种疑惑甚至动摇。

在现实历史进程所接受的检验中，历史唯物主义面临着的这些巨大挑战和攻击，使我们认识到，要解决这一问题，不得不对历史唯物主义的科学性做出说明，而其中最根本的，是对其基本范畴体系进行准确的诠释和探究。历史唯物主义范畴体系内的各个范畴之间是相互依存、不可分离的联系，同时在一定条件下还会相互转化。这表明，历史唯物主义基本范畴之间的内在关系并不是凝固不变的，因此我们在对历史唯物主义理论进行研究时一定要杜绝较为极端的认识倾向，避免把历史唯物主义基本范畴体系理解成僵化封闭的概念体系。从根本上说，搞清楚历史唯物主义基本范畴体系是历史唯物主义自我发展所提出的内在要求，也是成功解决当前历史唯物主义所面临的挑战，尤其是驳斥非马克思主义者对历史唯物主义提出的种种攻击和非难。只有解决了这一问题，才能更好地体现历史唯物主义的科学性质，才能使其在历史发展的轨道上越走越远，从而越来越具有理论说服力和现实指导性。

1.2.3　符合历史唯物主义自身应有理论形态的本质要求

无论是哪一种科学理论——自然的、社会的、人文的等——只要当我们说该理论已经作为一个理论形态化的体系出现时，那么其理论形态都是以一系列概念和范畴为骨架而呈现出来的。可以说，历史唯物主义基本范畴就是历史唯物主义这一科学理论体系的骨骼和脉络，围绕这些范畴展开研究并揭示范畴之间的内在关系就能够反映出该理论体系的完整样貌。所以对历史唯物主义这些基本范畴的认识水平和把握程度，就从侧面反映出我们对历史唯物主义的研究从感性具体阶段进入理性阶段的程度与状况，同时也能够体现出历史唯物主义自身学科发展到了何种程度。因此，我们研究历史唯物主义必须对其基本范畴体系及其逻辑结构进行总体而深入把握。"而这样的逻辑结构不是现成存在的，不是已经呈现出来的，而是以一种自然的形态分别存在于其具体理论形态或理论的文本形态中。因而是需要人们去建构的。所谓建构，就是要把这种以自然形态或文本形态存在的概念、范畴和原理体系转化为以自觉形态或叙述形态存在的体系、结构。"[1]这样的结构必须是以一个恰当科学的范畴作为起点范畴，从这个起点范畴出发经过抽象上升到具体、从简单到复杂，从而在思维中推演出其中所蕴含的丰富内容，一层层地规定与揭示着该理论体系所追求和把握的

---

[1]梁树发：《深化中国特色社会主义理论体系研究路径的思考》，《马克思主义研究》，2008 年第 12 期。

真理。作为马克思伟大发现之一的历史唯物主义是一个辩证的理论体系，它自身就是由诸多范畴、概念与原理所构成的有机整体。从某种程度上讲，判断历史唯物主义理论是否科学化的一个重要标准就是看它在理论形态上是否有一个能够真正揭示其范畴之间关系和联系的范畴体系，进而在这一范畴体系的基础上呈现出一个极其严密的逻辑结构。这样的范畴体系和逻辑结构是符合历史唯物主义理论应有的存在形态的。

正是在这个意义上，我们把历史唯物主义理解为一个反映人类社会本质和发展规律的范畴系统。建立和研究逻辑上有论据的历史唯物主义基本范畴体系，既是进一步制定历史唯物主义理论使其具有科学存在形态的重大任务，同时也是完成这一任务的重要途径和手段。历史唯物主义理论的诸范畴之间不是孤立的、静止的、互不相干的，而是有着一个从简单到复杂、从抽象到具体的上升过程，在这一逻辑上升过程中范畴之间的相互关系被有机而深刻地展现出来。这也正是人们思维中的概念辩证法运动的必然趋势和体现，因此我们不能简单肤浅地、任凭主观随意地对其进行编排，而要遵循一定方法论原则以期达到对历史唯物主义科学合理的诠释。

1.3 研究现状

1.3.1 国内研究现状

历史唯物主义理论体系是其诸概念、范畴和原理有机构成的统一体，它首先是一个概念和范畴的体系。所以对历史唯物主义基本范畴体系的研究理应成为重要的研究课题。针对这一点，我国学术界有着一致的见解，同时也围绕这个课题展开了相关研究，而且成果丰硕。这对我们进一步完整而准确地理解和研究历史唯物主义基本范畴体系具有重大价值。通过认真查找相关文献资料，概括起来，学界主要是围绕以下几点来对这个问题展开研究和讨论的。

其一，关于逻辑起点范畴的内涵及是什么范畴的研究。王之波认为，有一定数量的概念、范畴以及原理遵循着从抽象上升到具体的原则作为支撑，并从中找到一个范畴作为逻辑起点来逐渐展开整个体系，只有同时具备了这三点，一门学说才能被称为一个科学的体系。[1] 在研究历史唯物主义范畴体系的过程中，首要的一步就是确立起逻辑起点范畴。因为只有逻辑起点选择得当了，才能从理论上将历史唯物主义的复杂内容系统连贯地概述出来。所以选择和确立逻辑起点范畴，对于历史唯物主义整个理论体系的研究就是最具有决定性意义的一步。而要解决这个问题，首先就需要搞清楚究竟什么是逻辑起点，针对这个问题，景天魁给出了自己的答案，他认为，逻辑起点范畴要与历史的起点保持一致，必须是整个对象体系中最简单的抽象，同时也是最普通、最常见的东西。同时这个抽象范畴潜藏着尚未展开的范畴的全部丰富性。[2] 在确立历史唯物主义逻辑起点的过程中，我们要对逻辑起点从量和质上对其进行规定。在此基础上，尹新黔进一步认为，作为逻辑起点的范畴应该是以物来承担的社会关系，它在发展的过程中会被后来出现的比较具体的范畴所包含。[3] 此外，孙承叔进一步指出，在选择逻辑起点范畴时要根据成熟阶段的历史唯物主义体系来进行，使其建立在科学分析的基础上，从而在逻辑起点范畴自身所包含的矛盾运动中展开一切矛盾。[4] 从以上分析中可以看出，学界基本上认为，作为逻辑起点的范畴要同对象自身的历史起点在本质上具有一致性，同时这个逻辑起点范畴是一个最简单、最抽象的范畴并且从这个范畴出发，能够合乎逻辑地推导

[1] 王之波：《马克思创立了历史唯物主义的科学体系》，《福建师大学报（哲学社会科学版）》，1983 年第 1 期。

[2] 景天魁：《打开社会奥秘的钥匙——历史唯物主义逻辑结构初探》，山西人民出版社，1981 年版。

[3] 尹新黔：《如何规定历史唯物主义的逻辑起点》，《中国社会科学院研究生院学报》，1988 年第 6 期。

[4] 孙承叔：《试论马克思历史观的逻辑起点》，《复旦学报（社会科学版）》，1983 年第 2 期。

出整个体系的内容。

学界对究竟应该以哪个范畴作为历史唯物主义范畴体系的逻辑起点这一问题进行了较为深入和广泛的研究，可谓是仁者见仁、智者见智，虽然提出了许多有建树的观点，然而并未形成共识。略而言之，学界对这个问题的研究主要有两大类观点。一类观点认为人是历史唯物主义范畴体系的逻辑起点；另一类观点主张劳动或物质生产劳动是历史唯物主义范畴体系的逻辑起点。其中，在第一类观点即主张人是历史唯物主义范畴体系的逻辑起点中，学者们又有不同的意见。有的学者认为"现实的人"是历史唯物主义体系的逻辑起点同时也是其终点。我们可以从人、人的本质及其内在矛盾引出劳动、生产力、生产关系等一系列历史唯物主义的范畴，并通过揭示这些范畴之间的内在联系就能集中而系统地阐明社会历史发展的最一般规律。[1]孙承叔进一步提出了"人体、需要、劳动"三位一体的逻辑起点思想。归根结底，他还是主张现实的人是逻辑起点。[2]柯木火也认为，历史唯物主义体系中最基本、最简单的范畴是现实的人，因为它是已经包含着历史唯物主义的其他范畴和矛盾的萌芽。[3]李荣海比较赞同这一说法，在他看来，把逻辑起点确立为现实的人就使人真正成为历史发展的主体，并获得了坚实的基础。[4]然而有的学者虽然也主张人是逻辑起点，但却不赞同把现实的人作为起点，因为现实的人始终是作为人在劳动中自我实现的结果而出现的，所以应该把有生命的个人即自然的人确立为逻辑起点。[5]

---

[1]李鸿烈：《简论历史唯物主义体系的起点与终点》，《哲学动态》，1980年第8期。

[2]孙承叔：《试论马克思历史观的逻辑起点》，《复旦学报（社会科学版）》，1983年第2期。

[3]柯木火：《历史唯物主义体系的起点应该是"现实的人"》，《学术研究》，1980年第5期。

[4]李荣海：《从"人"的发现到"以人为本"——马克思的"人学"发展理路》，《理论学刊》，2005年第1期。

[5]李晓明：《"自然的人"是唯物史观表述体系的逻辑起点》，《哲学动态》，1981年第11期。

　　另一类观点我们可以将其概括为是劳动范畴起点说。在创立唯物史观的过程中，早期马克思是从抽象的主体，从人的自我意识、自由、类本质，借助于异化劳动的理论，将劳动作为人的内在本质，用异化劳动理论来解释社会，而他在经历了"两个转变"后，通过劳动的入口，将劳动作为社会存在的基础，成功完成了出发点的转移。深入物质生产过程内部进行分析，又在物质资料生产方式的基础上，从量和质的规定性对劳动做了说明，把劳动和劳动者结合起来进行考察，从而发现了从劳动中来理解历史的线索，最后揭示了人类社会历史发展及其存在的前提，并进一步对人类社会的结构及其发展的一般规律进行了阐明。[1]主张这一观点的学者认为，人类社会历史的现实起点就是从劳动开始的，把劳动作为逻辑起点就可以通过它的主客体之间的内在矛盾关系来唯物地解释人类社会发展的历史。[2]同时针对上述第一类观点即人的逻辑起点，叶汝贤指出，人并不是历史的起点，相反是作为历史的结果而出现的，所以人不应该是逻辑起点。而只有人的劳动才是最简单、最单纯的且是具有"细胞"性质的抽象，因而是逻辑的起点。[3]张一兵也主张生产劳动是历史的起点，也应该是唯物史观的逻辑起点。[4]肖前、李秀林和汪永祥强调，劳动既是人类社会从自然界中独立出来的基础，同时又是标志人类社会特殊本质的范畴，因此要对劳动范畴做历史和逻辑一致的考察。[5]而且从马克思和恩格斯创立历史唯物主义的思想发展史来看，劳动范畴既是历史的起点又是最简单最抽象的范畴，因而也是历史唯物主义体系

　　[1]陈先达：《走向历史的深处：马克思历史观研究》，中国人民大学出版社，2010年版。

　　[2]景天魁：《打开社会奥秘的钥匙——历史唯物主义逻辑结构初探》，山西人民出版社，1981年版。

　　[3]叶汝贤：《历史唯物主义的逻辑起点不是"人"，而是"人的劳动"》，《中山大学学报（哲学社会科学版）》，1982年第1期。

　　[4]张一兵：《唯物史观逻辑起点的历史考察》，《南京大学学报哲学·人文科学·社会科学》，1982年第2期。

　　[5]肖前，李秀林，汪永祥：《历史唯物主义原理》，人民出版社，1983年版。

的逻辑起点。[1]李培庆和池超波也认为要从具体的活动中抽象出具有一般性的劳动范畴作为唯物史观的逻辑起点。[2]谭培文比较赞同这一说法，他强调劳动范畴是历史唯物主义的本质，也是历史唯物主义的逻辑起点。[3]与此同时，有的学者坚持认为人的物质生产劳动是马克思主义的出发点。如果把人作为历史唯物主义体系的出发点，就会背离社会存在决定社会意识原理的要求。[4]

针对上述两类观点的矛盾对立情况，有学者专门提出了历史唯物主义的二重起点说，即劳动和现实的人二位一体起点说。该学者认为历史唯物主义像其他一切科学体系一样，有两个起点即逻辑起点和研究的起点，二者都是人类统一的认识过程中必不可缺的要素。其中研究起点是分析的开端，也是逻辑起点的基础和前提；而逻辑起点作为综合的起点，是在研究起点的基础上使认识继续前进的必经步骤。所以研究方法必须立足于现实，其公式是"具体—抽象—具体"。而叙述的方法即逻辑的方法公式则是"抽象—具体"。由于现实的人都是作为社会的人而存在，其本质就是一切社会关系的总和，因而人是一个具有丰富规定性的具体。人作为历史的创造者也是社会生活的主体，而历史唯物主义就是研究人和人所构成的社会之发展规律的科学。所以，"现实的人"应该是历史唯物主义的研究起点。而劳动作为最简单的范畴，不仅是其他活动的基础，而且是适用于一切社会形式的最简单的抽象，它构成了人的本质并且是人之为人的最根本特性。因此，劳动应该是历史唯物主义的逻辑起点。我们要把这两个起点恰当地结合起来研究历史唯物主义体系。[5]

---

[1] 王之波：《马克思创立了历史唯物主义的科学体系》，《福建师大学报（哲学社会科学版）》，1983年第1期。

[2] 李培庆，池超波：《借助辩证法确定唯物史观的逻辑起点》，《福建论坛（人文社会科学）》，1995年第3期。

[3] 谭培文：《马克思主义的利益理论》，人民出版社，2002年版。

[4] 王定一：《历史唯物主义体系的起点是物质生产》，《南昌大学学报（人文社会科学版）》，1981年第1期。

[5] 张奎良：《论历史唯物主义的二重起点》，《学习与探索》，1982年第3期。

此外，仍有一些学者针对这一问题持不同的观点。如有的学者认为生产力是历史唯物主义中最简单最一般的范畴，如果单纯按照各个范畴的发展顺序来说，生产力范畴应是逻辑起点。[1]还有学者认为人的一切现实活动和生活都是从实践活动开始的，所以认为实践是逻辑起点。[2]有的学者主张社会存在是逻辑起点范畴。[3]也有学者认为马克思主要是通过对黑格尔市民社会理论与国家理论的深入批判与分析，进而在研究政治国家与市民社会的关系以及通过对市民社会进行经济学解剖的过程中完成了历史唯物主义的全面论证，因而将市民社会看作历史唯物主义体系的逻辑起点。[4]

在这些不同的逻辑起点说中，学者们各自都为自己的观点引经据典，进行理论论证，且都有一定的道理。可以说，这些观点对于扩宽人们研究历史唯物主义的视角有一定的启发意义和帮助，但与此同时，正是因为逻辑起点的选择不同，使得学界呈现出的关于历史唯物主义著述的体系各不相同，而这对人们真正把握和理解历史唯物主义逻辑体系来说无疑是个困难。为此，我们就亟须对这个问题做进一步的探究，本书比较倾向把劳动范畴作为逻辑起点，而且就像恩格斯所肯定的，马克思也正是在探求劳动发展史的过程中发现了理解全部人类社会史的宝贵钥匙。

其二，关于建立历史唯物主义范畴体系的逻辑原则的研究。诚然，历史唯物主义是由一系列范畴和概念所构成的理论体系，但这些范畴和概念的排列的顺序应该反映历史的实际，不能做任意主观的排列。这就是说，我们要按照一定的逻辑原则来建立和研究历史唯物主义的范畴体系。首先，要遵循逻辑与历

---

[1] 马中柱：《关于建立历史唯物主义体系的方法问题》，《学术研究》，1980年第5期。

[2] 林剑：《论劳动、交往、实践诸范畴及其相互关系》，《求索》，1994年第1期。

[3] 李维：《关于历史唯物主义的出发点问题——重读〈德意志意识形态〉札记》，《云南社会科学》，1983年第5期。

[4] 刘同舫：《通达历史唯物主义的逻辑路径——马克思对黑格尔市民社会理论的扬弃》，《中共南京市委党校学报》，2012年第3期。

史的统一原则。其次，历史唯物主义是通过范畴来把握社会发展的社会辩证法、社会认识论以及社会认识的"逻辑学"的，并且是这三者的统一。所以，在对历史唯物主义的范畴进行研究时，既要对其做辩证唯物的理解，又要对其做认识论的分析，同时就范畴本身作为思维的逻辑形式而言，还要对范畴从逻辑上加以认识。因而建立历史唯物主义逻辑结构要遵循辩证法、认识论和逻辑三者同一的原则。[1]再次，有的学者认为实践范畴才是马克思主义的真正哲学基础，并且进一步将历史唯物主义的研究对象确定为研究人类社会的实践、实践的结构以及实践发展的一般规律。在这个意义上，历史唯物主义的性质就是实践的唯物主义。因此，它的逻辑起点只能被规定为实践，然后遵循从抽象上升到具体的方法论原则，不断展开历史唯物主义的理论体系。同时实践唯物主义也为科学历史观的逻辑体系的建立提供了完整的建构原则。[2]人类社会要发展，既离不开社会主体也离不开社会客体，是在二者辩证统一的过程中展开的，所以还要坚持社会主体和社会客体相统一的原则。[3]最后，由于人类历史既是人的劳动活动的自我创造过程，又是社会自身发展的自然历史过程，还是现实的人的不断发展过程，这三者结合起来共同构成了历史唯物主义保持其生命力的深层奥秘。因此，要坚持这三者有机统一的原则。[4]

其三，对历史唯物主义体系整体逻辑结构的研究。学界针对这个问题又呈现出了多样化的观点。有学者主张按照各个范畴的发展顺序及其之间的关系，应以生产力和生产关系的矛盾关系为起点来展开历史唯物主义的整个逻辑轮廓。[5]

---

[1]景天魁：《历史唯物主义逻辑体系建立的原则》，《哲学研究》，1980年第8期。

[2]周穗明，翁寒松：《论历史唯物主义体系的建构原则》，《天津社会科学》，1987年第3期。

[3]邹永图：《建立历史唯物论体系要坚持社会主体与社会客体相统一的原则》，《哲学动态》，1982年第8期。

[4]王东，孙承叔：《马克思历史观中的三者统一原则》，《天津社会科学》，1988年第5期。

[5]马中柱：《关于建立历史唯物主义体系的方法问题》，《学术研究》，1980年第5期。

有的学者认为劳动是社会和人得以形成和发展的最基本的活动，并围绕劳动逻辑展开的辩证环节对历史唯物主义的逻辑结构进行了专门研究，得出的结论就是：我们可以把劳动的展开过程看作历史唯物主义的逻辑骨架，并且进一步看作历史唯物主义其他范畴相互联系和转化的总机制。[1] 有的学者遵循从抽象上升到具体的逻辑方法，从横向与纵向两个角度对历史唯物主义体系的逻辑结构做了整体上的说明。[2] 还有的学者运用系统方法对人类社会历史这一复杂的动态系统展开了分析，认为历史唯物主义表述体系的逻辑起点是人，中介是社会结构，终点是社会历史系统，由此形成了新的历史唯物主义的理论表述体系，即"人—社会—历史"的逻辑结构。[3] 还有学者明确指出历史唯物主义的研究对象就是社会和人的相互关系及其历史发展，因此其体系结构实际上就是关于社会、人以及人类社会历史发展的理论这三者的有机结合，也可以将其逻辑结构称为社会观、人论和历史观。[4] 此外，还有学者认为在生产力与生产关系矛盾运动的理论结构层次之上，耸立着一个具有统领地位的"生活的生产"这一理论结构层次，据此可以把历史唯物主义体系诠释为"两结构层次说"，即生活与生产的结构关系层次以及生产方式的社会结构关系层次。[5] 也有学者认为历史唯物主义就是以物质生产为逻辑起点、以现实个人的发展为核心内容、以生产方式的发展变化为动力、以社会共同体为形式而建构起来的有机统一的理论体系。[6] 还有些学者主张应

[1] 景天魁：《打开社会奥秘的钥匙——历史唯物主义逻辑结构初探》，山西人民出版社，1981 年版。

[2] 王之波：《马克思创立了历史唯物主义的科学体系》，《福建师大学报（哲学社会科学版）》，1983 年第 1 期。

[3] 刘全复：《历史唯物主义体系的系统探究》，《江海学刊》，1983 年第 1 期。

[4] 商志晓：《论历史唯物主义的研究对象及体系结构》，《山东社会科学》，1988 年第 1 期。

[5] 王雅林：《社会发展理论的重要研究范式——基于马克思社会理论的"生活/生产互构论"》，《社会科学研究》，2007 年第 1 期。

[6] 叶汝贤：《现实的人及其历史发展的科学——深入解读〈德意志意识形态〉所阐发的唯物史观》，《哲学研究》，2008 年第 2 期。

该以社会存在和社会意识的关系为主线，以生产劳动为逻辑起点，以自由王国为逻辑终点，按照三个系统即社会结构、社会动力和社会的人来建立历史唯物主义的逻辑体系。进而从横向角度研究社会结构，从纵向角度研究社会动力，最后从纵横交叉处来研究人。[1]

1.3.2　国外研究状况

其一，关于历史唯物主义一些总体问题的研究。在卢卡奇看来，马克思主义的真正哲学基础是本体论，而社会存在本体论的基础又是劳动，并且他还从本体论的角度和意义上对劳动目的论进行了阐述。卢卡奇说道，人们在社会再生产的过程中必然会通过劳动这一目的的设定引发对新目的的进一步的设定，在此基础上便会形成一个个综合的整体，进而产生出社会，而此时的社会是作为一个特殊连续性的存在而出现的。卢卡奇晚年对马克思劳动学说的研究，为我们理解劳动范畴在历史唯物主义体系中的地位和作用，提供了宝贵的思想资料和理论生长点。[2]哈贝马斯将劳动等同于工具性行为，而把以符号为媒介的相互作用理解为交往活动，用交往范畴取代劳动范畴在历史唯物主义理论体系中的核心地位，试图在交往合理化的基础上重建历史唯物主义，以恢复历史唯物主义的社会批判功能。[3]哈贝马斯重视交往范畴的思想在一定意义上启示我们在研究历史唯物主义范畴体系的过程中也要注意将交往范畴纳入其中，加强对交往范畴的研究以及与它相关范畴的关系分析。柯亨在《卡尔·马克思的历史理论——一个辩护》一书中通过引进当代分析哲学的功能解释的方法，对历史唯物主义中的基本概念如生产力、生产关系、经济基础和上层建筑进行了重新解释，实质上是通过范畴框架的改变来解决历史唯物主义的合法性问题并对其

---

[1] 曾杰：《试论历史唯物主义的体系结构》，《求是学刊》，1985年第3期。

[2] [匈] 卢卡奇：《社会存在本体论导论》，沈耕，毛怡红译，华夏出版社，1989年版。

[3] [德] 哈贝马斯：《交往与社会进化》，张博树译，重庆出版社，1989年版。

进行重建。

其二，关于建立历史唯物主义范畴体系的原则、方法及其体系结构的研究。针对这个问题的研究主要集中在苏联哲学界于 20 世纪 80 年代展开的激烈讨论中。苏联哲学家从多个角度对该问题展开了研究，并据此对历史唯物主义的逻辑体系结构提出了不同的方案。凯列提出了综合统一的方法论原则，认为只有运用综合方法才能提供一个概念基础，从而使历史唯物主义的范畴构造科学化。按照这种方法，他认为，作为自然历史过程的社会发展规律、人们活动的社会规律以及历史过程的精神方面，这三者共同构成了历史唯物主义体系结构的内容。相应地，历史唯物主义范畴就可以分为三类：（1）作为自然历史过程的社会发展规律的范畴。（2）作为人们活动的社会历史范畴。（3）从个体生活活动角度着眼的社会生活的范畴。与凯列不同的是，巴鲁林认为历史唯物主义是由社会存在和社会意识的关系问题为中心的大系统，它是包括多种范畴体系的元体系。普列特尼科夫依据从抽象上升到具体的原则来实现历史唯物主义的系统化，并将其体系结构整理为三大块：（1）阐述人类社会历史运动发展的最一般的原理。（2）阐述社会经济形态包括社会结构、社会生活基本领域的从属系统等内容。（3）叙述历史进程的统一性与多样性，历史进程各个阶段及其更替规律等问题。[1]斯捷潘诺夫和巴伊卢克认为，要使范畴体系系统化必须坚持辩证唯物主义和历史唯物主义的统一原则作为其出发点。他们把社会存在或者说社会关系看作历史唯物主义范畴体系的基础，并据此将范畴分为三个基本层次：第一个层次的范畴既存在于辩证唯物主义中又存在于历史唯物主义中，如社会存在、社会意识、实践等范畴；第二个层次是在社会关系以及人类活动的形式等学说中用来表示社会发展及其现象间相互联系的重要特征的范畴；第三个层次是反映社会各个领域如经济、政治、道德领域作用的范畴。此外，图加林诺夫和阿列菲耶娃主张应该按照哲学基本问

---

[1]王东，石军，叶舟等：《古今中外争鸣集粹》，中国社会科学出版社，1995 年版，第 105 页。

题来解决历史唯物主义范畴的系统化问题，因此社会存在和社会意识范畴是初始的范畴。[1]

其三，针对逻辑起点而展开的研究。针对这个问题，苏联学者也进行了分析和探讨，他们大都认为要寻找一个最简单、最抽象和不可分割的"细胞"来充当最初的范畴，即逻辑起点。但也有学者不同意这个观点，认为应该从社会整体即从社会的整体运动和发展中来对人类社会展开研究。除此之外，苏联学者普列特尼科夫认为，建立一个经过逻辑论证的历史唯物主义范畴体系是完善历史唯物主义理论的重大任务之一。活动这个范畴作为理论上再现历史进程的出发点，也是历史唯物主义理论体系的逻辑起点。与此同时，他还主张要把活动与社会关系联系起来加以考察和研究。[2]凯列和谢苗诺夫等学者认为，社会关系是历史唯物主义的最初范畴，尤其是物质的社会关系，它不仅决定着人们进行的历史活动及其结果的社会性，而且提供了一把理解人及其活动的社会本质的钥匙。还有一些学者把历史唯物主义理解为有关哲学和社会学的理论，在此基础上，指出了历史唯物主义存在着哲学和社会学的两大范畴系列。其中，社会存在和社会意识范畴是哲学系列的主要范畴，也是历史唯物主义的初始范畴，并且构成了历史唯物主义体系的基础。而社会学系列的范畴主要是指社会、社会经济形态以及能在理论上再现社会整体一切内容的范畴。除此之外，他们认为还存在着一个过渡性的范畴系列即围绕在实践范畴周围的若干范畴。只有把这些范畴联系起来加以考察，才能真正理解历史唯物主义的范畴体系。[3]

总的看来，应该肯定地指出，国内外学者从多个角度对历史唯物主义的相

---

[1]黄楠森，庄福龄，林利：《马克思主义哲学史（第八卷）》，北京出版社，1996年版，第742-744页。

[2][苏]IO.K.普列特尼科夫：《进一步完善历史唯物主义体系的问题》，《哲学译丛》，1982年第1期。

[3][苏]阿列费耶娃，A.H.维尔宾：《唯物史观的本质》，《苏联哲学科学》，1978年第3期。

关问题展开了研究，取得了众多有价值的宝贵思想成果，这些思想成果无疑会为我们当前研究历史唯物主义范畴体系提供不少启发。但同时值得注意的一点是，从目前掌握的现有文献资料来看，学界以历史唯物主义范畴体系作为专题来进行研究在国内尚稍显欠缺。特别是缺乏对历史唯物主义范畴体系做一全景式以及过程性的研究，这还有待于我们进一步去挖掘和研究。与此同时，还存在着拓展研究理路的可能性和必要性。总之，当前从一个新的角度尝试对有着严密逻辑联系的历史唯物主义范畴体系进行科学的诠释，仍是当前值得我们继续进行的重要理论任务。

1.4　写作思路与结构安排

作为一个辩证的理论体系，历史唯物主义是由诸多范畴、概念与原理构成的有机整体。其诸范畴之间不是孤立的、静止的、相互隔离而存在着的，而是相互之间有着深刻而严密的内在逻辑联系。因此，历史唯物主义诸范畴之间不是简单的、肤浅的、随意编排的顺序，而是有着一个从抽象到具体的上升过程。本书在尊重人类社会辩证发展的客观历史事实的基础上，遵循逻辑与历史相一致的原则揭示其范畴间的内在本质联系，力图再现一个概念清晰、逻辑严谨、完整系统的历史唯物主义基本范畴体系。本书总共设计了六章内容。其中第一章和第二章是第一部分；第三章到第五章是第二部分，也是本书的主体部分；第六章是本书的第三部分，也是本书最终的落脚点和归宿。

第一部分中第一章主要介绍了选题的意义以及研究历史唯物主义基本范畴体系的必要性，并对国内外关于这一问题研究的状况进行了梳理，在此基础上，详细地介绍了本书的研究思路和写作安排，并指出了本书的创新点与不足之处。第二章主旨是交代与历史唯物主义基本范畴体系相关的几个问题，从逻辑和历史两个层次分析了历史唯物主义创立的进程，以及诠释历史唯物主义基本范畴体系所应该坚持的方法论原则。第二章主要设计了四节。其中第一节针对本书的一些基本情况进行了必要的说明。第二节和第三节主要是针对历史唯物主义创立的历史进程和思维逻辑进程给予了说明和分析。这是我们研究历史唯物主义基本范畴体系首先需要搞明白的问题，也是基础。第四节主要分析诠释历史唯物主义基本范畴体系所应遵循的根本原则，在借鉴学界观点的基础上，本书主张应遵循逻辑与历史相统一的原则；坚持从抽象上升到具体的逻辑方法原则以及辩证法、认识论与辩证逻辑同一原则。除了坚持根本原则之外，建构历史唯物主义范畴体系还应遵循一般原则，即客观全面性原则、综合整体性原则、动态开放性原则等，这些原则的介绍可以更好地为本书的写作与研究提供方法论的指导。

第三章到第五章是本书的第二部分，也是主体部分。其中，第三章主要分三节内容详细探讨了历史唯物主义范畴体系的逻辑起点，即劳动范畴。确立正确的逻辑起点，对于研究和建立历史唯物主义的范畴体系至关重要。由于逻辑起点必须是从中能够合乎逻辑地引导出整个历史唯物主义体系的内容，因此本章第一节明确说明劳动范畴是历史唯物主义范畴体系的逻辑起点。在这一节中首先分析了怎样确立逻辑起点，即确立逻辑起点的方法和确立逻辑起点的必要性。在此基础上，重点分析劳动范畴作为逻辑起点的基于逻辑和历史的必然性。第二节对劳动这一最基本、最简单、最抽象的范畴进行了文本考察，从而明确了马克思对劳动范畴的科学规定及其本质特征。第三节主要是从逻辑上对劳动范畴进行了必要的考察，分析了作为劳动范畴自身逻辑展开的几个环节，指出这几个环节是环环相扣、辩证展开的过程。这一章的写作目的是给全书奠定好理论基础，为接下来的深入分析做好理论铺垫。

在搞清楚了劳动范畴这一逻辑起点之后，我们还需要对这一逻辑起点在现实生活中如何发挥作用，从而引出历史唯物主义的基本范畴进行研究，这就涉及劳动范畴的发生机制问题。所以，第四章主要分三节内容探讨了这一发生机制问题。其中第一节主要探讨了需要和利益范畴在历史唯物主义范畴体系中的重要地位和作用，进一步指出了需要和利益范畴是劳动范畴向生产力范畴和生产关系范畴转化的机制范畴。第二节着重分析了分工范畴，指明了生产力和生产关系相互作用的中介就是分工，并进一步指出了分工与其他范畴之间的内在关联。第三节重点说明了交往范畴及其在人类历史过程中的作用。

第五章沿着劳动范畴这一逻辑起点逐渐深入，分五节内容层层分析历史唯物主义基本范畴体系的主要逻辑内容。第一节主要说明马克思在解答历史观基本问题即社会存在和社会意识的关系问题的过程中，如何从劳动出发，科学地阐明社会存在和社会意识范畴并回答二者之间辩证关系的，从而真正实现了历史观领域的革命性变革。第二节主要分析了怎样由劳动范畴引申出生产力范畴和生产关系范畴以及生产方式范畴，这些范畴之间的内在联系构成了人类社会发展的基本矛盾，由此逐步发现了人类社会历史的奥秘。第三节在第一节内容的基础上重点研究了劳动范畴与经济基础以及上层建筑范畴之间的关系，进一步指明了社会结构就是经济基础与上层建筑的统一体。由于社会形态、社会有机体等范畴是高度概括人类社会的总体范畴，所以第四节专门讨论了社会形态范畴、社会经济形态范畴以及社会有机体范畴之间的区别与联系。这四节内容可以看作是把人类历史当作客体角度来加以研究得出的抽象结果的一般概括。而第五节主要是从历史主体的角度即现实的人的角度对历史发展进行了一般考察，主要涉及阶级范畴与群众范畴，从主体角度诠释了历史创造者和承担者的内容。

第三部分是本书的第六章，也是本书的落脚点。这一章主要分两节内容来介绍历史唯物主义基本范畴体系的逻辑主线和逻辑旨归这个问题。其中，第一节主要探讨了劳动范畴的逻辑展开过程与人的发展过程以及社会的发展过程之间的内在统一性，说明了历史唯物主义基本范畴体系的产生正是围绕着劳动、人以及社会的发展三者统一的逻辑主线来进行的。第二节主要探讨了历史唯物主义的逻辑旨归，马克思主义创始人研究人类社会发展的最终目的就是在揭示并尊重人类社会发展客观规律的基础上，在劳动由奴役人的手段真正变为解放人的手段的过程中，人类社会将朝着自由人联合体的发展趋势发展，从而使人达到自由而解放的存在状态。因此，本书把人的自由而全面发展确立为历史唯物主义基本范畴体系的逻辑旨归。

1.5 研究方法与预计创新点和不足之处

1.5.1 研究方法

针对诠释历史唯物主义基本范畴体系这一特殊研究主题，本书在马克思主义世界观与方法论的总体指导下，基本上遵循和采用了如下研究方法。

逻辑和历史相统一方法。历史的东西就是对象的变化过程及其发生和发展的各个阶段，而逻辑的东西是对历史的东西的反映。不论是历史过程还是逻辑过程，都是从最简单的关系进入比较复杂的关系。历史唯物主义范畴体系作为从逻辑上再现人类社会发展历史进程的产物，理应按照逻辑与历史相一致的方法来确立其逻辑起点的范畴。正是从这一角度，我们说把劳动范畴确立为逻辑起点，就贯彻了理论的逻辑行程与人们认识发展的历史过程的一致性。由于历史发展过程是曲折的且往往带有一定的跳跃性，所以它的内部联系和发展规律不是一目了然的。因此，我们在进行研究时，就要运用逻辑思维的方式，当然这也是一种历史的研究方式。与此不同的是，人们用逻辑的方式可以摆脱掉人类历史发展过程中的一些偶然性因素，从而把握其内在的必然性联系。只有这样，才能体现我们的逻辑自觉，这样建立的历史唯物主义范畴体系才能更好地再现马克思主义创始人创立历史唯物主义的实际历史过程。

从抽象上升到具体的方法。人对客观事物的认识有着一个从现象到本质的过程，这一过程存在着自身的内在逻辑机制，概括起来就是人们的思维行程要经历从感性具体到思维抽象再到思维具体的逻辑上升过程。其中从抽象到具体的方法是人们用思维来把握具体，即把具体在逻辑上再现出来的科学而正确的方法。历史唯物主义的范畴与它所研究的客观对象一样都有一个不断发展的过程，伴随着人们的认识不断由浅入深、从抽象上升到具体，其范畴发展的总体方向也是不断朝着具体化的方向发展，即范畴会在从抽象上升到具体的过程中不断丰富和深化。这就要求我们反映人类社会历史发展过程的思维形式即范畴要不断发展和丰富，从而使之前较为简单的范畴作为因素或环节被包含在较为复杂的范畴中，使范畴的规定性越来越丰富和具体，以达到对人类社会总体的完整而系统的认识。所以从抽象到具体的发展也是历史唯物主义诸范畴运动发展的一个基本规律。因此，研究历史唯物主义范畴体系显然要坚持从抽象上升到具体的科学方法。

矛盾分析法。辩证法既然是马克思主义整个学说体系的构筑方法，那么当然也是我们研究历史唯物主义范畴体系所应坚持的方法。马克思主义认为，矛盾分析方法是唯物辩证法的最根本的方法。因此，唯物辩证法在思想方法上集中体现为对客观事物的矛盾研究。历史唯物主义就是揭示整个人类社会发展的辩证运动过程，其诸范畴就是这种辩证运动的意识形式和逻辑表达。所以矛盾分析方法就成为我们研究历史唯物主义基本范畴时必然要运用到的一种方法。一方面，要分析历史唯物主义范畴间的矛盾运动关系，揭示范畴由简单到复杂，由抽象到具体的辩证运动过程；另一方面，还要分析在历史唯物主义理论体系中作为成对范畴而出现的如社会存在和社会意识范畴、生产力和生产关系范畴、经济基础和上层建筑范畴之间的辩证矛盾运动关系。这些范畴是历史唯物主义研究领域中各种现象的普遍本质和辩证矛盾的概括和抽象，使历史唯物主义具有的对立统一的辩证关系更加清晰、生动地体现出来。我们只有用对立统一观点去研究、分析历史唯物主义的范畴，才能更深刻地理解它们之间的内在逻辑关系，才能把握历史唯物主义诸范畴的本质。因此，辩证法成为本项研究的一种根本方法。

分析与综合的方法。历史唯物主义范畴体系集中地体现了历史唯物主义诸范畴辩证逻辑的整体运动过程以及其中各个范畴之间内在联系的思维形式。可以说，每个独立的范畴都是构成历史唯物主义范畴体系的一个组成部分、要素和方面，而历史唯物主义范畴体系是作为一个整体而存在的，它是经过运用综合的方法把各个范畴联合成为一个体系的。因此，我们在研究历史唯物主义范畴体系的过程中要把分析的方法与综合的方法有机地结合起来。一方面,分析每个范畴的内涵与本质特征,并从总体的视角来分析各个范畴在整个范畴体系中的地位和相互关系;另一方面,还要综合研究整个历史唯物主义范畴体系的内在逻辑结构。换言之,我们要有意识地将整体性研究方法作为研究历史唯物主义范畴体系的基本方法论原则,避免对其进行割裂和分化,从而给予历史唯物主义应有的完整形态。

文献研究法。文献是最具有价值的图书文物资料,是我们从事研究所要借助的宝贵资源。马克思和恩格斯关于历史唯物主义诸范畴的众多论述都是散见于其写于不同时期的手稿和文本著作中。我们必须从思想发展的连贯性和内在统一性的基础出发,在逻辑上梳理出他们创立历史唯物主义的思路,同时还要进一步梳理历史唯物主义诸范畴之间的关系并对其进行文献学考证。因此,我们要想真正搞清楚历史唯物主义诸范畴的含义及其相互之间的内在关联,就离不开这些宝贵的第一手材料。所以,我们要充分而深入地挖掘马克思主义经典作家的经典著作,全面系统地对其进行解读和考察,从文本考察中展开对历史唯物主义范畴的逻辑研究,阐明它们的含义、关联和作用。同时还要深刻体会马克思和恩格斯在当时当地运用某个特定范畴的具体历史环境和语境,细致缜密地考察以劳动范畴为逻辑起点的历史唯物主义范畴群落,真正把握历史唯物主义范畴的本质精神和内容,在此基础上逐渐对历史唯物主义的逻辑演进过程有一个整体而清晰的把握。

1.5.2 预计创新点和不足之处

1.5.2.1 预计创新点

本书研究的重点在于对劳动范畴作为历史唯物主义范畴体系逻辑起点的必然性进行逻辑和历史上的分析,从而给出更为令人信服的说明。在劳动这一逻辑起点范畴的基础上,遵循逻辑与历史相统一的原则,进一步深入探究历史唯物主义范畴体系的发生机制。本书认为需要和利益是人们进行劳动的潜在发生机制，而分工和交往作为现实的发生机制是与人们的劳动活动相伴而生并始终存在于人类社会的现实生活中。对这一发生机制的阐释，是更好地为历史唯物主义范畴体系的逻辑内容做一铺垫和准备，进而说明人的自由和全面发展作为逻辑旨归的逻辑必然性。笔者认为，本书旨在以下几方面有所突破和创新。

一是对推进当代历史唯物主义基本范畴及其体系的理论创新进行了初步研究和尝试性探讨。推进历史唯物主义范畴在当代的理论创新并使其成体系化，是使历史唯物主义理论具有科学形态的必要途径，也是人们思维中概念辩证法运动的必然趋势和体现，对于指导人们当前的实践具有重大的意义。本书用一种崭新的思维方式对历史唯物主义的基本范畴进行了整理和阐发，并对其做了整体的考量和诠释，特别是从总体上把握了基本范畴之间的内在逻辑关系，以期赋予历史唯物主义理论体系一个新的理论形态，从而丰富和发展历史唯物主义的范畴学说。

二是本书力求对于历史唯物主义逻辑起点进行科学的界定和阐述。由于马克思主义创始人在他们生活的那个年代就已经形成了历史唯物主义理论，但是并未完全将其成体系地表述出来。因此，我们在研究历史唯物主义的基本范畴体系时，首先就需要确定并选择最简单最一般的范畴作为逻辑的起点。本书明确把历史唯物主义基本范畴体系的逻辑起点界定为劳动范畴，并且认为只有劳动范畴才是历史唯物主义体系的逻辑起点，而这是有着充足的理论根据的。这里的重点就在于如何说明劳动范畴作为逻辑起点符合马克思主义创始人当时研究历史的逻辑思路，如何能够从劳动范畴自身内在矛盾的逻辑展开中引申出整个历史唯物主义的基本范畴体系。这是值得我们加以探讨的，也是非常有必要的，同时也是重难点。

三是进一步对历史唯物主义诸范畴相互联系和作用的机制范畴进行详细的探讨。对于范畴间相互联系和转化的机制的把握和阐发，不仅能够丰富历史唯物主义的内容，而且有助于人们更加全面系统地把握历史唯物主义的核心与实质。而学界从总体上系统地探讨历史唯物主义的范畴体系的研究相对来讲稍显薄弱和欠缺，因此，本书对此进行研究试图做一些填补。

1.5.2.2 不足之处

尽管如此，笔者在本书研究和写作的过程中还是存在一些尚未能够完全科学解决的难点问题。

一是历史唯物主义科学理论是一个涉及范畴众多、内容广博的理论体系，要对其所有范畴之间的内在逻辑关系做出清晰明确的阐释，是一项相当复杂和异常困难的学术研究。考虑到笔者目前研究能力有限，因此尚难对历史唯物主义范畴体系进行全面系统的研究和诠释。本书主要研究历史唯物主义理论的基本范畴，并对这些范畴之间的内在逻辑关系做出一些相应的诠释。研究中难免会存在一些问题，但笔者会在今后的学习和研究中继续对这一问题进行深化研究，以期不断将其完善。

二是历史唯物主义范畴间相互作用的机制问题是一个庞大且十分复杂的问题，各个范畴之间都存在一定的内在逻辑联系。本书仅是从范畴的角度来描述这一机制问题，抽出需要和利益、分工以及交往这三大机制范畴来重点论述。因此，未能把所有范畴的发生机制全部包揽其中。

三是在实现观点创新方面存在着一定的难度。由于本书所涉及的一些历史唯物主义体系中的基本范畴，如生产力、生产关系、经济基础、上层建筑等，都已为人们所熟知，能否突破前人，提出些许新意，是笔者研究中所面对的一大压力。

第 2 章

**历史唯物主义创立的历程及
诠释体系的方法论原则**

2.1　诠释历史唯物主义基本范畴体系的必要说明

2.1.1　本书研究的范畴对象

范畴是反映和概括研究领域中客观事物普遍的本质联系、特性和方面的思维形式，是构成一个理论体系的基本单位和支撑点，是人们在实践的基础上通过科学的抽象和概括而形成的带有规律性的认识成果。所谓历史唯物主义范畴，就是指反映和概括历史唯物主义研究领域中的各种现象内部以及现象之间的本质联系、特性和方面的基本思维工具，它囊括了研究历史唯物主义之内容、探讨人类社会发展规律之原则方法及机制等方面的所有基本概念，且范畴之间构成了一个逻辑严谨的范畴体系。人类社会发展过程中的各种现象相互联结构成了一个整体的现象之网，历史唯物主义范畴必然是反映着这一现象之网的规律，同时还凝结着对整个人类社会发展现象的本质规定。从这个角度讲，历史唯物主义范畴就构成了历史唯物主义理论体系的基本单元，人们通过范畴的形式把对历史唯物主义的认识成果固定下来，就如同在人类社会现象之网上打上了一个个的网络纽结。这些纽结凝结着人类社会发展历史过程中各种现象背后所蕴藏的本质联系和规定，成为人们认识和掌握历史唯物主义理论的必经阶段和必要环节。因此，我们应该且必须借助于历史唯物主义范畴来认识和掌握历史唯物主义这一科学理论。换言之，把握了历史唯物主义范畴体系中的每一个范畴，也就意味着对整个人类社会发展这一现象之网及其规律的进一步理解和掌握。

由于范畴反映对象事物的本质和关系的程度（广度和深度）不同、层面不同，因而范畴在表述和阐明规律中所处的地位是不同的，所起的作用也是不同的。这样，在范畴体系中就会呈现出高低层次不同的范畴。同样，历史唯物主义理论也是由一系列结构和层次不同的范畴所构成的。在这里，出于谨慎的考虑，根据历史唯物主义范畴反映人类社会发展这一客观对象及其层面的不同，我们可以把历史唯物主义范畴大致划分为三个层次。笔者只是尝试性地对历史唯物主义范畴做这样一个角度的划分，当然这种划分是否合理和科学，还有待于学界进一步探讨和商榷。第一层次是反映对象主要方面或深层本质层面的范畴即基本范畴，如劳动、生产力、生产关系、经济基础、上层建筑、社会结构、社会形态、社会存在、社会意识等，这一层次的范畴不是反映特定社会现象和关系本质的范畴，而是对人类社会发展这一客观对象更高层次要求的概括和把握。第二层次是反映对象某个具体层面或某种具体联系的可以表示特定社会现象和关系本质的具体范畴，如劳动资料、社会经济结构、社会政治结构、社会文化结构、家庭、国家、革命等范畴。第三层次是辅助性的从属范畴，如经济体制、经济制度、社会制度等。不同层次的范畴具有不同的质的规定性，因而在范畴体系中也发挥着不同的作用。由于第一层次的范畴概括了人类社会发展过程及其现象中最本质的东西，因而它具有普遍性，而且这种普遍性会以具体不同的范畴形式呈现出来，即这些第一层次的范畴内部仍然包含着许多具有不同属性和方面的范畴。因此，可以说，第一层次的范畴对后两个层次的范畴具有统摄作用，它规定着其他范畴的实质内涵以及相互关系，因而居主导地位并具有最普遍的认识意义。同时第一层次的基本范畴还成为联结其他层次范畴的理论框架。鉴于此，本书主要考察作为第一层次的基本范畴，因为弄清楚这些基本范畴的内涵以及它们之间的内在关联性，是完整准确地理解和把握历史唯物主义范畴体系的基础和必要条件之一。但这并不表明其他范畴不重要，可以忽略对其他范畴的研究，只是在本书中暂不予以讨论和阐释。比如说，我们在探讨上层建筑的范畴时，就不再将其所包含的具体内容（如哲学范畴、道德范畴、艺术范畴、宗教范畴等）展开来详细探讨。在讨论社会意识这一范畴时，也不再把它所涉及的一些具体范畴一一展开来进行翔实论述了。但是我们不能忘记，历史唯物主义基本范畴只是作为历史唯物主义范畴体系中的重要部分而存在的，它并不是历史唯物主义范畴体系的全部内容。

2.1.2　关于体系建立的必要说明

当前我们要对历史唯物主义理论有所突破和创新，就必须加强对范畴及其体系的研究，进而以此来把握历史唯物主义的理论体系。在这里还需要特别指出和说明的是，学者们对历史唯物主义理论进行体系的构建存在着众多层次和方面：一是马克思和恩格斯在其著作中隐形呈现出来的体系，即在原著文本中所呈现出来的我们把它叫作原生形态的体系即马克思和恩格斯原本的体系。二是马克思主义者根据自己对马克思和恩格斯著作的理解进行的自我构筑的、独创的体系。三是在理解马克思和恩格斯原生形态体系的基础上，在尊重学界已有成果的基础上，对马克思和恩格斯的原生形态体系做出的一种诠释型的体系。本书就是在第三种意义上尝试着对历史唯物主义范畴体系进行诠释。当然，由于每个人所处的学术环境不同，所持理念与知识状况不同，因而在面对同一个对象时可能就会出现不同的诠释角度和方法，进而呈现出不同的范畴体系。我国学界针对历史唯物主义范畴体系这一论题出现了多样化的诠释体系。有的学者从现实的人这一逻辑起点来诠释，有的学者从自然的人这一逻辑起点来诠释，有的人从实践的逻辑起点来诠释，也有的人从社会存在、生产力等逻辑起点来诠释。本书立足于劳动范畴这一逻辑起点围绕着劳动、人和社会发展的有机统一这一主线来对历史唯物主义基本范畴体系进行尝试性地诠释和探究。这就是说，本书无意构建一个新的体系，只是在尊重马克思和恩格斯原意的前提下从范畴的角度来对历史唯物主义做出一种新的诠释和解读。换言之，我们是在历史唯物主义的范畴体系中来研究其每一个基本范畴的，即按照该范畴所具有的客观内容来确定它所反映的人类社会发展之特性和联系的环节，在范畴与范畴的相互作用中来分析并界定其在整个范畴体系中的特定位置及内涵的。这样也就清晰地给出了我们诠释历史唯物主义基本范畴体系的合理路径，即首先是从历史唯物主义众多范畴中找出最能反映人类社会发展过程及其现象的深层本质层面的基本范畴，然后从逻辑上进一步找出能够作为逻辑起点的范畴并加以分析。其次重点分析如何从作为逻辑起点的范畴一步步通过潜在的发生机制以及现实中的发生机制来展开,并呈现出具有逻辑关联性的范畴体系内容。再次分析每一个基本范畴所涵盖的内容及其范畴之间的矛盾运动过程,在揭示范畴之间内在逻辑关系的过程中清晰地展示范畴体系的逻辑主线,并且从逻辑上探明范畴体系最终的逻辑旨归。笔者认为,只有达到这样的认识,才能更加科学地体现认识人类社会发展过程及其现象的整体逻辑,更加科学地把握历史唯物主义每一个基本范畴及其整体范畴体系的内在实质精神。

2.2　历史唯物主义创立的历史脉络

世所周知,历史唯物主义理论并不是天然就存在的,而是马克思和恩格斯在其思想发展的过程中,随着他们对人类社会发展过程的深入研究和探讨,在解决他们所面临的一系列有关人类社会发展的问题及其理论上的困境的过程中,才逐步形成了历史唯物主义这一科学理论。研究历史唯物主义并找出它的基本范畴进行重点研究,从而更好地诠释历史唯物主义的范畴体系是本书的主旨。那么首先面临的问题就是如何来找出这些基本范畴,对这个问题的回答只有从历史角度和逻辑角度分别对历史唯物主义的形成进程做一个必要的说明,才能得出让人满意和信服的解答。因此,我们在揭示历史唯物主义创立的历史进程和逻辑行程的过程中会按照逻辑与历史相一致的原则来确立我们所要研究的基本范畴。下面,我们就来简要叙述一下马克思主义创始人是如何来创立历史唯物主义这一科学理论的。按照文本的角度[1]，我们可以把它大致分为以下几个阶段。

2.2.1　开始创立：从《黑格尔法哲学批判》到《1844 年经济学哲学手稿》

大学毕业后，马克思担任了《莱茵报》主编，当时马克思还是一位黑格尔唯心主义者。然而理论与现实的不相符使马克思产生了苦恼的疑问，即归根到底究竟是黑格尔说的理性精神决定人类社会的发展呢，还是经济利益决定人类社会的发展？对这个问题的思考和解答使马克思开始对自己先前信奉的黑格尔主义学说产生了怀疑，因为黑格尔认为是历史理性决定社会发展，而这与马克思经历的现实政治活动并不吻合。马克思重新审视钻研并批判了黑格尔法哲学，对国家和法的历史变迁进行了重新考察，重点考察了国家和市民社会的关系演变。在《莱茵报》时期，面对农民和政府人员在对待摩塞尔地区农民生活状况而采取不同态度的状况时，马克思指出造成这种状况的原因就在于农民和政府人员在社会中所处的地位不同，这由他们面临的相互关系的客观本性所决定，是这些关系决定着农民和政府的行动。可以说，这时候的马克思已经清楚地指明了应该从人们所处的关系中去探究人们的活动及其行为，尽管他还未能明确指明这种关系的实质内容，但这丝毫不影响我们来肯定马克思对这些关系的客观必然性的重视及其决定性作用的理解，这表明马克思已经开始接触人类社会

---

[1] 恩格斯曾经明确说过："关于历史唯物主义的绝大部分基本指导思想，尤其是对这些指导思想的最后的明确表述都是属于马克思的。我所提供的，马克思没有我也能很容易做到，至多除有几个专门的领域外。至于马克思所做到的，我却做不到。"《马克思恩格斯全集》第 21 卷，人民出版社，1965 年版，第 336 页。由于在历史唯物主义形成的过程中，其主要的功绩归属马克思，所以本书在研究历史唯物主义基本范畴体系时主要是以马克思对这些范畴的论证和认识文本为依据，当然不排斥恩格斯对这个问题的相关论述，而且在行文中针对某些范畴也会引用和涉及恩格斯的一些观点来做论证，只是考虑到文章主要是以马克思的相关论述为主，所以在题目方面将其确定为马克思历史唯物主义基本范畴体系研究。

生活领域中的一些问题。特别是从解决国家和市民社会的关系问题入手，马克思开始了其创立历史唯物主义的历程。

马克思在解答国家和市民社会这一问题的研究成果首先体现在当时他所写的《克罗茨纳赫笔记》，在这一笔记中，马克思已经初步形成了"历史现实"决定"国家观念"的观点。对这一观点的继续深化认识是在马克思于1843年所写的《黑格尔法哲学批判》以及同年撰写的《〈黑格尔法哲学批判〉导言》中。前者，马克思对人类社会结构这一问题进行了重新认识，进而在认识这一问题的过程中重新思考了国家与市民社会之间的真实关系。"马克思从黑格尔的法哲学出发，得出这样一种见解：要获得理解人类历史发展过程的锁钥，不应当被黑格尔描绘成'大厦之顶'的国家中去寻找，而应当到黑格尔所那样蔑视的'市民社会'中去寻找。"[1]这一认识成果使马克思初步得到了这样的结论即市民社会是由国家的基础、前提和动力而存在的，并非国家决定着市民社会，这表明马克思已经自觉地认识到了现实的主体绝不是理性而是人，人是一切社会组织的本质。正如马克思所说，黑格尔把"理念变成了独立的主体，把家庭和市民社会对国家的现实关系变成了理念所具有想象的内部活动。然而实际上，家庭和市民社会是国家的前提，它们才是真正的活动者"。[2]后者，马克思明确提出了要建立"为历史服务的哲学"的任务，即揭露人的自我异化并确立此岸世界的真理，为了完成这一任务就需要进行对尘世的批判、对法的批判和对政治的批判。在进行批判研究的过程中，马克思再一次重申了市民社会是政治国家的基础、前提这样一个重要的观点，这为马克思研究人类社会历史的本质提供了一条重要线索。马克思虽然在当时提出了这一任务，但却囿于没有真正把握和认识市民社会的内在结构，所以并没有完成该任务。由于马克思当时还没有完成从人本主义向唯物主义的转变，所以他这个时候是把市民社会看作"人的本质的实现"而规定的，这不可避免地带有费尔巴哈人本主义的色彩。但是

---

[1]《马克思恩格斯全集》第16卷，人民出版社，1964年第1版，第409页。

[2]《马克思恩格斯全集》第1卷，人民出版社，1956年版，第250页。

此时马克思又辩证地把家庭、市民社会和国家看成是人的存在的社会形式，这显然包含着不同于费尔巴哈的观点，即马克思此时的思想已经流露出反对把人看成是脱离社会的纯粹自然存在物的倾向。这表明马克思此时已经开始把研究的眼光转向对人的社会特质进行初步分析从而显露出不同于费尔巴哈人本主义的新趋向。

为了继续解决这一任务，真正解答人类社会的历史之谜，马克思不断地去进行哲学研究、经济学研究，并把二者融合在一起，在1844年写下了重要的《1844年经济学哲学手稿》这一著作。在这一著作中，马克思以现实经济事实中的异化劳动为线索对人类社会的历史发展规律进行了探析，并且以此为基础对市民社会的内在结构进行了深入的研究，将其深入物质生产或者工业的发展中来探寻其本质。可以说，马克思一开始通过物质生产活动来考察社会结构，就发现了社会发展的真实基础。与此同时，马克思以异化劳动理论为基础探究了私有财产的起源问题，认为异化劳动是私有财产的原因，但后者反过来又进一步加深了当时异化劳动的程度。这表明，马克思已经将研究的视角落实到了研究人类活动自身的问题这一角度。这一视角的转变对于历史唯物主义的形成具有非常重要的意义。正是由于将研究重心落实到了现实社会人的活动即劳动状况里，才使马克思得出论述："整个所谓世界历史不外是人通过人的劳动而诞生的过程，是自然界对人来说的生成过程。"[1] 这一论述言简意赅，包含着丰富的内容。它深刻说明了历史是人的自我创造的过程，是历史主体与客体在劳动基础上相互作用的结果，即历史是人的劳动活动在时间中的展开。这蕴含着社会发展是人的自觉活动和自然历史过程的统一这样一个思想。同时，马克思还从人的生命活动性质的视角考察了人的本质，提出了劳动是人的本质的观点。马克思运用异化劳动理论深入而全面揭露了人的自我异化，开始形成历史唯物主义的基本观点并提出了要解答历史之谜的任务，这使马克思站到了历史唯物主义的大门之前。但《1844年经济学哲学手稿》还没有深入物质生产的内在结构，对物

---

[1]《马克思恩格斯文集》第 1 卷，人民出版社，2009 年版，第 196 页。

质生产本身运动的普遍规律是什么还没有获得科学把握，而且对物质生产决定精神生产的机制和过程也未做出科学说明，因而物质生产决定上层建筑这一命题的内涵还比较笼统。

2.2.2 大致形成：从《神圣家族》到《德意志意识形态》

马克思沿着《1844年经济学哲学手稿》开辟的从现实的经济事实出发以深入市民社会的内在结构即物质生产中来解答历史之谜的这一方向继续前进。一方面通过揭示物质生产的历史作用发现了社会关系的客观规定性，另一方面通过肯定人的主体作用发现了群众创造历史的作用。而这两方面的认识成果集中体现在《神圣家族》这部著作中。在《神圣家族》中，马克思肯定了物质生产是历史的发源地，明确地把理解和把握现实历史的基础确立为生产方式，并且从实物中发现了人的存在和人对人的社会关系。同时，马克思还致力于揭示和区分社会关系中的主要方面和次要方面并力求去探讨生产的社会关系这一主要方面。在此基础上，马克思还明确提出历史在本质上就是人的活动的结果，至此，马克思踏上了全面创立历史唯物主义的进程。

《神圣家族》之后，经济学研究与哲学批判的有机结合仍然是马克思这一时期理论活动的特点，其成果突出表现在《评弗里德里希·李斯特的著作〈政治经济学的国民体系〉》和《关于费尔巴哈的提纲》中。前者，马克思通过分析现代历史基础即工厂制度来探讨生产方式的内在结构，并对工业劳动本身的物质内容和社会形式进行了科学区分。后者，马克思提出了具有决定性意义的论断即"全部社会生活在本质上是实践的"[1]和借助实践范畴揭示了社会生活和人的本质，并高度概括了人类社会发展的规律特点。社会是人类活动的领域，劳动创造了人也创造了人类社会，并构成人类社会的基础。人是历史发展的主体，但历史发展的规律并不是凌驾于人类活动之上或者脱离人的活动，恰恰相

---

[1]《马克思恩格斯文集》第1卷，人民出版社，2009年版，第501页。

反，历史发展的规律就潜藏以及蕴藏在人类现实的每一个实践活动中。马克思通过把研究的触角深入劳动过程的内部，进而从人的实践活动中发现了人的社会关系，继而在这些社会关系的总和中得到了关于人的本质的确定。这样，马克思就突破了从个体与类的角度来探讨人的本质的费尔巴哈人本唯物主义框架，从而把研究视角转向于历史唯物主义视域。

在《德意志意识形态》中，马克思科学制定了历史唯物主义的出发点，深入而全面地阐述了历史唯物主义的基本观点和结论，大致完成了创立历史唯物主义的任务。通过对现实的人的劳动的全面考察，马克思分析了生产方式的内在结构，并且得出在人的活动与交往形式的矛盾运动中人类社会历史必然会实现共产主义。在这里，马克思提出了共产主义是历史唯物主义的必然结论，这就把共产主义奠定在了科学的基础之上，并科学解答了社会是如何发展的问题。由此可以说，唯物主义历史观就是从人的物质活动出发来研究人类社会发展一般规律的学说。

2.2.3　深化完善：从《致安年柯夫的信》到《〈政治经济学批判〉序言》

毫无疑问，马克思在《德意志意识形态》中大致表述了历史唯物主义的基本观点，可以说是在这个阶段大致形成了历史唯物主义的思想。但是人的认识随着实践的发展总是要继续向前发展的，因此对这一理论的认识必然也要不断深入。由于在《德意志意识形态》中马克思是用交往形式范畴来指称生产关系范畴，因而也导致了对生产力与生产关系之间的辩证运动规律未能得到更加确切的表述。马克思在《致安年柯夫的信》中已经开始认识到生产关系是生产、分配、交换和消费等环节构成的有机统一体。对生产关系这一范畴的科学认识是 1847 年马克思所写的《哲学的贫困》中，在这部著作中，马克思极其科学而明确地对生产力与生产关系的矛盾运动发展状况进行了规定。正如马克思所说："我们见解中有决定意义的论点，在我的 1847 年出版的为反对蒲鲁东而写的著作《哲学的贫困》中第一次做了科学的、虽然只是论战性的概述。"[1]从内容上看，《哲学的贫困》直接把所有制关系规定为在物质生产和再生产过程中不断生成的个人与生产资料的关系。从形式上看，马克思已经明确肯定地使用生产关系的范畴，并用它来表示人们在现实生产过程中所发生的人和人之前的必然联系。而马克思制定"生产关系"这一范畴时，清晰地阐明了物质生产发生发展的内在机制，从而揭示了人类社会的内在秘密。此后，在1848年的《共产党宣言》中，马克思成功地贯彻了历史唯物主义的基本思想，并运用这一思想科学揭示了社会主义必然胜利、资本主义必然灭亡的社会运动规律，从而使历史唯物主义思想得到了进一步的深化、完善和丰富。

沿着这一思路继续前进，马克思在《〈政治经济学批判〉序言》中对历史唯物主义理论做了经典性的阐述，这使得唯物主义历史观的基本内容得到了确切的规定。这一表述现在被人们熟知和掌握，在这里不再详谈。我们只是想通过这样一个思路明白，马克思在其研究进展中一步步地向我们准确表达了历史发展规律与人的自觉活动即劳动之间的辩证关系，从而在劳动的发展史中向我们科学地揭示了人类社会真实的历史运动过程及其一般规律。至此，马克思从总体上完成了其创立历史唯物主义的艰辛过程。毋庸置疑，历史唯物主义理论一经形成，便开始发挥它对现实实践的巨大指导作用，同时马克思在后来的《资本论》写作中成功地运用历史唯物主义的观点和方法透彻地分析了现实的资本主义经济运行机制，并且通过这一分析再一次使历史唯物主义得到了科学验证和阐述。

---

[1]《马克思恩格斯文集》第2卷，人民出版社，2009年版，第593页。

2.3　历史唯物主义创立的逻辑理路

逻辑是经过修正的、前后一贯的历史过程。简言之，所谓历史唯物主义创立的思维逻辑，就是对历史唯物主义形成的历史进程做进一步抽象，注重从逻辑上来把握和探讨马克思是如何发现人类社会发展运动的一般规律进而创立历史唯物主义的。马克思为我们明确指出了人类思维发展的两条道路，第一条道路是"完整的表象蒸发为抽象的规定"，第二条道路在第一条道路的基础上，"使抽象的规定在思维行程中导致具体的再现"。只有通过这两条认识道路的交汇融合，相互作用，将其综合起来加以认识才能理解和把握现实具体事物的本质。对于从逻辑方式上来把握历史唯物主义的行程，我们也将循着这两条思维认识和发展的道路来进行。也只有这样，才能为我们找寻历史唯物主义基本范畴体系的逻辑起点奠定基础和指明方向。

2.3.1　完整的表象蒸发为抽象的规定

在上一节中我们了解到，从总体上来看，马克思在《莱茵报》时期是一位黑格尔唯心主义者，在对国家同现实社会的关系方面的理解上，认为理念是国家的实体，真正的国家是理性（理念）的实现。但经过《莱茵报》时期马克思所经历的实际政治斗争和经济斗争，这一现实状况促使马克思对黑格尔法哲学理论产生了怀疑，自此开始走上了积极研究人类社会问题的道路。"为了解决使我苦恼的疑问，我写的第一部著作是对黑格尔法哲学的批判性的分析。"[1]可以说，在《黑格尔法哲学批判》中马克思第一次尝试性地对使他一直苦恼的

---

[1]《马克思恩格斯文集》第 2 卷，人民出版社，2009 年版，第 591 页。

问题进行了回答，也是在这一著作中，马克思第一次发现了市民社会和政治国家的内在真实关系，并且在此基础上不断从唯心主义向唯物主义进行转变。

具体而言，马克思在《黑格尔法哲学批判》中已经认识到市民社会对于政治国家的重要性，是市民社会在先，政治国家形成在后，也就是说，市民社会是国家产生的重要前提和基础。因而与黑格尔所主张的理性决定着市民社会的逻辑思路完全相反，马克思是沿着从市民社会中来发现国家即市民社会决定国家的思路来展开他的历史唯物主义研究进程的。正如马克思后来在《〈政治经济学批判〉序言》中所讲的，他通过批判黑格尔法哲学而得到的一个结论就是市民社会即人类社会现实中的物质生活关系决定国家与法的产生和形成。同时政治国家"是私有财产的已经得到实现的本质"，"国家制度在这里就成了私有财产的国家制度"[1]，在这里，马克思已经意识到私有财产对政治国家所起的支配作用并把私有财产作为一种经济关系来看待，但此时马克思还没有把私有财产看成是一种特定的生产关系来加以把握。但这并不影响我们认识马克思研究市民社会这一问题的重大意义，因为马克思在这个时候已经对黑格尔关于家庭、市民社会和国家的关系的思辨唯心主义进行了深刻批判，已经明确阐明了家庭和市民社会是国家产生的前提和基础。随着马克思对市民社会进行政治经济学的解剖和探析，他必然会从市民社会中发现它的经济关系尤其是生产关系。所以，在这里，马克思已经触及历史唯物主义的发端。

要理解现实生活中国家制度的本质，就必然要把握市民社会的特殊逻辑，进而以此为基础把握整个人类社会历史的运动规律。也就是说，这个时候的马克思其实已经深刻地意识到了这一点，就是在市民社会的内部潜藏着我们认识人类社会历史发展过程的关键点，而恰恰是这一点为我们指明了一条走向历史唯物主义理论的思想逻辑路线。

不可否认，马克思写于1843年的《黑格尔法哲学批判》已经指明了前进的方向，提出了探讨市民社会的特殊逻辑这一任务，然而并未真正解决这一任务。

---

[1]《马克思恩格斯全集》第3卷，人民出版社，2002年版，第135页。

换言之，关于市民社会的内部结构以及发展规律还有待马克思进一步去探讨，尤其是对生产关系的秘密更是了解甚少。所以作为基础的市民社会以及整个社会对此时的马克思来说都是一个混沌的整体，即感性具体。按照马克思主义的观点，感性的具体对我们认识一个现实对象事物来说作为研究的起点或者说是认识的起点是正确的，但是我们要达到对对象事物的本质的认识，仅仅停留在感性的具体阶段还是远远不够的。所以在感性具体的认识基础上，我们还必须对其进行一些分析，最终使其通过思维综合加工整理而升华为抽象的规定。即是说，找到一个与历史起点相一致并且能够再现现实具体的逻辑起点，才能揭示出事物的本质及其内在的有机联系。因此，马克思创立历史唯物主义之思维进程的内在逻辑要求他必须对市民社会的内在结构和本质进行深刻剖析，以找到那个可以再现现实社会总体之本质的逻辑起点。马克思是从政治经济学中去探寻到了市民社会的内部结构和本质的。这一阶段马克思研究所突出的特质就是从哲学研究开始并结合经济学研究来探讨历史唯物主义，研究经济学所获得的认识成果对于马克思确立历史唯物主义的基本原理具有重要意义。

马克思在《1844 年经济学哲学手稿》中运用之前哲学研究所取得的成就，批判继承了英国古典经济学和德国古典哲学已经取得的成果，通过分析资本主义的生产、分配、交换和消费，形成了异化劳动思想。正是通过这一思想，使马克思在创立历史唯物主义的进程中获得了重大突破。马克思以异化劳动为考察点分析了现实资本主义社会中人与人的社会关系状况，即显露出了一条从劳动活动中发现人们社会关系的路径。

通过分析异化劳动以及深刻剖析资本主义经济运动规律，马克思深刻指出："私有财产的运动——生产和消费——是迄今为止全部生产的运动的感性展现，也就是说，是人的实现或人的现实。宗教、家庭、国家、法、道德、科学、艺术等，都不过是生产的一些特殊方式，并且受生产的普遍规律的支配。"[1]特别强调的是，马克思提出的物质生产决定社会其他领域的论断，无论从深度上还是从

---

[1]《马克思恩格斯文集》第 1 卷，人民出版社，2009 年版，第 186 页。

广度上都比之前在《黑格尔法哲学批判》中提出的市民社会决定国家的论断要科学得多、深刻得多。这表明此时马克思对整个人类社会的认识又大大前进了一步。马克思于1843年写的《黑格尔法哲学批判》将市民社会理解为一般的物质关系，而在《1844年经济学哲学手稿》中则明确指出了市民社会背后所潜藏着的物质生产活动，从而赋予市民社会以确定的物质内容。同时马克思也从这一生产活动阐明了人类社会结构的基础及其内容如物质生产、政治关系和意识形态等，还试图探讨其间的内在关系，为进一步解答历史之谜提供了坚实的理论基础。与此同时，马克思还从人的活动角度分析了社会历史，历史就是人类生命活动的持续过程，"人靠自然界生活"，因此人的第一个也是最基本的活动就是劳动。

按照《1844年经济学哲学手稿》的观点，私有制的出现及其被消灭都是由人自身生命活动的现实需要来决定的。从根本上说，人类社会发展史与人的物质生产发展史具有本质上的一致性。马克思在此确立了劳动在社会发展中的地位和作用。从纵横两方面来研究劳动，就能够掌握打开人类社会历史奥秘之门的钥匙进而理解人类历史的秘密。毋庸置疑，《1844年经济学哲学手稿》中的劳动范畴有其局限性，这与马克思当时研究方法及思想所突出的两重性特征——一方面带有费尔巴哈人本唯物主义的痕迹，另一方面具有从现实的经济事实出发辩证地开辟历史唯物主义道路密不可分。尽管马克思用异化劳动来说明私有制的产生和灭亡并以人的本质的复归思路来研究历史，这不可避免地带有费尔巴哈人本主义的倾向，但对于创立历史唯物主义的马克思来说已经由完整的表象达到了抽象的规定。正如有的学者所指出的："马克思劳动范畴的重要意义就在于：它是社会历史本质的、高度的抽象，为马克思从理论上再现现实的社会具体提供了逻辑起点，标志着马克思认识社会历史的过程达到了由完整的表象蒸发为抽象的规定。"[1]

---

[1] 杨耕：《危机中的重建：唯物主义历史观的现代阐释》，武汉大学出版社，2011年版，第53页。

2.3.2　抽象的规定在思维行程中导致具体的再现

要使认识继续向前发展，以揭示人类社会发展的秘密，就必须使"抽象的规定在思维行程中导致具体的再现"[1]。而这一过程，无疑将是人类认识上的一个重大飞跃。但是，思维的抽象并不是人们认识事物的终点，要想科学认识一个事物的本质还需要使思维的抽象上升到思维的具体，只有这样才是人们认识活动的归宿。《1844 年经济学哲学手稿》中的劳动范畴虽然为人们认识现实的社会具体提供了逻辑起点，但是毕竟没有把这种抽象的逻辑起点上升到思维的具体，也就是还需要在人们的思维中再现现实具体。因此，马克思要继续完成对社会历史的研究，解答科学历史之谜，就必须从劳动这一抽象规定继续展开对人类社会的认识，使其在思维中作为丰富多样性规定的总体再现出来。

马克思和恩格斯于 1844 年共同撰写的《神圣家族》是对其之前所进行的哲学与经济学研究成果的初步概括与提高，他们不仅把研究的眼光指向物质生产，而且明确肯定了物质生产在人类社会生活中的决定性作用，更重要的是他们还发现了隐藏在物质生产背后的人与人之间的内在社会性关系。而马克思和恩格斯写于 1845 年 11 月至 1846 年夏的《德意志意识形态》就是对他们之前所进行的哲学和经济学研究成果的进一步概括和提高，也是这一思维过程的结晶，即它从理论上再现了社会的基本结构和社会历史发展的基本过程。马克思就是在劳动发展史中找到了理解全部社会史的锁钥。的确如此，在《德意志意识形态》中，马克思和恩格斯正是通过考察劳动范畴及其分工的进一步发展，揭示了现实的人的劳动活动中所具有的两种关系，即人与自然的关系和人与人的关系，并且还进一步分析了二者之间的内在关联性。即我们所说的生产力与生产关系的内在关系。不过在《德意志意识形态》中，马克思还是以交往、交往形式、所有制关系等术语来表示生产关系这一概念的，马克思指出，人们的生产离不

---

[1]《马克思恩格斯文集》第 8 卷，人民出版社，2009 年版，第 25 页。

开交往是以交往形式为前提的，但同时人们的交往关系又离不开分工，而分工又是由生产力的发展所决定的，因此，人类社会发展的最终动力就是生产力。《德意志意识形态》还从动态发展的角度对生产力与交往形式和所有制之间的矛盾运动进行了深入考察。在此基础上，马克思还把生产关系的总和理解为经济基础，并进一步对市民社会与国家、观念上层建筑的关系进行了十分具体和确定的规定，从此真正弄明白了市民社会的本质。在马克思和恩格斯看来，市民社会不仅包括每一个个人在生产力发展的一定阶段上所实现的一切物质交往，而且还包括在生产力发展的一定阶段上的整个商业、工业的生活，除此之外，还包括直接从人们的生产活动以及交往活动中发展起来的一切社会组织。质言之，市民社会就是在人类社会发展的一定历史阶段上受生产力制约同时也反过来影响生产力发展的交往形式。在这里，其实是指出了市民社会就是一切物质交往关系的总和，即生产关系的总和。与此同时，马克思和恩格斯还进一步指出："要从市民社会出发来对各种不同的理论产物和意识形式如宗教、哲学、道德等进行阐明，并且在这个基础上来追溯它们的产生过程。"[1]在这样的认识中所得到的市民社会便是一个具有许多规定和关系的思维具体了。正是从这个角度来说，由于马克思真正搞清楚了生产力与生产关系、经济基础与上层建筑之间的矛盾运动关系及其过程，从而使他对人类社会历史发展的规律有了基本掌握。此时，马克思思维中所认识到的人类社会就是一个总体性概念了，即是一个非常清晰且有着丰富性内容的具体。质言之，马克思提出了社会结构的概念并且具体剖析了社会结构的内部要素及其关系，进而科学地制定了社会形态这一范畴。正是这一范畴的科学制定，使马克思对社会的认识达到了思维具体。虽然这时候马克思制定的社会形态概念还需要进一步确切化和完善化，但是这一概念的基本内容已经形成，它是马克思对社会各方面综合考察的结果并在思维中再现了作为许多规定的综合与多样性统一的社会。马克思随后在《〈政治经济学批判〉序言》中进一步对历史唯物主义的基本观点和思想做了经典性的、

---

[1]《马克思恩格斯文集》第1卷，人民出版社，2009年版，第544页。

全面透彻的概括与论述，在此不再赘引。与此同时，他还进一步从人的能力和本质发展的角度将社会形态发展划分为三个阶段，即人对人的依赖阶段、人对物的依赖阶段以及在人的全部财富基础上的自由个性阶段，从而丰富了对社会形态范畴的认识。

总体来讲，马克思在创立历史唯物主义的过程中一方面沿着从哲学研究与经济学研究的结合中展开对人类社会历史的研究道路前进，在这条道路中，马克思认识到了劳动是人类社会存在和发展的基础，是历史的源泉和人的存在方式；另一方面沿着从经济学研究开始结合历史研究并对其研究成果进行升华以至达到哲学高度的道路前进，使马克思发现了现实生活中物质生产的重要性和内在结构，从此提出了具有许多规定的综合和多样性统一的"社会形态"概念。至此，两条道路的相遇及其历史联系使马克思不断从感性具体上升到抽象再从抽象规定达到思维具体，从而使得历史唯物主义终于被发现和科学制定出来。这两条道路的有机联系也从侧面反映出马克思创立历史唯物主义的思维逻辑及其进程的本质特征。

2.4　诠释历史唯物主义基本范畴体系的方法论原则

在弄明白了马克思创立历史唯物主义理论的历史进程和思维逻辑进程的前提下，我们要从范畴的角度来对历史唯物主义理论体系进行诠释，就必须依据一定的科学原则来进行。在这里，笔者主要遵循逻辑与历史相一致原则、从抽象上升到具体的原则、辩证法和认识论以及逻辑学同一原则的根本原则以及客观全面性原则、综合整体性原则、动态开放性原则等一般原则来对历史唯物主义基本范畴体系做出尝试性的诠释和解读。

2.4.1 根本原则

第一，要坚持逻辑与历史相一致原则。

范畴是人们在实践的基础上通过思维对所占有的感性材料进行逻辑分析和加工的结果，具有一定的逻辑意义和功能，因而也可以称为逻辑范畴。如前所述，判断一门理论是否成熟和科学化的一个重要标准就是看它是否形成了完整系统的范畴体系。在马克思主义之前，关于逻辑范畴的认知总是被笼罩在唯心主义的面纱之下。只有马克思主义真正地将逻辑范畴纳入唯物辩证法的理论体系中，并将其建立在唯物主义的基本立场之上。马克思明确指出了思维的逻辑与思维的历史之间的关系，即思维的逻辑不过是对客观世界本身发展历史的反映。而这一点在客观唯心主义者黑格尔那里确是截然相反的，由于黑格尔赋予了逻辑范畴辩证发展以不可捉摸的神秘形式，因此它把思维的逻辑和范畴看作是预先已经存在的、可以脱离主体的东西，并且进一步把人类社会现实历史的发展看作是这些思维范畴发展的结果。这样，就把思维的逻辑与历史的关系搞颠倒了。这表明，对逻辑范畴的认识绝不能脱离现实历史的客观基础，否则必将得出抽象空洞、毫无意义的认识。因此，按照马克思主义的要求，科学范畴体系的逻辑结构必须与科学的事实和现实基础相一致，它必须是对人类社会已经发生的现实生活的真实再现。所以在诠释这一范畴体系时也要坚持逻辑和历史相一致的方法论原则。

简言之，所谓逻辑，就是指人们在思维行程中撇开历史发展中的非本质、个别的现象而概括的反映出客观事物历史发展的过程及其总趋势。在一定意义上，逻辑指的就是逻辑范畴之间的关系、层次以及出现的先后次序等。而历史指的就是客观事物本身（包括自然界和人类社会以及人自身）产生、发展和不断变化的真实的历史过程，同时也包括人类自身作用于客观事物的活动的发展历史过程以及人们通过逻辑思维来把握客观事物规律及其本身的认识的发展历史过程。逻辑与历史相一致，就是逻辑的东西要与历史的东西相一致，即理论体系的逻辑行程不仅要与其所反映和探究的客观对象自身的发展历史过程相符，而且要与人们对这一客观对象的认识发展历史过程相一致，还要与人们变革现实世界的活动发展过程相吻合。因此，我们诠释历史唯物主义范畴体系的逻辑行程也需要经历这样一个辩证的发展过程，即与人们认识人类社会及其自身发展的历史过程达到一致。我们所揭示的历史唯物主义基本范畴只有真实地把人类社会发展的历史过程以及人们对这一过程的认识本身的历史行程反映出来，才能称之为科学的范畴，由这样的范畴遵循一定的逻辑所构成的理论体系才能算得上是科学化的理论体系。质言之，逻辑范畴就是以浓缩的抽象形式在思维中撇开了人类社会历史发展中的偶然性因素而去把握它内在必然性的。因此，我们在研究和诠释历史唯物主义范畴体系的过程中，也要贯彻这一方法论原则，使逻辑范畴的展开过程同人类社会历史发展的客观进程一致起来。这样看来，作为历史唯物主义范畴体系的逻辑起点即逻辑上最初的东西，事实上也应成为人类社会自身发展历史上最初的东西。根据这一点，本研究把劳动作为逻辑起点范畴，认为以这样的一种逻辑起点展开对历史唯物主义范畴体系的诠释，必将得到一个具有强烈的历史感、现实感和严密的内在联系的范畴体系。

第二，从抽象上升到具体的原则。

在诠释范畴体系的过程时，我们还要做到始终坚持从抽象上升到具体的方法论原则。马克思成功地把这种方法运用到了他的政治经济学研究中，给我们做了示范。他指出，在经济学上人作为全部社会生产的基础和主体，是实在和具体的。从这样的现实前提出发看似十分正确，然而仔细考察起来却是错误的。因为如果我们对构成人口的阶级不了解，进而也不知道这些阶级所依据的因素如资本、分工、交换等，这样，对我们来说，人口就是一个表象，因而是一个感性的具体。若进一步从此出发，在我们的思维行程中就会出现关于人口的更加确切的规定，也就是说，我们将会获得更多越来越简单的概念。于是，最后思维行程还得返回到最初的人口那里，但这时候的人口已经"是一个具有许多规定和关系的丰富的总体了"[1]。因此，从抽象上升到具体就成为我

---

[1]《马克思恩格斯文集》第 8 卷，人民出版社，2009 年版，第 24 页。

们理解和掌握具体的一种方式，当然这种理解和把握是在思维中进行的，而且也只有在思维的行程中才能够把这一具体看作是精神上的具体即思维具体给再现出来。这个再现的过程就是对象自身的规定性逐渐丰富和增加的过程，所以作为思维中的具体是包含着许多规定和差异的综合，正是这些差异推动着对象事物不断向前发展。

我们在诠释历史唯物主义范畴体系时，绝不满足于对范畴做简单的列举和排列，而是要从范畴体系的整体着眼去揭示各个范畴之间的内在关系，并使这些范畴在人的思维行程中从简单的、抽象的范畴开始逐渐发展到复杂而具体的范畴。在认识人类社会历史的过程中，首先摆在我们面前的就是活生生的感性的具体，只有运用分析的方法对这些感性的具体进行科学的抽象，才能使人们认识人类社会历史的本质，进而形成反映人类社会普遍本质及关系的基本范畴如生产力、生产关系、经济基础、上层建筑等。同时，抽象的规定并没有真正完成思维的行程，要获得对人类社会历史发展完整全面的理解，就必须进一步使这些抽象的范畴联结成一个统一的整体，揭示它们之间内在的、必然的逻辑关系及其在整个范畴体系中的地位和作用，从而形成系统的认识以达到对人类社会这一思维具体的总体认识。这就表明，在诠释历史唯物主义范畴体系的过程中，我们采取从抽象上升到具体的方法，即从最简单、最抽象的劳动范畴入手，使其潜在着的内容不断地显露和表现出来，并逐渐上升到复杂、具体的范畴如社会存在、生产力等，从而使人类社会历史发展的内在规律得到确证和展现。因此按照这种方法论原则诠释出的历史唯物主义范畴体系必然是一个从简单到复杂、从抽象到具体的立体式的全方位的结构。

第三，要坚持辩证法、认识论与逻辑学三者同一原则。

马克思研究逻辑范畴是站在唯物主义的立场上，并对黑格尔的辩证法进行了合理的改造，从而形成了辩证唯物主义的逻辑范畴。这里的范畴既是客观事物自身辩证运动过程的反映，因而可以说是对客观事物辩证法的反映，同时又是人类通过思维来认识客观事物的必不可少的环节和阶段，还是人们进一步进行逻辑思维的必要形式和重要工具。正是从这个意义上，我们主张作为历史唯物主义的范畴的同时也是在辩证法、认识论和逻辑学三者的同一高度上来谈的。针对这一点，列宁曾经明确地给予了科学而合理的说明。在列宁看来，马克思在他的《资本论》这一著作中给我们留下了很好的运用逻辑的方法来解决问题的典范。当然，马克思是在唯物主义的基础上来运用这种逻辑的方法的，而且这种方法与人们认识历史的过程在本质上具有一致性，因此，从这个意义上讲，唯物主义的逻辑与辩证法以及认识论可以同时被应用到一门科学中，它们并非没有联系，相反，它们是同一个东西。所以我们在对历史唯物主义基本范畴体系做出诠释和解读时，必须遵循和坚持辩证法、认识论和逻辑学三者同一的这一根本的方法论原则。如前所述，历史唯物主义基本范畴是人们在实践活动的基础上通过理性思维抽象出来的认识结果，范畴的形成经历了从实践到认识再到实践的辩证发展过程。在形成了这些基本范畴之后，还要进一步从整体上考察它们之间的相互关系，从逻辑上对这些范畴进行定位并揭示其有机联系。而历史唯物主义范畴的逻辑演进行程是与人类社会发展的客观历史以及人们认识的发展过程是一致的。人们思维逻辑的行程与人们的认识的发展过程能够实现一致的一个非常重要的原因就是它们都体现了辩证法这一共同的运动规律。所以辩证法始终与人们的逻辑和认识相联系，并且贯穿于它们的运动发展之中。针对这一点，马克思明确指出："两个相互矛盾方面的共存、斗争以及融合成一个新范畴，就是辩证运动。"[1]

在某种意义上说，辩证法就是范畴的矛盾及其运动的辩证法。所以我们在理解历史唯物主义基本范畴时，一定要运用对立统一的辩证观点来考察范畴之间的辩证关系。在马克思看来，人们在认识和分析某一领域的矛盾运动时，必须借助作为思维形式的逻辑范畴，即必须通过范畴的矛盾运动来不断把握该领域的运动规律。同时，我们在把握范畴之间的矛盾运动过程时，还要看到这些范畴并不是杂乱无章、任由人们主观随意进行排列的，相反，这些范畴在运动的过程中是遵循着一定的思维逻辑法则来辩证地展开的。在这个辩证地展开的

---

[1]《马克思恩格斯文集》第 1 卷，人民出版社，2009 年版，第 605 页。

过程中，每一个范畴的出现都是由前一个范畴逻辑推导得出的，因而每一个范畴在其体系中所处的位置便具有了一定的逻辑必然性。通过这种范畴的矛盾及其运动过程，被考察的范畴体系的整体轮廓就在思维中全面而具体地再现出来。这样，我们所得到的历史唯物主义范畴体系就能在总体上揭示出人类社会发展的一般规律。诚然，在我们所诠释的范畴体系中总会有一个最后的范畴，但这个范畴并不是真正意义上最终的范畴，在实现了对整个体系的思维具体的认识之后，人们的认识还是要进一步向前发展。所以这个体系也是不断开放和发展的，因而是作为辩证法、认识论和逻辑学的统一体而出现的。

2.4.2 一般原则

第一，坚持客观全面性原则。当人们通过范畴来认识客观对象，即当客观对象作为完整的对象进入人的视野和活动范围中时，人们必定会形成相应的有关客观对象的逻辑范畴体系。历史唯物主义基本范畴是人们用来把握历史唯物主义原理及其实质精神的重要思维工具和手段，它作为一种抽象的思维工具，在形式上是主观的。但我们不能一看到这种范畴的主观形式就忽略它所包含的客观内容，因为历史唯物主义基本范畴始终是对人类社会生活的本质属性及关系内容的反映和概括，因而它有着客观的来源。我们在提出、概括和诠释历史唯物主义基本范畴时，一定要对人类社会历史的各种现象进行科学的分析，进而从中汲取更多的客观内容并将其转化到范畴中来，从而丰富范畴的内容。可以说，历史唯物主义的基本范畴是主观形式与客观内容的辩证统一，并且在这种统一中来展现自身。这要求我们在研究历史唯物主义基本范畴及其体系时，要采取客观的态度坚持客观全面性的原则，实事求是地对待范畴所呈现出来的人类社会发展的本质内容。既要看到范畴所表现出来的客观内容，又要注意把握范畴之间内在的客观逻辑，并且按照这种客观逻辑从整体上全面地考察范畴的运动发展和辩证联系，对其做多层次和全方位的探究。因而要坚决排斥和反对在范畴理解上的主观臆断和随意编造。列宁曾经说过，我们要真正把握人类社会历史发展的规律，就必须认认真真地对它的一切方面和联系以及中介进行研究，并且真正将这些方面搞清楚。由于人类社会历史是不断发展的，在发展的过程中会呈现出新的关系和属性，因而我们人类对其所产生的认识在一定阶段和条件下就是有限的，所以人类的认识在这种状况下就不可能去完全地、彻底地达到对人类社会这一整体的全部认识、终极认识。"但是，全面性这一要求可以使我们防止犯错误和防止僵化。"[1]因此，坚持客观全面性原则还要求我们从总体上研究目前我们所能达到的对客观对象的一切方面、联系和环节的认识。具体而言，我们在探究历史唯物主义范畴体系时要坚决反对那种脱离整体而孤立地、片面地考察某一范畴的形而上学的做法。因为离开了历史唯物主义范畴体系这个整体，就不可能搞清楚每一个范畴的真正含义和内容，也无法理解每一个范畴在范畴体系中所处的地位和所发挥的作用。事实上，历史唯物主义范畴之间是相互联系、辩证发展的，我们在诠释历史唯物主义范畴体系一定要做到："从简单范畴的辩证运动中产生出群一样，从群的辩证运动中产生出系列，从系列的辩证运动中又产生出整个体系。"[2]换言之，就是从阐发范畴及其联系到形成范畴体系，进而从范畴体系中掌握基本原理，再从基本原理上升到对整个理论体系的把握。

第二，坚持综合整体性原则。坚持客观全面性原则在本质上要求我们把历史唯物主义的范畴体系作为一个整体来对待，综合分析每一个范畴在历史唯物主义整体逻辑演进中的地位和作用。毋庸置疑，我们单独抽出历史唯物主义范畴体系中的一个范畴来进行研究，即对每一个范畴进行独立研究是非常必要的，也是很有意义的。但是要想达到对每一个范畴的更深一层的本质的认识，就只有把对这些范畴的独立研究综合为一个整体。也就是说，对每一个个别范畴的研究不能代替对整个范畴体系的研究，当然也不能认为对个别范畴的研究就是纯粹的、完全零散的个别研究，而应该把它纳入历史唯物主义的整体逻辑中，

---

[1]《列宁专题文集·论辩证唯物主义和历史唯物主义》，人民出版社，2009年版，第314页。

[2]《马克思恩格斯文集》第1卷，人民出版社，2009年版，第601页。

使其服从于这个整体逻辑。历史唯物主义的整体逻辑把这些看似个别的单位范畴整合为一个有机整体，在这个整体中将会产生一些至关重要且具有综合性的范畴。而这些综合性的范畴往往是使人类社会在思维行程中再现的重要工具。因此，我们在研究历史唯物主义范畴体系时，必须遵循综合整体性原则对其做既综合又是整体性的考察。只有这样，才能使思维过程得到的结果达到对范畴体系这一整体的全面把握。由此可见，范畴体系中的每一个范畴都不是孤立的存在，而是与体系中的其他范畴发生联系和作用。也正是在这些联系和作用的过程中，每一个范畴才能获得或展示出其自身的丰富规定性。这就是说，我们要从整体的高度、以综合的思维去探究历史唯物主义范畴体系中的每一个范畴，在整体中详尽地考察范畴的发生、发展以及与其他范畴之间的关联性。

第三，坚持动态开放性原则。由于历史唯物主义的研究对象是人类社会发展的一般规律，而人类社会是一个永无止境的发展过程且日益呈现出一个多种因素相互作用的辩证发展图景，因而作为对其进行抽象思维之结果的范畴体系的建立和研究也必然是一个不断变化和发展的过程，并呈现为一个立体式的动态范畴体系。因而，我们要以动态的眼光和开放的心态来对其加以把握。历史唯物主义范畴是主观与客观的统一，这个统一与相符本身也是一个不断运动和发展的过程。在这个过程中，人们以思维形式主观表现出来的结果即范畴将会愈来愈接近客观事物的本质，从而使主观与客观达到一致。此外，历史唯物主义的基本范畴本身也是人们在社会实践活动的基础上不断产生和完善起来的，是人们认识不断发展和深化的结果。所以范畴是一个历史性产物，并不是一成不变、永恒的。由于人们认识世界是一个历史的发展过程，所以在这个过程中，这些范畴也要随着人们认识的深化发展而逐渐精确和丰富。我们通过逻辑起点开始，经过一系列范畴的相互转化与相互作用，最终达到思维的具体，由此而建立的历史唯物主义范畴体系遵循了从抽象上升到具体的方法论原则。虽然每一次在抽象上升过程中所获得的思维具体构成了人们认识的前一个逻辑阶段的终点，但是如果仅仅将认识停留于此，并不能真正把握对象的本质。因而这个思维具体又构成了人们的认识继续发展的新的起点，所以思维在这个新起点上会继续展开新的行程。而这一思维行程的每一次前进和发展，都将为我们认识对象提供更加丰富的内容。所以，每一次通过抽象上升而达到的思维具体，相较于前一个阶段上的范畴，其内容越来越丰富和完善。由此可见，历史唯物主义范畴体系是个历史的产物，它与特定时代人们的思维能力及水平相联系，不存在终极完成的范畴体系。因此我们不能奢望去建立一种包罗万象、最终完成和绝对完善的历史唯物主义范畴体系。从本质上来说，历史唯物主义范畴体系呈现为一个开放的、发展的动态系统，它必然会随着时代的进步、人们思维能力及认识水平的提高以及实践的发展而不断获得丰富和充实的内容。今后，我们要通过吸收现代科学发展中的新成果而不断提炼和概括出新的范畴，不断完善范畴体系，以适应人类社会历史实践和时代的发展，从而推动历史唯物主义理论继续向前发展。

第 3 章

历史唯物主义基本范畴体系的
逻辑起点

诚然，马克思并非一位把哲学课题化并使之体系化的职业哲学家。相反，他首先是一位以实现无产阶级和全人类解放为其毕生使命的革命家。他虽没有专门写过系统阐述其历史唯物主义基本原理的"纯粹"专著，但其所创立的历史唯物主义理论的各个范畴以及观点之间却存在着严密的逻辑联系。而这种内在的逻辑联系就存在于马克思的各种论战性著作中，存在于其相关历史研究的著作中，需要我们把它们认真地解读出来并加以阐释。一个理论体系，只有当它呈现出一个科学的范畴体系时，它才能够成为科学的理论体系。从这个意义上讲，若逻辑起点选择不同，就会得出不同的理论体系框架甚至无法完整准确地反映该理论体系的本质精神。可见，要科学理解历史唯物主义范畴体系，首先就需要对其逻辑起点有一个清晰而恰当的界定，这对于我们认识和把握历史唯物主义的理论本质至关重要。

3.1　劳动范畴是历史唯物主义范畴体系的逻辑起点

3.1.1　确立逻辑起点的必要性和方法

历史唯物主义的形成是马克思和恩格斯关于人类社会历史发展思想的逻辑整理及其逻辑发展的产物，它理应作为一个科学的范畴体系呈现在人类面前。由于逻辑起点是一个理论体系得以建立和展开的前提和根据，因此，我们如何选择作为逻辑起点的范畴以及究竟选择哪一个范畴作为逻辑起点便对我们认识历史唯物主义理论和精神实质具有举足轻重的作用。从这一点来看，逻辑起点的选择和确立，直接关系到历史唯物主义相关范畴和规律的排列顺序是否符合社会发展的历史实际，关系到历史唯物主义理论体系之科学性的根基。换言之，只有逻辑起点选择得当，才能从理论上系统连贯地将历史唯物主义的复杂内容概述出来，才能使其和社会生活的实际发展和内部联系保持一致，才能为历史唯物主义的科学性发展指明前进方向。因此研究历史唯物主义范畴体系，首先就是要对逻辑起点有一个清晰明了的认识和统一的界定，这样才能在同一层面上探讨历史唯物主义的其他问题。

马克思和恩格斯虽然没有在其著作中直接、明确地论述过关于理论体系的逻辑起点问题，但是我们把他们在其著作中的一些相关观点联系起来加以考察，就会发现他们对于这个问题还是有很深见地的。恩格斯曾说："历史从哪里开始，思想进程也应当从哪里开始，而思想进程的进一步发展不过是历史过程在抽象的、理论上前后一贯的形式上的反映。"[1]这一论述向我们清晰明了地提供和指出了一条在确立理论体系的逻辑起点时所应该坚持的根本方法论原则，即坚持逻辑与历史相一致的原则。真正遵循且做到这个原则，我们就会得出这样一个结论，即作为逻辑起点的范畴与作为人类历史过程的起点具有内在的一致性。即我们要根据研究对象的特定内容和领域来确立作为思维行程的逻辑起点，使二者保持一致。此外，要成为逻辑起点的范畴，也必须是最简单最抽象的范畴，因为"从最简单上升到复杂这个抽象思维的进程符合现实的历史过程"[2]。马克思正是遵循从抽象上升到具体的科学方法来展开其《资本论》的写作，而《资本论》又进一步丰富和验证了唯物史观。因而历史唯物主义范畴体系的确立也必然要遵循这种方法，即从事物最简单最基本的范畴入手，按照事物原有的内在联系逐步上升，在逻辑展开中把研究对象作为思维的具体在思维中再现出来。此外，任何一个科学完备的范畴体系的建立，都不是一蹴而就形成的，而是有着一个长期发展的过程并且始终是在人们缜密研究下而产生的思维产物。作为对这一思维产物的叙述本身也应该是能够把这些内容在思维中使其合乎逻辑地展开。而要在思维中把这些内容按照逻辑的方式展开，就必须找到一个恰当的范畴作为逻辑起点，即逻辑起点是为了更好地表述，严格地说，是叙述作为理论形态的科学体系而找到的一个理论起点，它是事物自身在运动

---

[1]《马克思恩格斯文集》第2卷，人民出版社，2009年版，第603页。

[2]《马克思恩格斯文集》第8卷，人民出版社，2009年版，第26页。

过程中的本质属性和原初状态。因此，逻辑起点必须是能够在现实生活中找得到且是真实存在着的。

通过上述分析，我们认为，作为历史唯物主义基本范畴体系的逻辑起点范畴必须同时符合下述几个特征：一是由于马克思主义创始人始终强调要坚持逻辑与历史相一致的方法论原则，而且他们自身也贯彻和运用这一原则写作了《资本论》这样一部鸿篇巨制，因而作为体系的逻辑起点必须与现实历史的真实起点在本质上保持一致性，也就是说，作为逻辑起点的东西同样且应该也是历史的起点。二是作为逻辑起点的范畴必须建立在对现实对象客观内容的科学分析上，它能够并且可以反映出人类社会生活中最简单、最常见的关系，因而是一个最基本、最普通、最单纯的抽象的范畴，这个抽象是反映对象现象和包含对象本质的科学抽象。三是逻辑起点是研究对象细胞状态中的一个细胞或胚胎，是内在地包含着对象以后发展的一切矛盾萌芽的抽象规定，它自身所包含的矛盾将逐步展开为越来越具体的范畴，并且在发展的过程中被比较具体的范畴包含，它的存在和发展制约着对象其他方面的存在和发展，也就是说，作为逻辑起点的范畴潜藏着尚未展开的概念的全部丰富性，并在自身的发展过程中逻辑地导出整个历史唯物主义的理论体系。按照这一要求，马克思主义创始人找到了历史唯物主义理论的科学出发点即劳动，从而奠定了社会历史发展的能动性根源，并为贯通和激活历史唯物主义一切其他范畴和概念及原理创造了条件。

3.1.2　劳动范畴作为逻辑起点的必然性

恩格斯在总结历史唯物主义产生和发展的过程时，十分肯定地将"劳动发展史"看作马克思主义者理解人类全部社会史的锁钥。也就是说，马克思不仅重视劳动作为整个人类世界的基础的全部意义，而且还发现了潜藏于这个众人皆知的基本事实背后的真理即历史唯物主义的理论。进一步讲，马克思是在劳动运动的过程中并以劳动作为出发点来解释各种人类社会历史现象的，并且以此为基础进一步去对人自身以及人们认识世界和改造世界的活动做出了科学阐明。笔者认为,把劳动范畴确立为诠释历史唯物主义基本范畴体系的逻辑起点,有着确凿的理由和充足的根据。

前面我们对作为逻辑起点的范畴所应具备的特征和要求进行了分析,在这里,我们认为劳动范畴是符合这些条件和本质要求的。首先,劳动范畴是"一种古老而适用于一切社会形式的关系的最简单的抽象"[1]。劳动的这种最简单的抽象满足了作为逻辑起点所要求的范畴是关于对象的最简单、最抽象的规定这一条件。其次,马克思说:"在社会中进行生产的个人,——因而这些个人的一定的社会性质的生产,自然是出发点。"[2]马克思在这里所说的生产自然是出发点,主要说的是历史的起点。事实上,人类社会的历史就是从人们的生产劳动开始的,是劳动才使人最终脱离了动物界并成为历史的主体。从这个意义上我们说,是劳动创造了人和人类社会。因而把劳动范畴确立为逻辑起点也符合逻辑与历史相一致的本质要求。此外,劳动范畴还蕴含着历史唯物主义的其他范畴和各种矛盾发展的萌芽,成为我们打开人类社会历史发展之秘密大门的锁钥。"在马克思那里,劳动到处都处于中心范畴,在劳动中所有其他规定都已经概括地表现出来。"[3]

具体来说,劳动范畴在其辩证的逻辑展开过程中必然会引出社会存在和社会意识范畴以及二者之间的辩证关系原理。在马克思看来,人与动物的本质区别就在于人能够积极主动地去劳动,进而在劳动的过程中去认识、改造自然,并且进一步利用自然规律来为自己服务。但是人们在实际的劳动活动中,必须借助于一定的工具和手段才能把自己的观念意图作用于客观对象事物中,使客观对象事物发生变化从而产生出满足于自身需要的劳动产品。表面上看,人们在劳动过程中所运用的这些工具、手段以及劳动对象等资料都是外在于人而客观存在着的,但仔细考察就会发现,这些劳动资料其实都是作为人类赖以生存

---

[1]《马克思恩格斯文集》第8卷,人民出版社,2009年版,第29页。

[2]《马克思恩格斯文集》第8卷,人民出版社,2009年版,第5页。

[3]卢卡奇:《关于社会存在的本体论·上卷——社会存在本体论引论》,白锡堃等译,重庆出版社,1993年版,第642页。

的物质生活条件中的一部分而存在的，它们本质上都是人们在一定历史阶段下特定的社会历史条件中所进行的劳动活动的结果。可见，劳动作为人的本质力量体现了人的能动性。与此同时，我们也不能忽略人实际上首先是一种自然存在物，因而人的劳动也会受到人的肉体组织、生存需要以及他所处的特定社会环境中的物质生活条件状况的制约和影响。这些客观的物质生活条件就决定了人们通过劳动活动来认识和改造自然、社会以及人自身的程度和方式。即一定社会条件下，人们的劳动方式以及劳动实现的程度取决于人们所处于其中的那个社会的现实生产力的发展水平以及社会存在的状况，而这一点又是不以人们的意识和意志为转移的。因此人们首先必须使个体最基本的生存需要得到满足以维持自己的生命存在，在此基础上才能进一步地去从事其他政治、艺术、道德等领域的活动。这就是说，是人们直接的物质生活资料的生产构成了一个社会特定历史阶段的基础，从这个基础出发就能够解释人们的政治法律观点以及宗教、艺术等社会意识的情况。由此也就引申出了我们所说的社会存在和社会意识范畴，进一步来说，无论在何时，无论在何种情况下，人们的社会意识始终是被意识到了的人们的现实的社会存在，而人们的社会存在实质上来说就是人们的现实生活过程。因此，社会意识是伴随着人们的现实劳动活动，在人们的物质交往和需要中产生的，它根源于人们的现实生活过程，并且随之发展而不断发生变化。此外，人们在劳动过程中也会不断地认识和改变自身，使人类自我认识不断得到提升和升华，因而人们的社会意识也会能动地作用于现实生活过程，这就形成了社会意识能动地反作用于社会存在的表现。

劳动范畴历史地、现实地、具体地引申出生产力和生产关系的矛盾运动原理。按照马克思主义的观点，人的劳动活动一方面是人类社会与自然界相区别的标志，另一方面人的劳动活动又成为人类社会与自然界相连接的纽带。劳动首先是人借助自身的活动来实现的自身与自然之间物质变换的过程。在这个过程中，人通过劳动不断地改造自然使自然界越来越多地被打上人的活动的印记，从而创造出满足自己需要的、适合自己的新的生存条件。与此同时，人们要进行劳动也必须相互之间不断地交换其活动从而结合起来，相互之间发生联系和关系，只有在这些社会关系中才能使生产劳动得以进行。而人们在劳动过程结束时所得到的结果一开始就以观念的形式存在于劳动主体的头脑中，并推动着劳动活动不断发展。这样，劳动就内在地包含着人与自然的关系、人与人的关系以及人与自身意识的关系。换言之，人在劳动过程中不仅认识和改造着自然界，而且也改变着人自身包括其自身的肉体组织、社会关系以及思维意识。正是"人""物""意"三重因素之间的相互作用形成了人类社会历史的进程及其规律性表现。可见，劳动一方面为人自身的生存和发展提供了现实基础，另一方面还不断形成、改变和创造着人们的社会关系，成为人类社会存在的客观基础。进一步来说，劳动过程实质上就是人把自身的本质力量不断对象化到劳动客体上，从而使这种力量在劳动中得到进一步的发展。人们在劳动中使用这种本质力量的能力就形成了生产力。所以说，生产力就是在人与自然之间的相互作用中所形成和发展的人的本质力量的产物，它表现为人们改造自然、利用自然的能力，因此它不能脱离人的劳动活动而单独存在。与此同时，人们要现实地改变自然存在物的形式、展示自身的本质力量，还必须在劳动中结成一定的关系从而真正把"人"和"物"的要素结合起来，使其转变为现实的力量。这表明，人的劳动作为一种社会性劳动，在劳动过程中必然会形成人们之间的生产关系。鉴于此，我们说，生产力和生产关系的实体都是人们的现实的劳动活动，我们在认识生产力和生产关系范畴时一定不能离开现实的人的劳动活动，否则将会把它们变成毫无内容的抽象的东西。

需要指明的是，马克思并不满足于只是从劳动范畴中引申出生产力和生产关系范畴，而是进一步对二者之间的辩证关系做出了合理而科学的阐明。在阐明生产力与生产关系的辩证运动过程中揭示出了整个人类社会存在和发展的内在动因。马克思指出，生产力决定生产关系，人们在生产关系中的地位反过来也影响着"人"与"物"的结合形式，直接决定着人们满足自己需要的形式。当生产力的发展水平超出了生产关系所容纳的范围，原本是作为生产力发展之合理形式的生产关系就会由原来的相适应转变为不适应生产力的发展，因而是束缚生产力发展的桎梏。从而这种生产关系便会被新的适合于进步的人的自主活动方式的生产关系所代替，正是这种矛盾运动推动着人类社会不断向前发展。与此同时，人们在劳动过程中所形成的生产关系的总和又进一步构成了所谓的经济基础，在这个基础之上，是用来巩固和维护该生产关系中占据支配和统治地位的阶级利益的国家机器和社会意识形态即上层建筑，由此便在劳动的展开过程中生动地呈现了人类社会结构的一般特征。

最后，由于人的现实劳动始终处于一种持续的动态发展过程，因而人们会在这个动态发展过程中锲而不舍地追求社会的进步、探寻人的自由解放的途径。人类现实生活中的生产劳动的性质、水平及其整体状况的发展要求，决定了整个人类社会获得和实现进步的程度。人们的劳动的性质和方式不同，整个社会性质及其结构的总体面貌就会不同。马克思以厚重的历史感向我们揭示了人类社会不同的劳动发展形式以及不同性质的劳动活动之间的辩证运动过程。在这个过程中发现了随着人类劳动方式的不断进步和变化，随之带来的必然是人类社会整体的发展与进步。具体来看，马克思着重考察了阶级社会中先后出现的奴隶劳动、徭役劳动以及雇佣劳动等劳动发展的不同历史形式。这些不同的劳动形式中有一个共性就是，它们都使人的劳动活动本身与人们物质生活的生产方式分离开了。在这样的劳动形式下，整个社会普遍存在着对劳动的剥削和对劳动者的压迫，因而劳动是一种外在于人的强制劳动。尤其是在资本主义社会中，劳动发生了异化，失去了任何作为人的自主活动的假象，劳动狭隘地成为一种仅仅是满足人的生存需要的谋生劳动。这样的劳动是外在于人的需求和欲望的，作为这种劳动的结果是产生了更多的异化劳动和资本，而作为劳动主体的人的能力却只是得到了片面的发展。而劳动的"每个一定的历史形式，都会进一步发展这个过程的物质基础和社会形式。这个一定的历史形式达到一定的成熟阶段就会被抛弃，并让位给较高级的形式"。[1]因此，上述三种劳动形式都是历史性存在的，它们在人类社会的进步过程中必然会被追求着人类自由而全面发展的自由劳动所代替，而这种自由劳动将是劳动发展的较高级形式。在

---

[1]《马克思恩格斯文集》第 7 卷，人民出版社，2009 年版，第 1000 页。

这种劳动的高级形式中，由于资本主义私有制被消灭，从而使社会中大量的剩余劳动转化为自由时间，在这种自由时间中，人们便开始了以发展自身能力为目的的人的自主活动和交往，这必然会使个人的能力获得全面发展，使人获得真正的解放，最终形成人的自由个性。[1]

3.1.3 劳动范畴、现实的人与实践范畴作为逻辑起点的辨析

在这里，还需要特别注意，学界存在不同意将劳动范畴作为历史唯物主义范畴体系的逻辑起点的观点，而是主张将"现实的人"或者实践范畴作为逻辑起点。正是由于这种在逻辑起点范畴的选择上未达成一致，使得人们从多个角度对历史唯物主义范畴体系进行了多种层次和不同版本的诠释。当然，这在文化多样性以及学术自由性上来看，是可以存在的而且也是有一定裨益的，但是众多不同版本的诠释体系会导致在现实生活中人们对历史唯物主义理论认识上和理解上的困难。因此，我们应该积极探讨究竟哪个范畴才是历史唯物主义基本范畴体系的逻辑起点。下面我们要重点分析一下为什么不能把现实的人和实践范畴作为历史唯物主义理论的逻辑起点。[2]

首先，主张"现实的人"作为逻辑起点的学者大都认为马克思和恩格斯在其合著的《德意志意识形态》中给出了可靠的根据和论证。产生于 19 世纪中叶的历史唯物主义在它创立之时所面临的首要理论问题就是要批判青年黑格尔派的"历史思辨"，确立其自身的唯物主义基础。认真研读《德意志意识形态》

---

[1] 参见拙文：《关于劳动范畴是历史唯物主义逻辑起点的省思》，《甘肃理论学刊》，2013 年第 4 期。

[2] 由于目前学界关于历史唯物主义范畴体系的逻辑起点主要的代表性观点其实可以归纳为如下三种：一种是以"劳动"范畴作为逻辑起点；一种是以"现实的人"这一范畴作为逻辑起点；还有一种是以"实践"范畴作为逻辑起点。诚然，本书是赞同第一种观点的，考虑到其余两种观点在学界中是确实存在着且是具有一定影响力的观点，因此本书专门对这两种观点进行了分析。当然，除了这三种观点之外，学界中还有一些学者主张把其他范畴作为逻辑起点。在这里，考虑到文章写作思路和论述的重要性，我们不再对这些观点做出逐一分析和解释。

中关于"现实的人"的几处重要论述不难发现[1]，马克思和恩格斯是在针对当时的德国思辨哲学用想象的活动来代替对现实的活生生的人类历史过程的分析从而导致"现实的人"消失在他们的视野内，这使他们从根本上偏离了人类现实的真实的历史发展过程。由于青年黑格尔派以及费尔巴哈把人看作神秘的实体、自我意识及想象的人，针对这种唯心史观，马克思和恩格斯特别对其展开了批判，正是在这个批判的过程中，他们才提出并强调了"现实的人"这一前提，并把人拉回到了以现实的物质生产活动为基础的历史中，将其确立为历史发展的主体。强调现实的人及其活动的重要性是为了突出马克思和恩格斯所创立的新历史观的变革现实世界的实践特征。马克思和恩格斯强调，与德国哲学从天上降到地上的考察方法正相反，我们是从从事实际活动的现实的人出发去理解真正的人，因而我们采用的是从地上升到天上的符合人们现实生活的一种考察方法。这种考察方法的前提就是："处在现实的、可以通过经验观察到的、在一定条件下进行的发展过程中的人。"[2]他们还进一步指出，现实的个人不是什么别的东西，而是人的活动及其物质生活条件，对于这一点，任何人都可以采取纯粹经验的方法来对其进行确证。从这些论述中可以看出，当马克思和恩格斯在谈到"现实的人"时，其后面总是紧跟着强调人的活动、人的物质生活条件，并说这种"现实的人"是可以通过经验观察到的、可以用纯粹经验的方法来确证等。与其说马克思和恩格斯在这里涉及的是体系的出发点问题，倒不如说他们在这里强调的是其历史观的前提即唯物主义的基础的重要性。当然，马克思所谓对人类社会历史的研究在某种角度上也可以说是对现实的人的研究，而现实的人在一定意义上就是他们自身现实的物质生活。鉴于此，对现实的人的研究也就是对其现实的物质生活及其条件的研究，由于人类物质生活形式主要体现为生产活动，且主要是通过生产劳动来获取满足需要的物质生活资料，所以这种研究进一步可以被归结为对人类的生产活动及其过程的研究。而对人

---

[1] 马克思和恩格斯在《德意志意识形态》中关于"现实的人"的几处重要论述早已为人们所耳熟，由于篇幅限制，这里不再赘引。

[2]《马克思恩格斯文集》第 1 卷，人民出版社，2009 年版，第 525 页。

类生产活动的进一步考察必然要从人类的劳动活动出发。这样我们就可以理解为什么历史唯物主义理论必然要从考察人类劳动活动开始了。正是从这个意义上我们说，"现实的人"自身还是一个有待进一步从理论上来加以说明的对象，因而它不能成为理论的逻辑起点。

同时，主张以现实的人作为逻辑起点的学者还认为社会是由人组成的，社会历史也是人的社会历史，作为研究人类社会历史发展规律的历史唯物主义理论体系的逻辑起点应该是"现实的人"这一范畴。人的确是社会生活的基本要素之一，然而实际情况却要复杂得多，因为现实的人只有作为社会的人才能真正存在。马克思认为，人的一定的性质也是"他所生活的那个社会的一定性质"[1]。所以，从人开始来研究社会生活无异于从社会开始来研究社会生活，这就把体系的基本要素同体系本身等同起来。研究方法与叙述方法在形式上是截然不同的，前者是在现实生活中实际认识某个对象的方法，因而它为我们提供了一个研究的起点，当然这个起点也可以称为是认识的起点，作为这个起点的只能是最初的感性的具体。而后者只有在前者充分地认识了对象所包含的内容之后才能适当地把它作为一种体系叙述出来，因而它为我们提供另一个叙述的起点，这个起点对体系而言，也可以称为逻辑的起点。显然，逻辑的起点是离不开人们实际的认识的起点的。把"现实的人"作为逻辑起点就会导致把马克思所说的研究起点和逻辑起点相混淆。认识人类社会必然要从现实的人开始，把现实的人当作认识的起点和研究的起点，这是对的。但是这里我们所讲的是历史唯物主义范畴体系的逻辑起点，虽然在叙述理论体系时离不开人们对对象现实运动研究的结果，但是还不能将二者等同对待。因为作为逻辑起点的范畴必须是一个最简单最抽象的范畴，由于"现实的人"的本质是一切社会关系的总和，它起初作为一个混沌的关于整体的表象，只有经过人类的思维行程对其进行综合理解并且把它在思维行程中再现出来，才能真正对其进行把握。所以，"现实的人"在理论的叙述体系中并不是一个最简单最抽象的范畴，而是作为

---

[1]《马克思恩格斯全集》第19卷，人民出版社，1963年版，第404页。

综合的结果出现的，因而是一个具有丰富规定性且是多样性的统一的思维具体。可见，"现实的人"的范畴并不符合作为逻辑起点的条件。为了更进一步说明这一点，我们有必要对劳动和现实的人这两个范畴之间的关系做一下探究。按照马克思主义的观点，一方面，只有现实的人才是劳动的主体，即只有现实的人的活动才能称为劳动，动物虽然也进行活动但那仅仅是满足生存需要的本能活动，算不上是劳动活动。另一方面，劳动创造了人，是现实的人所具有的根本特性和本质。人们总是在其现实劳动活动中不断展开自身的丰富特性，如社会性、能动性、创造性等。因此，劳动不仅是满足人的各种需要的最基本的手段，还是现实的人进行自我确证其本质的必要手段，因而人的劳动是自我实现的劳动。因此，人是在劳动的过程中才真正脱离了动物界成为真正意义上的人，也正是在劳动中不断发生着人与人之间的社会关系，从而形成人类社会。所以，从劳动出发就能对人的本质和人类社会发展规律做出科学的说明。当我们谈到劳动时，一定是人的劳动；而一谈到人，也一定是劳动的人。因此，劳动和现实的人二者在现实中是截然分不开的，但在理论逻辑上，我们必须将二者区别对待。

其次，学界还有人主张实践是逻辑起点。劳动与实践范畴尽管在内涵上有一定的相近性，甚至有时候作为同一含义的概念来使用。但二者终究是有区别的，实践相较劳动而言，其外延要广于劳动范畴且内容要更为具体和丰富。也就是说，当我们一进入具体的现实的历史过程中，实践本身就要进一步地被分解为一个复杂的、并且是有着多层面和多层次的人类主体活动了。按照学界一般的理解，除了包含基本的物质生产劳动之外，人类实践至少还要包含着人们处理其自身社会关系包括政治、经济等关系的实践活动，活动又包括科学文化实验等，因而它是劳动范畴在其逻辑展开阶段上出现的特定范畴，是作为一个更为具体和有丰富规定性的范畴而出现的，并不符合作为逻辑起点的条件。因而从某种角度来讲，劳动是比实践范畴更为根本的一个范畴，它作为人类一切活动的核心，构成了所有活动的基础。从历时性来看，人们在劳动活动的过程中不仅发生着实实在在的人和自然之间的关系，而且进一步形成着人与人之间的社会关系，在逻辑上也是只有当人们之间的社会关系形成和产生以后，才会出现处理这种一系列社会关系的实践活动、交往活动等具体活动。同样，在劳动发展史上，随着社会分工的进程，科学实验才从物质生产劳动活动中分离出来，成为一种相对独立的实践活动形式。从共时性来看，人们怎样进行生产劳动，他们就怎样生活，由此规定了他们进行交往的内容和方式；同时，生产劳动产生的需要和所提供的条件，也规定着科学实验的方向和所能达到的水平或层次。因此，劳动成为人类全部实践活动的基础。对于同一个社会活动，劳动范畴是从主体的生产活动这个角度来进行抽象概括，它指的是，人把自己的劳动能力抽象出去从而改造客体，满足主体需要的生产活动；而实践范畴是从感性的、物质生活的角度来加以概括的，它主要是在与理论认识活动对立的意义上来使用。总之，相较于实践，劳动是一个更为根本的范畴，它蕴含着社会生活各方面的关系因而包含着一切矛盾的萌芽。人类社会主体的科学规定，社会的本质、结构以及规律的揭示都离不开劳动范畴。质言之，劳动范畴是社会生活最本质的抽象，是社会的因子和细胞，社会本身在劳动的展开过程中得以逻辑地再现。

同样地，我们也应该看到，马克思和恩格斯虽然也强调生产力、社会存在、社会关系等范畴的重要性，但是始终未把这些范畴视为最简单的范畴，而是认为它们都是较为具体的范畴，因而也不可能把这些范畴作为历史唯物主义理论的逻辑起点。

3.2　劳动范畴的文本考察

3.2.1　马克思对国民经济学家和黑格尔劳动范畴的批判

在马克思之前，西方许多思想家都程度不同地表述过有关劳动的看法。国民经济学家从经济学的角度把对财富观念的认识变化与提出劳动价值论紧密地联系在一起来理解劳动但却抽象地做了展开的论证。威廉·配第作为英国古典经济学的奠基人最先对财富的来源这一问题进行了说明，在配第看来，是劳动和自然共同构成了财富的来源，所以我们在对某一种商品的本质和价值进行理解时要依据劳动来获得，配第对这一点是极为重视的。然而具体到现实中，配第认为只有通过人们开采金银的具体劳动才能获得对商品和财富价值的认识。由于配第仅仅是看到了开采金银这种特殊形态的劳动活动，因而在他的经济理论中并未真正认识到劳动的本质。也就是说，在重商主义把商业劳动这种劳动的特殊形式当作是产生货币和获得财富的手段时，他们就不再是从对象自身中来找寻人们获得财富的手段，而是转向从主体人自身的活动中来发现创造财富的源泉。当发展到重农学派时，他们则进一步扬弃了配第关于劳动认识的观点，由于他们不再把劳动仅仅限制在商业劳动与工业劳动上，而是认为创造财富的主要经济活动是农业生产劳动，进一步把对劳动的认识发展到了农业劳动的范围内。针对这一点转变，马克思指出了其在理论抽象角度上的重要意义，认为从农业劳动这一生产性劳动中来认识产生财富和价值的源泉是非常重要的逻辑进展。洛克在他的理论中对劳动在人类社会物质生活中所处的地位以及所发挥的作用做出了分析，并且对劳动的这一基础地位和作用给予了高度肯定。在此基础上，他还认真研究了财产所有权，并进一步对它与劳动之间的关系展开了深入研究，从而把对劳动的认识又向前推进了一步。但洛克唯一不足的一点就是他仍然把劳动限定为农业领域及范围内的劳动。斯密克服了这一不足，在他建立的古典经济学体系中直接使劳动摆脱了特殊形态的限制并将其抽象化且形成了一般性劳动的概念，从而使劳动价值论初步系统化。在斯密看来，劳动是创造一切财富的源泉，凝结在某种商品中的劳动时间或劳动量决定着该商品的价值。正如斯密所说："只有劳动才是价值的普遍尺度和正确尺度，换言之，只有用劳动作为标准，才能在一切时代和一切地方比较各种商品的价值。"[1]在斯密那里初步形成了劳动价值论，正是在这个意义上，我们说斯密第一次从经济学理论的角度对劳动在人类社会中的基础地位和重要作用进行了阐释，这一点可以看作古典经济学家的功绩。

马克思始终坚持从辩证的观点来看待问题，他一方面肯定了古典经济学家在劳动价值论方面所取得的成绩，但另一方面他又一针见血地指出，古典经济学家们只考察一般劳动却不考察劳动者及其处境。他们虽然表面上重视劳动以及劳动的一般产物，但实际上他们只是从资产阶级的立场出发关注劳动产品和剩余价值，把劳动仅仅理解为与人的类本质相背离的"抽象劳动"，因而看不到资本主义私有制社会给劳动者带来的非人化后果，它使劳动者变得如此愚蠢而片面。与其说国民经济学以劳动为原则，表面上看起来似乎是做到了对人的承认，然而在事实上国民经济学实现的却是真正地对人的彻底否定而已。从而使劳动者在劳动的这种紧张关系中直接成为私有财产自身的这种紧张的本质。由于国民经济学家只是把劳动看作一种谋生的手段，并且割裂了劳动与人的本质的联系，所以他们看不到劳动所具有的广泛而丰富的内容，也就不可能从劳动出发科学地说明人类社会进而理解人的本质。

黑格尔在其《精神现象学》中从理性发展的层面对劳动概念从两个角度做出了分析，一方面黑格尔从个体发展的角度肯定了劳动在其发展中的重要作用，另一方面他还从整个人类形成的角度强调了劳动的重要性。在黑格尔看来，"自

---

[1]斯密：《国民财富的性质和原因的研究》（上），郭大力，王亚南等译，商务印书馆，1972年版，第32页。

我意识的产生是理性发展过程中的重要节点。在自我意识产生之后，理性才开始逐渐从关注人与外部世界的关系进展到关注人与人的关系。而这种自我意识的产生是从人的欲望的满足过程中形成的，而人的欲望的满足是在劳动过程中实现的，黑格尔以此来说明劳动作为人的类本质的规定。"[1]马克思曾经对黑格尔的这一"伟大功绩"进行了高度的赞扬和肯定。在马克思看来，黑格尔并没有把人的自我产生理解为是一蹴而就的，相反，他把它理解为是一个劳动不断对象化和扬弃外化的过程。因而黑格尔把劳动看成是人的本质，所以在这种视野下，现实中的人、真正存在的人就成为人们自己通过劳动而不断确证自己的产物。这是对劳动的哲学人类学的提升，人类的发展都是一个在劳动中逐渐进步和完善的过程，在这个过程中，劳动通过对象化逐渐丧失其对象性，最后劳动逐步被缺失，最终被异化。由于黑格尔理论的中轴线是绝对观念，并认为绝对观念在发展过程中不断异化并且经过扬弃异化的形式最后回到自身，他强调了劳动这个"否定的中项"在这一过程中的重要性。这些可以看作黑格尔对劳动积极方面的认识，但他毕竟是从绝对精神的前提下来肯定劳动这种能动作用的。所以黑格尔所理解的劳动又是片面的，他只是把劳动局限为一种脱离人及其现实生活的抽象的、精神的劳动，在此基础上，他不是把劳动的主体看作现实的人，而是看作某种抽象化了的纯粹的理性精神。因此黑格尔不可能真正认识和掌握劳动的本质。由于黑格尔有着同国民经济学家相同的理论立场即站在私有制社会的立场上，因而他认为资本家剥削工人是合理的亦即私有财产是合法的且应该被资本家所掌握。马克思明确指出黑格尔没有看到劳动在私有制社会中的消极被动方面。在资本主义私有制社会中，劳动已经不再是自由自在的活动反而成为一种强制的、异化的劳动。这样的劳动带给人们的只有贫穷、饥饿和不幸，人们不劳动便无法生活，在这种状况下劳动根本无法体现人的本质。总之，黑格尔也未能完整地认识劳动的本质，而只是"为历史的运动找到

---

[1]仰海峰：《劳动力成为商品意味着什么——关于〈资本论〉的经济学—哲学研究》，《中国高校社会科学》，2015 年第 2 期。

了抽象的、逻辑的、思辨的表达"[1]。

马克思一方面继承和肯定了古典政治经济学、黑格尔思辨哲学关于劳动范畴认识和理解中的合理成分，另一方面又摈弃了他们关于劳动思想中的片面性和不完整性，进而在历史唯物主义的视域中达到了对劳动科学而完整的理解，也正是这一完整的理解反过来又构成了马克思继续探究历史唯物主义的关键逻辑点。具体来说，马克思在《1844 年经济学哲学手稿》以及《1857—1858 年经济学手稿》与《资本论》等著作中一步步加深对劳动范畴的理解和认识，他所形成的劳动范畴正是对斯密以来古典政治经济学中的劳动观念的哲学提炼与提升，也是对黑格尔的"劳动"哲学的批判与超越的结果。马克思从哲学、人类学的高度来关注劳动范畴，从人与人的关系中来理解劳动范畴，"支撑社会的根本在于人的劳动，社会存在的根本也在于人的劳动。劳动不再是低下的活动，劳动构成了人的本质，同样劳动也构成了社会存在的本质。这就使劳动范畴成为马克思批判资本主义社会、确证共产主义社会人的发展的重要概念"。[2]

3.2.2 马克思劳动范畴的科学内涵

马克思的劳动范畴有着丰富的内涵，他正是在对劳动范畴总体把握的基础上具体阐述了劳动与人及其社会发展的内在联系。在马克思看来，现实的人以及由人所构成的社会都只有在劳动的过程中才能成为现实的存在，而这一点对人们来说又是可以通过感性活动来加以确认的。达到对这一点的理解高度就能够真正为把握历史唯物主义奠定坚实的物质基础，从而为科学理解人类社会历史过程创造前提条件。

第一，马克思从人和自然物质变换的角度对人类劳动做了本质性的规定，他认为"劳动首先是人和自然之间的过程，是人以自身的活动来中介、调整和

---

[1]《马克思恩格斯文集》第 1 卷，人民出版社，2009 年版，第 201 页。

[2] 仰海峰：《劳动力成为商品意味着什么——关于〈资本论〉的经济学—哲学研究》，《中国高校社会科学》，2015 年第 2 期。

控制人和自然之间的物质变换的过程"[1]。可见，马克思首先是在劳动主体与客体相互关系的分析基础上展开了对劳动范畴的认识和理解。马克思劳动的主体概念不同于黑格尔的绝对精神主体说，他直接承认并肯定劳动主体的物质性，认为劳动主体是作为一种自然力而与自然物质相对立的，因而主体只能是人，而与其相对应的客体就是自然。人类要生存，就必须有能够满足人基本需要的物质生活资料，然而这些物质生活资料并不是天然就有的，也就是说，作为客体的自然并不会主动为我们提供能够直接满足我们所需的对象，相反，人只有在劳动过程中才能把这些物质生活资料创造出来。"为了在对自身生活有用的形式上占有自然物质，人就使他身上的自然力——臂和腿、头和手运动起来。"[2]正是在这种人与外部自然物质不断进行的交互活动中，人把整个自然界首先看作是自己直接的生活资料和来源，其次又把它看作是人的生命活动即劳动的对象和工具，正是在这种意义上，自然界对人来说就成为"人的无机的身体"[3]。从而人们就通过劳动在人与自然的矛盾运动过程中实现了外部自然与人自身自然的改变与发展。换言之，人在与自然之间不断实现能量和物质变换的劳动活动中不但改变了自然物质同时也改变了自己的本性，并且不断把自身之中蕴藏的潜在能力发挥出来，进一步使这种劳动能力受人们自己的控制和掌握。从这个角度来说，劳动是人通过自身的自然力征服自然、改造自然的一种客观的物质性活动。这种人类为了满足自己的需要而发生的人和自然之间物质变换的劳动活动，不仅构成了人类历史发展的根本条件，而且这种劳动活动存在于人类社会历史发展的任何阶段和时期，是整个人类生活中的一切社会形式所共同具有的一种活动，也就是说，这种意义上的劳动是始终不会消亡的一种劳动。

　　第二，马克思从人和动物根本区别的角度把劳动理解为是人的有意识、有目的的对象性活动，这种意义上的劳动必然是具有能动性和创造性的活动。从

[1]《马克思恩格斯文集》第 5 卷，人民出版社，2009 年版，第 207 页。

[2]《马克思恩格斯文集》第 5 卷，人民出版社，2009 年版，第 208 页。

[3]《马克思恩格斯文集》第 1 卷，人民出版社，2009 年版，第 161 页。

最基本的层面来讲，是劳动把人和动物进行了根本区别，但是这里要注意的一点是，作为"最初的动物式的本能的劳动形式"[1]并不能真正地把人和动物区别开来。所谓最初的动物式本能的劳动形式，实际上指的就是一种人以自身的生理耗费来征服和改造自然的活动形式。这就是说，人们为了能够生存就必须不断地把自身活的肌体当中的能量在活动的过程中客观地作用于对象上，这种作用和付出就是一种生理上的耗费。当然，动物为了维持自身生存也会本能地进行这种生理上的耗费活动，所以从这种活动形式出发是不可能得到对人的本质的真正理解的。因此，我们就要从人与动物本质上的区别这一角度来认识劳动的独特性和科学性之所在。"一个种的整体特性、种的类特性就在于生命活动的性质。"[2]动物的生命活动在性质上来讲是一种本能式的活动，动物是直接与这种本能的生命活动同一的，它们无法被区分开来而且也从未分离过。而人作为有意识有目的的能动的社会存在物，人的生命活动与动物的生命活动从本质上来讲具有根本差异。这是由于人的生命活动在其质的规定性上来说是一种自由的、有意识的、有目的的能动的创造活动。人本身同自己的生命活动并不是直接同一的，人能够在意识和思维中把握自己的生命活动，即人能够自觉地把自己与其生命活动区别开来，并且可以把这种活动变为自己意识的对象进而加以认识。这样的生命活动是人所特有和独有的一种活动，也就是我们所说的劳动。进一步来讲，正是由于人的劳动是有意识的、有目的的、能动的活动，所以才从本质上把人和动物区别开来。在劳动的过程中，人不断地把自己的本质力量、体力、智慧等作用和体现到劳动活动和劳动产品中，从而不断地把先前作为观念形式而存在于自己头脑中的目的逐步变为现实，从而在这个现实活动中确证自己的本质，以使自己的本质力量、体力和智慧等得到提升和充实。显然，在劳动过程中人们会不断根据实际情况来调整自己的目的并且始终按照这一目的去进行劳动，也就是说，观念形式的自觉目的是作为一种规律性存在

[1]《马克思恩格斯文集》第5卷，人民出版社，2009年版，第208页。
[2]《马克思恩格斯文集》第1卷，人民出版社，2009年版，第162页。

来影响人们活动的方式方法的，从而使人的劳动活动呈现出特殊的"对意志的强制"。尤其是在特定历史阶段，当劳动的具体内容和方式方法对人来说不是吸引人，从而使人无法把这种劳动看作实现自身本质的活动来进行享受时，人们就越是需要这种强制的意志。而这一点在动物的生命活动中是根本无法找到的。因此人的劳动还是人类意志和创造性的体现，是一种创造对象世界的能动活动。劳动的这种能动性既表现在人在劳动过程中所呈现出的自觉目的性上，又表现在人通过劳动活动改造客体而使之符合自己的需要这一方面。与动物的片面性的本能活动不同，人可以按照任何一个种的尺度进行真正的生产，因而人的生产是一种全面的活动。而且人懂得按照美的规律来构造，而劳动的这种生产性是动物的活动所不具有的。就此而言，人在劳动过程中不断通过劳动活动来展示自己的本质力量和意志目的，从而使劳动也呈现为一种能动性、创造性的人的生命活动形式这一特殊性质的活动。

第三，马克思从人与人的社会关系角度考察了劳动的实现和现实的劳动，揭示了劳动是物质规定性与社会规定性的双重统一。在任何一个实际的感性物质劳动活动中，人不仅要利用自身的生理器官，同时还要利用相应的工具来进行劳动。而这些工具都是靠人们通过进一步的劳动制造出来的，所以人们这种不断制造工具、使用工具进而在劳动的基础上再一次改进工具、提升工具的感性活动会持续不断地进行，也因此才使人类创造出符合自己需要的各种现实的物质生活条件。因此如果从这一点对劳动来进行考察，人类劳动的物质内容就突出地表现在人们制造、使用、改进工具的活动方面。在此基础上，马克思以生产工具为视角既考察了人们使用"自然产生的生产工具"的劳动情况，又对人们使用"文明创造的生产工具"的劳动状况进行了具体考察，从而得出了一个科学的结论，就是生产工具在一定意义上体现着人类劳动的物质规定性。这种物质规定性说得简单直白一点，其实就是表现在人和自然的关系上。当然，人们在制造、使用和改进工具的过程中必然会发生人与人之间的社会关系，因此，马克思从这一角度出发，还看到了人与人的社会关系所体现的劳动的社会规定性。当把劳动作为制造使用价值的有目的的活动来理解时，尽管这种劳动作为人的生命的表现和确证，已经脱掉一切社会形式的性质规定，而且是处在任何社会中的人所共同具有的。但是仅仅以这个简单的劳动过程是"不可能理解任何一个现实的历史的生产阶段"的。[1] 因此，我们要对现实的生产进行深刻的把握，就必须研究人类劳动中所呈现的人与人的社会关系这一特殊的规定性。我们越是往前追溯历史，个人即进行生产的个人就越是表现为不独立，而是从属于一个较大的整体。在此基础上，马克思把劳动主体即人与人之间社会关系的发展过程分为三个阶段：第一个阶段是人类自产生之时就具有社会性，不过起初这种社会性表现为人对人的依赖性亦即劳动主体之间直接的社会关系；第二个阶段表现为外在于劳动者而存在着的体现为物和物之间的社会关系；第三个阶段是建立在一定的社会物质基础之上的自由人联合体的社会关系，这种社会关系表现为，人与人之间极其简单明白而合理的关系。通过对劳动社会规定性的科学分析，从而使马克思看到了在资本主义社会物与物关系的表象背后所隐藏着的真实的劳动的社会关系，不但如此，马克思还特别针对资本主义社会现实的劳动状况做了详细考察和研究，在此基础上进一步揭示了资本主义生产方式的历史性和暂时性。可见，人与人的社会关系不仅是人们在现实生活中开展劳动使劳动得以正常进行所不可或缺的重要条件，同时也是人们在劳动中所形成的必然结果，作为体现人类劳动的社会规定性的这种社会关系，必然不能脱离人的劳动，反过来讲，对人的劳动本质的理解也不能离开对其中人与人的社会关系的考察，否则我们对劳动的认识就只是获得了一种空洞的、毫无内容的抽象理解。

3.2.3　马克思劳动范畴的本质规定

马克思以唯物论的视角和基础科学规定了劳动范畴的本质并赋予了劳动范畴以新的内容。劳动范畴作为逻辑起点，之所以能够在逻辑中不断展开自身、

---

[1]《马克思恩格斯文集》第 8 卷，人民出版社，2009 年版，第 12 页。

发展自身，其实最根本也是最重要的一点就是人类劳动自身是一个具有内在矛盾的统一体。具体来说，劳动一方面作为人的特殊的生命活动形式，它是人类自由而有意识、有目的的能动活动，这使人类与动物界根本区别开来并从自然界中跃升出来，成为人类社会历史发展的主体。这就是说，人在劳动过程中会不断去认识自然并利用自然规律来为自己服务，从而不断超越外在的自然必然性，显示出人的本质力量的能动性。这种能动性突出地表现在人能够利用自身的自然力、生命力以及其潜在的创造力去突破局限、克服障碍，从而去能动地改变对象并创造出适合自己需要和生存的现实对象。这种劳动作为人的本质力量的展现也是人所特有的活动形式，在这个意义上，我们可以把劳动理解为是人的一种内在规定性。这种作为内在规定性的劳动性质主要是来自人的生命欲望以及需要的发展。即人在劳动中使自己的本质力量不断对象化进而在对象中确证自己的本质，同时还运用这种本质力量不断创造出人类的社会生活，使人类逐渐向着自身完整的形态发展。由此可见，人的劳动对人来说显示出一定自由性，在本质上应是一种自由自主的活动。

另一方面，人又直接地是一种有生命的自然存在物，因而人从某种程度上来说又是受动的、受限制和制约的存在物。这样一来，人的劳动活动也必然会受到人的这种自然属性的制约，必然要受一定的自然条件和社会条件的制约，从而使人类的劳动表现出谋生的性质。即人的劳动在一定意义上是为了谋生目的而进行的活动。从这个角度来说，劳动本身就成为一种手段而并不是人的本质的表现。即人的劳动就成为一种受既定的物质条件制约的活动，因而人的劳动始终是在一定范围内、在一定条件下进行的确定的、客观的活动。这就表明，人的劳动又是那样的不自由，具有一定的受动性。这表明，马克思所理解的劳动既不是纯粹受动的也不是纯粹能动的，而是能动与受动的辩证统一，是受动制约下的能动，也是对其受动条件的能动改造。这种劳动的本质特征使劳动对人来说既是内在的又是外在的一种活动。这就使劳动具有了双重规定，即人的劳动既是人以此来创造出满足自己生命欲望以及需要的对象产品的谋生活动，又是人通过劳动活动去不断能动地克服周围出现的障碍，发挥自己本质力量以及进行自我实现和自我确证的自由自主的活动。

由此可见，劳动作为人的自由而有意识的活动确证着人的本质力量，并推动人类不断去追寻理想世界的实现。同时，劳动又是受人类自身自然必然性所制约的谋生活动，这是同一个劳动的一体两面。这两方面的对立统一关系和相互作用表明劳动蕴含着对自身的否定性，即劳动作为人对外部自然以及人类自身自然的否定性关系和状态从而把历史的维度包容在其自身的发展之中。这种客观实在的否定性构成了人类一切革命性、创造性活动的根源。即劳动活动作为人存在和行动的基本方式，人们对外部自然的关系的革命性变革必然会导致人与人之间经济的、政治的以及精神的交往关系和社会关系等其他关系的革命性变化。在这个变化过程中，必然会凸显和肯定现实的人的主体性地位和作用，从而为人类的解放提供现实条件使解放不断得以可能和实现。马克思也正是从劳动的内在矛盾出发去考察人类社会历史的发展，从而发现了社会历史发展的客观规律。正是这一点使劳动具备了展开为整个人类社会历史关系的一系列范畴的现实可能性，使劳动范畴真正处于一种持续的动态运动之中，也促使人们通过劳动不断打破并超越自身现有的状态，不断地追寻人类的自由解放。

3.3　劳动范畴的逻辑考察

前文中我们对劳动范畴的内涵进行了文本考察，这对于理解劳动范畴作为历史唯物主义范畴体系的逻辑起点是必要的，但还不是足够充分的。我们要更好地理解劳动范畴作为逻辑起点的必然性，就必须在对劳动范畴做历史考察的基础上，进一步分析其基于逻辑的考察。只有将劳动范畴的逻辑展开路径说清楚，才能更加科学地说明历史唯物主义理论的逻辑骨架。对劳动范畴而言，它自身也有着一个不断实现自己完整内容的历史过程。下面，我们对劳动范畴在逻辑考察过程中展开的这些阶段逐一试做一些具体的分析。[1]

3.3.1　劳动对象化是劳动逻辑展开的始初环节

自人类社会从自然界中跃升出来，就随之产生了人与周围自然界之间的一种对立状态以及劳动主体与客体之间的相互转化关系。而这一点恰巧构成了人类社会今后的各个阶段继续存在和发展的一般基础和前提。可以说，劳动对象化是现实的人的劳动的简单要素和基本属性。在人的面前存在着一个不以人的意志为转移的客观世界，人本身也是这一世界中的一部分。当人从自然界中跃升出来并开始支配自然时，人就和自然之间具有了对象性的关系。笼统地讲，

---

[1] 景天魁在其《打开社会奥秘的钥匙——历史唯物主义逻辑结构初探》这一著作中，从肯定—否定—否定之否定的辩证角度对劳动的展开环节进行了说明并把劳动的逻辑展开看作是历史唯物主义的逻辑"骨架"。笔者是非常赞同这一观点的，而且这对笔者而言也是非常具有启发意义的，在此基础上，基于本书的需要笔者试对劳动逻辑展开的几个环节做一些更加具体的考察和分析，以此来说明劳动范畴作为历史唯物主义基本范畴体系的逻辑起点的逻辑必然性。与此同时，还需要说明的一点是，在人类社会现实历史上，伴随着人类劳动活动的演化史，已经出现了劳动活动的众多具体形态和表现，如原始社会的原始劳动、奴隶社会的奴役劳动、封建社会的徭役劳动、资本主义社会的雇佣劳动、社会主义社会的社会化劳动以及未来社会的自由劳动，在人类社会不同发展阶段上，这些劳动表现出来的具体历史形态的发展为我们在逻辑上把握劳动的展开环节奠定了基础与前提。我们这里所指出的劳动的逻辑展开环节是与劳动在历史发展中的实际形态在本质上是一致的。其中，不论这些劳动处在哪个历史发展阶段，劳动对象化都是其中一以贯之的劳动形式，所以任何阶段都不可避免地会出现劳动对象化现象。同时，劳动分工是伴随着生产力的发展不断形成和出现的，在阶级社会中，劳动分工必然存在且发挥着重要作用。本书把劳动异化作为劳动展开的一个特殊环节加以分析，是考虑到马克思和恩格斯所生活的资本主义社会中这种雇佣劳动的性质和典型表现就是异化性质的劳动，而且马克思主义创始人也正是在分析现实的资本主义社会里的劳动活动和生产方式的过程中揭示了人类社会发展的"两个必然"的趋势。此外，劳动社会化也是马克思和恩格斯在分析异化劳动扬弃条件和过程中加以重视的一个内容，而且也是我国正在逐步经历和完善发展的劳动形态。另外，劳动自主性或者说劳动自由自主化其实一直是马克思主义创始人所强调的劳动的本真意义和目标所向，这里我们把这几个劳动在性质和形态上的表现作为劳动逻辑展开中的环节加以分析，以期更好地说明劳动范畴作为逻辑起点的必要性和必然性。

似乎整个自然界都是人们劳动活动的对象。但仔细考察就会发现，人们正是利用自己有意识有目的的劳动不断改造自然使自然适应人的生存需要和发展需要，从而不断在自然界打上人的烙印，产生出一个"对象世界"。"对象世界"就是人们的劳动活动所触及的有限的世界，它虽然不以人们的意志为转移而客观存在着，但在现实中却与人的主体力量处于实际的对立统一关系之中，正是这一点，才使它成为人们劳动的对象。可以说这种对象世界其实也就是人化的自然界，它是人类劳动得以开展和实现对象化的必要前提和条件。

劳动作为人与自然界相统一的基础，首先是人与自然之间不断进行着的物质变换，其根本内容和基本属性就是对象化。即劳动就是以人为主体，以客观存在的对象世界为前提，使主体作用于对象从而把自己的目的、知识、理想和能力等本质力量对象化为客观存在、凝结的产品之中。"劳动的产品就是固定在某个对象中的、物化的劳动，这就是劳动的对象化。劳动的实现化就是劳动的对象化。"[1]不包含对象性的活动就不可能是真正的、现实的劳动。诚如前文所分析指出的，人在进行劳动之前就已经有了预定的目的，作为劳动结果的产物已经在劳动开始时便以观念的方式存在于劳动者的头脑中。从这个意义上讲，劳动对象化成为人根本区别于动物的基本特征，而且，"人离开动物愈远，他们对自然界的作用就愈带有经过思考的、有计划的、向着一定的和事先知道的目标前进的特征"。[2]尽管人们的自觉目的性在劳动对象化过程中发挥了重要作用，但是劳动的对象化并不只是观念的产物，物化在劳动产品中的是人的全部本质力量的总和。人的对象性的产物证实了人的劳动是对象性的、自然存在物的活动。因此，劳动对象化在本质上是一种客观存在的物质性活动。它不仅体现在人们制造和使用工具来使自然界为自己的目的服务上，而且其他劳动资料、劳动对象，以及人们周围的世界都越来越多地被打上了人类劳动的印记，越来越多地表现为劳动对象化的结果。质言之，劳动对象性就是指劳动活动的

---

[1]《马克思恩格斯文集》第1卷，人民出版社，2009年版，第157页。

[2]《马克思恩格斯全集》第20卷，人民出版社，1971年版，第517页。

对象性质，对象性活动使人们把自身的体力、智力等本质力量不断地能动地去作用到劳动客体即自然物质对象中，从而使劳动产物成为凝结着人类本质力量并展示这一力量的具体客观存在形式，当然反过来说，人在消费和使用这种劳动产品或产物时，又进一步地以此来确认、提升和丰富自己的体力、智力等本质力量。

在马克思看来，劳动对象化就它只是对人的有目的的生产活动的简单规定而言，它是在任何社会都存在的人类一般性生产活动。即劳动对象化作为人确证和表现自己本质力量的活动，就它自身是一种单纯的自然存在形式来看，它是劳动逻辑展开过程中的初始环节，这一点是不以任何人类社会为转移的。因此，我们说劳动对象化使劳动真正成为人类社会得以存在和继续发展的基础，同时也是人类现实生活得以实现和运转的永恒的自然条件。正如马克思所言："劳动对象化只是指人借以实现人和自然之间的物质变换的人类一般的生产活动，它不仅已经脱掉一切社会形式和性质规定，而且甚至在它的单纯的自然存在上，不以社会为转移，超越一切社会之上，并且作为生命的表现和证实，是尚属非社会的人和已经有某种社会规定的人所共同具有的。"[1]一言以蔽之，整个人类社会和人自身的存在和发展就是由千百万的劳动群众为了吃、穿、住所必须进行的其与自然之间物质变换的劳动活动来推动的。正是这个基本的历史行动构成了人类社会形成和运动发展的基础。这样一来，笼罩在社会历史观领域的唯心主义的浓云迷雾就被拨开，将人类历史真正放置在客观的物质的基础之上。

"分析劳动对象化之所以能够成为马克思创立历史唯物主义的开始，成为劳动展开过程的起始环节和初级形态，不仅仅是因为它在现实上是人类社会发展的一般基础，而且因为它在逻辑上可以展开人类社会的一切矛盾。"[2]就是说在人与对象的关系中以及随着这种关系的发展，人们的其他社会活动及人类社会的各种具体运动形式都将会得到合理的说明。可见，劳动对象化为我们进一步研究提供了一条线索，这种单纯的劳动对象化形态可以清楚地显示出劳动

[1]《马克思恩格斯文集》第 7 卷，人民出版社，2009 年版，第 923 页。

[2]景天魁：《打开社会奥秘的钥匙——历史唯物主义逻辑结构初探》，山西人民出版社，1981 年版，第 46 页。

作为人的生命活动、作为人向自然争取自由活动的本来的意义。因此，我们在逻辑上从分析劳动对象化开始，然而若仅仅从这一点来理解人类社会现实的运动发展却是很不够的，这就要求我们真正认识社会的发展还必须进一步分析劳动展开过程中的其他阶段。

3.3.2 劳动分工是劳动对象化之后的必然环节

随着生产的发展，劳动对象化活动的水平也会得以提升，活动形式也会逐渐增多，在此基础上，人们的劳动活动及其产品就不免要发生交换从而使人类劳动出现了真正意义上的分工。劳动分工是人类社会劳动的必要存在形式，在这里，我们用劳动分工来表述继劳动对象化之后劳动展开过程的一个环节。在马克思看来，人类社会内部的劳动分工以及个人被相应地限制在某种特殊职业范围内的现象，主要是从以下两方面发展起来的：一方面是在家庭、氏族内部，由于每个人的生理条件起初主要是性别分工与天赋不同而产生的自然分工（生理分工）的进一步扩大；另一方面是由于公社及个人之间生产的产品的相互交换活动，从而使不同的生产领域成为总体社会生产内的各个不同且特殊的部门，而且它们之间又有着相互依赖性并发生关系和联系。这样，就使作为整体的劳动各个部门之间发生了分离并成为一个个相互独立又相互依赖的体系。我们在这里从逻辑上考察劳动分工，把劳动分工作为劳动对象化之后的一个阶段，主要是分析劳动分工如何使劳动本身在性质上发生变化。也就是说，我们重点考察的是劳动分工如何使劳动成为既有独立性又有依赖性、既有个体性又有社会性的活动，即探究作为真正意义上的劳动分工。

在劳动对象化阶段，人们进行劳动就是为了满足自己的生存需要，人的劳动和产品以及资料是直接统一的，这种劳动在性质上是比较单一的。虽然也存在因为劳动对象的不同而把人们的活动分为不同的范围和特殊的领域，但这种仅仅由于对象不同而产生的一般意义上的分工并不足以导致劳动在性质上发生对立。使劳动性质发生质的变化的是具有社会性意义的真正分工。伴随着人类生产能力的发展，人们的劳动产品出现了剩余，这时候人们进行劳动活动的目的并不仅仅是满足自己的直接需要，更多地表现为成为直接生产他人生活的一种手段进而间接地满足自己的需要。这样一来，就使劳动本身发生了分裂，即每个人、每个部门、每个领域的劳动既有了一定的独立性而又相互对立，同时这种对立双方的矛盾运动又是以它们之间的相互依赖为前提的。这种现象使劳动的交换成为必然的事情。在马克思看来，考察分工和交换是很有意义的一件事情，它们都是深刻表现人的本质及社会运动形式明显外化的特定范畴。这就是说，一方面，人类劳动会面临众多有差异的客体对象，因而从这一点来看，分工和交换使人类劳动活动发生了区分和分化。另一方面，由于分工和交换的存在，人类劳动主体即人本身也发生了具体的分化。人起初是作为原始共同体中的一部分人而存在的，现在由于劳动分工，每个人都成了各自孤立的个人。然而这些看似孤立化的个人其实又是由社会所决定的个人，他们时刻都离不开社会。因为人生存所面临的客观经济条件、人的劳动内容、劳动产品等都是由社会所决定的，所以人的劳动已经作为一种社会性的劳动而被包含在社会分工之中。每个人只有首先为社会生产才能为自己生产，因而个人只有依赖于整个社会，才有可能有个人的独立性。这样，每个人的劳动都被分裂为私人性质的劳动和具有社会性质的劳动，在这种状况下，主体人自身的机能和需要也随之发生分裂。在劳动对象化中，劳动是人的体力和智力的支出，是人的劳动目的和本质的实现。然而现代人的大脑和肢体、双手和享受器官等都被分离了，于是本应具有完整本质的人变成了片面性的人。劳动者之间生产不同使用价值的分工是各个社会经济形态的共同现象，但固定的、自发的社会分工作为劳动主体活动自身分裂的一个环节，绝非永恒存在的，相反它是一个历史性的存在。当社会的生产力和人们的交往达到高度发达和普遍发展的状态时，这种自发分工就会被更高一级的自觉分工所代替。

在人类社会进入奴隶制社会的时候，劳动本身便具有了内部对立的性质，只是在后来的发展中进一步巩固和扩大了这种性质，劳动的这种性质已经产生和包含了作为对抗性社会形式的各种矛盾的萌芽。劳动分工使人类文明、人类的才能以牺牲个体的利益（大量的个人甚至整个阶级的利益）为代价来求得一定的发展，同时它又为个人的全面发展创造着相应的历史前提和物质基础。当劳动分工引起劳动性质本身发生对立且这种对立达到一定的程度便会发生异化，因而这里面已经有了劳动异化的因素。

3.3.3　劳动异化是劳动展开中的特殊环节

马克思用异化来概括人的劳动活动在其历史发展过程中出现的一种特殊的性质。由于劳动分工的存在，它使每一个个体的人及其活动都被限制和局限在某种特殊的劳动活动领域中，作为这样一种现象的必然结果就是导致人在劳动中越来越难以实现和确证自己的价值和生命本质，从而导致了劳动活动本身与劳动产品的分离，在此基础上会进一步使整个人类社会发生分裂。当这种个体的人的活动所发生的分离以及整个人类社会所发生的分裂逐渐发展到使其越来越成为一种外在于人的力量并且是开始统治人、支配人的时候，劳动本身也就成为一种异化性质的劳动活动。前面我们说过，劳动分工使每个看似独立的个人必须依赖整个社会并为社会进行生产才能使自己真正独立。当不同的个人共同活动时就会产生一种扩大了的生产力，由于人们并非出于自愿而是自然形成的共同活动，因此，作为一种社会力量，这种扩大了的生产力就不是人们自身的联合力量，而是表现为一种私有制的力量。结果它不是受人们自己的驾驭，反而成了一种不以人们的意志和行为而独立存在并控制和支配人的强制力量。与此同时，人们通过劳动活动而结成的社会关系也成为一种外在于人而不受人控制和驾驭的力量，反过来支配人。所以马克思认为，应把劳动分工看作是劳动异化产生的前提和原因。因此在这里，我们把劳动异化放在劳动分工之后进行考察，并认为它是劳动逻辑展开中的一个特殊环节。[1]

---

[1]参见拙文：《劳动范畴新解——兼论历史唯物主义理论体系的逻辑起点》，《武汉科技大学学报（社会科学版）》，2013年第3期。在这篇文章中，笔者对劳动在逻辑展开过程中出现的一系列概念，比如，劳动对象化、劳动外化、劳动物化以及劳动异化情况进行了比较分析和说明，从而对劳动辩证法的科学论断做出了说明。

马克思在《1844 年经济学哲学手稿》中从当时尖锐对立的经济事实出发，较为翔实地论述了劳动发生异化后的四个基本特征。劳动异化首先表现为劳动者同劳动产品之间的异化。劳动对象化是指劳动固定在某个对象中，物化为产品，这种劳动产品应该归劳动者所占有和支配。然而在异化劳动中，劳动产品根本不属于劳动者个人，因为在这种异化性质的劳动中，劳动产品始终是一种外在于劳动者的，因而是与劳动者对立的，对劳动者本人来说是异己的存在物。那么劳动对象化在什么样的条件下会发生异化，劳动产品为什么会作为异己的力量而与劳动者相对立呢？在马克思看来，必须在劳动活动本身寻找这个问题的答案。通过研究，马克思发现工人的劳动不是属于他自己，而是属于一个与之对立的在他之外而存在的资产者；工人在这种劳动中是出于外在的目的和压迫而进行的强制劳动，这种劳动绝不是工人自觉自愿的活动，因而我们说，是劳动活动本身在性质上发生的异化状况导致出现了劳动者与劳动产品之间的异化现象。不过马克思在当时的异化理论中认为，所谓人的类本质就是人的自由自觉的劳动。人通过社会性的生产活动证实自己是社会存在物，证实自己是人。因而人的生产活动本是自由的自觉的活动。但异化劳动却颠倒了这一切，它把人的社会生活变成了仅仅维持个体生存需要的一种手段。人在这种劳动中无法确证自己的本质，因此人的类本质同人发生了异化，从而使人失去了人之为人的根据，所以人和人相异化。在此基础上，马克思还对异化劳动与私有财产的关系进行了具体分析，在马克思看来，前者构成了后者产生的直接原因，但后者一旦形成便会作为一种对劳动者而言异己的产物，反过来又进一步加深了劳动的异化程度。由此可见，异化劳动并不是人们所渴望的自由自觉的活动，它使劳动者同自身的劳动相对立，并使劳动者成为一种私有财产即劳动产品的奴隶。既然如此，那么这种私有财产必然属于另一个异己的、敌对的人即资本家。可见，马克思在劳动异化中看到了这种阶级对立的关系，换言之，劳动异化导致在人与人之间出现了统治和屈从的关系，整个社会分裂为利益对立的集团，少数人专事享受、多数人却被迫劳动。

尽管异化劳动导致社会和人自身发生了分裂和对立，使劳动不再成为人的自我实现而是变为异己的活动否定着人。但作为劳动自身逻辑展开的一个阶段，劳动异化却是客观地、必然地存在着的。因此，我们要看到异化劳动是人类社会发展的必经阶段也是人类劳动活动发展的必然方式。它迫使整个自然界服从人的需要，并促进了人对自然规律的认识和把握，从而能够创造出更高水平的生产力，为高一级的社会发展创造必要的物质前提。因此，我们就必须从现实社会的异化劳动和私有财产的运动中为实现整个人类的解放找到现实基础和理论根据。当然，我们不能忘记私有财产在何种情况下成为真正的人和社会的财产，异化劳动在何种程度和条件下被扬弃，要从人们现实的物质生活的生产本身出发，这取决于人的劳动活动的历史发展过程，而且要以人的本质发展为依据。这表明，作为异化劳动和私有财产扬弃的必然结果就是人的劳动活动以自主活动为旨归，并且通过这一活动来实现人的本质的发展。从这一辩证观点来看，异化劳动是双重作用的统一，它对个体劳动者而言使劳动成为一种异己的消极力量，但对整个人类社会来说，却又成为推动社会发展的一种积极力量。因此我们说，异化劳动的出现以及它被扬弃的过程走的是同一条道路。只有消灭劳动的异化状态，人类才能进入共产主义社会，也只有在共产主义社会中，人们才能真正消灭异化劳动的性质，从而进入真正的人的社会，到那时，劳动才最终发展为人的自我实现的自由自觉的活动。由此可见，异化劳动是一个历史性现象，所以我们把它称为是劳动逻辑展开中的一个特殊阶段，随着劳动的发展，劳动的异化性质必然会随之消亡。

3.3.4　劳动社会化为走向劳动自主化做准备

马克思以深邃辩证的眼光看到了异化劳动将在自己的发展过程造成否定自身的条件，从而使劳动自身不断扬弃异化，进入劳动的社会化这一发展阶段。需要明白的一点是，异化劳动的扬弃需要诸种条件及其相互关系的作用，这是一个需要学者专门研究的问题。在这里，我们只是限于说明劳动发展的一般过程，因此是从一般历史趋势的意义上来抽出劳动异化与劳动社会化的关系，并把它们作为劳动发展过程的环节来予以考察。劳动社会化是劳动发展过程中的一个客观而必然的产物，由于异化劳动为劳动的社会化出现不断奠定基础，因而在异化劳动之后出现的劳动社会化标志着人类劳动活动本身在性质上发生了变化，出现了与劳动的异化性质截然不同的社会化特征，同时这也是作为客观的社会过程而出现的。从内容上来看，劳动社会化一方面是指劳动本身及其过程变得社会化了，另一方面还包括具体的劳动要素如生产资料的使用以及劳动产品的分配等也都出现了社会化的样态。从结果上来看，劳动社会化就使人类劳动活动的过程由先前表面上看是个体的、孤立的活动转变为真正的人的社会结合的劳动，同时由于人们共同占有和使用劳动资料和生产资料，因而作为劳动产物的劳动产品也变成了社会的产品而被人们享用。当然，劳动社会化与原始社会的共同劳动有着本质的差别，由于原始社会中不存在严格意义上的分工，因此它的共同劳动是建立在生产力水平低下的基础上的。而社会化大生产是相对孤立的、分散的小生产来说的，它使生产力的社会性有了充分的发展，不再直接表现为个人的生产力，因此人们之间的社会联系和关系也更加丰富和复杂了。劳动社会化是伴随着机器和工场制度的出现而逐渐形成的，在资本主义条件下，劳动社会化分别经历了简单协作阶段、工场手工业阶段以及机器和大工业阶段等不同的发展阶段，在这些不同阶段发展的基础上，生产规模逐渐扩大、生产资料越来越社会化、生产工艺和产品越来越专业化、劳动生产率不断提高、劳动过程的社会结合程度也越来越高，这些都导致劳动的社会化程度和水平越来越高，逐渐开始同资本主义特殊的生产方式即私有制条件下的占有方式以及生产关系达到了越来越不能相容的地步，从而最终导致资本主义社会必然灭亡。社会主义之所以成为必然，是因为："生产资料的集中和劳动的社会化，达到了同它们的资本主义外壳不能相容的地步。"[1]

一方面，劳动社会化在资本主义条件下经历了不同的发展阶段，其社会化水平也越来越高，但由于它是畸形的发展因而绝不是消除反而是进一步加剧了劳动的异化，把资本主义的劳动异化推进到了极端的形态，使其发展到了顶点。

---

[1]《马克思恩格斯文集》第 5 卷，人民出版社，2009 年版，第 874 页。

具体来说，从劳动者与劳动资料的关系来看，虽然生产资料和生产在资本主义条件下已经越来越社会化，但由于社会化劳动所生产出来的产品却被掌握在少数的资本家手里，即在资本主义社会实现的生产资料的资本家个人占有。这种情况就使生产资料越来越多地被集中到资本家手中，而劳动者却始终是一无所有的无产者，二者彻底对立起来，正是在这种彻底对立的矛盾中蕴含了现代社会一切冲突和矛盾的胚芽。从劳动过程来看，机器取代了人手，资本家不是从工人的情况出发去安排生产而是依据他有什么机器和原材料来决定生产和雇用工人。作为这种劳动过程的必然结果就是，劳动者即工人本身越来越受他自身的劳动及其产物的支配和奴役。在这一过程中，劳动已经不是生命活动的自我实现，而是变成了人的自我丧失。另一方面，由于劳动社会化能够创造出扬弃异化劳动的条件以及巨大的社会生产力、社会化的生产方式和高度文明的新人，所以它最终必然导致"自由人的联合体"的实现。在这里需要说明的是，劳动社会化最终必然扬弃劳动异化并且它本身只有在扬弃异化劳动的情况下才能获得充分实现和完善发展，正是从这个角度，我们在逻辑上把劳动社会化看作劳动异化以后劳动发展所需要经历的一个阶段。在现实历史中，扬弃了异化劳动之后，劳动社会化还是要继续发展的。

3.3.5　劳动自由自主化是劳动逻辑展开的高级形式

在《德意志意识形态》这一著作中，马克思其实一直在强调要把劳动看作是人的自主活动的重要性。而且从最本真的意义上来说，马克思是把人的劳动看作是人的自主活动的一种重要内容和形式。然而在人类现实生活中，尤其是马克思所处的社会阶段中，劳动始终没有真正成为自我实现的自主活动。只有在伴随着人类生产力的发展，劳动的社会化水平也逐渐提高的前提下，使劳动者真正共同占有和支配本身已经是社会化存在的生产资料，并且能够真正自觉地尊重和利用自然界以及社会客观规律来发挥自己的能动性的条件下，人的劳动才能够从先前奴役人、压迫人的手段转变为真正实现人的价值、解放人自身的手段。作为这种过程的结果必然是，人的劳动变成了真正的人的自主活动，人在劳动中是肯定自己的从而能够通过劳动获得全面发展。由此，劳动也就进入它自身较为高级的形式即真正的自由的劳动阶段。

劳动自主化就是劳动者真正成为劳动活动的主体，真正实现了与劳动条件的直接统一，并且直接占有全部生产力的总和，因而其全部才能得到发挥，让劳动真正成为自由劳动。马克思在描述共产主义社会时探讨了劳动转化为自主活动的情况，在他看来，社会所有制的建立和自由劳动的实现将使社会组建成一个自觉的和有计划的自由人联合体。这将从根本上克服私人劳动与社会劳动的矛盾，实现劳动者与生产资料的直接结合并消除依靠生产资料的所有权来奴役他人劳动的现象。质言之，只有在劳动成为真正的自由劳动时，劳动的自主化才能得以完全实现从而成为事实。在马克思看来，"真正的自由劳动"必须具备三个标准，一是劳动具有社会性，二是劳动具有科学性，三是劳动成为一种普遍性的活动。首先对劳动的这种社会性理解，更多地强调的是劳动中人与自身、人与人的社会关系，一定要搞清楚它是一种全社会的性质，而并非个人的社会性特征。也就是说，个体的劳动不是间接地作为社会劳动存在而是直接地就是社会总劳动中的一部分。伴随着资本主义社会的产生，生产力日益社会化就成为一种不可抗拒的趋势。社会化的生产力要求按照它的社会本性来对待它。当劳动社会化达到一定程度时，这种高度社会化的生产力就不可能由任何个人和集团来占有和支配，而只能由全社会共同占有和支配。而这一旦实现即对人的管理变成对物的管理，那么社会生产也就真正实现了作为一种为满足全体社会成员即全社会的需要而进行的生产，为此，必须有计划地使生产内部各个部门严密地组织起来、协调运转。在这种生产情况下，不再是单个人单独实行为满足个人需要而进行的劳动活动，而是所有成员平等地且共同地、直接地参与到社会生产中以便共同来管理生产过程。这也就使得每一个劳动者成为"各方面都有能力的人，即能通晓整个生产系统的人"[1]。

---

[1]《马克思恩格斯全集》第 4 卷，人民出版社，1958 年版，第 370 页。

随着人类社会生产力的逐渐提高，尤其是当作为第一生产力而存在的高度发达的科技被应用到人类生产劳动过程中时，人的劳动的性质、内容以及具体发挥作用的条件等都会随之发生改变，从而使劳动真正成为生活的第一需要。劳动的科学性消除了自发的旧式分工，使劳动者不再长期固定在某种活动范围内，而是可以做自己想做的事情。同时，劳动条件特别是劳动手段和工具、劳动观念以及管理的科学化使人们在进行生产时，能够真正做到在最无愧于人类和无愧于科学的前提下进行劳动。此外，马克思还预见到在以科学技术为主的生产阶段，在社会占有全部生产资料和生产高度自动化的基础上，劳动者就可以脱离直接生产过程，从而有更多的时间和空间去发展自己各方面的能力和潜能，成为全面发展的人。最后，劳动也就成为一般的即普遍的劳动，这就是说，真正的自由劳动的实现也仍然没有失去它作为一般劳动的性质。无论劳动的社会形式如何，它仍反映人类与自然之间的物质变换关系，劳动作为人类谋生的唯一手段和人类生存的自然条件是永恒存在和永远不会被消灭的。真正的自由劳动所具有的普遍性，就是指这种劳动不是狭隘的劳动，而是每一个人都必须去从事的活动，是每一个人为了全面发展自己、发挥自己的创造才能而必须去进行的劳动活动。这种普遍性的劳动为每一个社会成员提供了使自己生存和进一步发展的机会和权利。从这一点来看，自由劳动便成为人类社会从必然王国进入自由王国的必然途径。因为当劳动真正转变为自由劳动时，其自身的社会意义也将随之发生质的改变，即当劳动成为真正实现以追求人的全面发展自身的能力为目的的自由劳动时，劳动从此也就自主化了，成为人的一种真正的自主活动。人们在这种自由劳动中是作为真正的人而进行劳动的，他对这种劳动充满了兴趣因此能够从中获得幸福，肯定自我的价值和存在。

需要做出说明的一点是，劳动对象化、劳动分工、劳动异化、劳动社会化和劳动自主化作为劳动自身主客体之间内在矛盾运动辩证发展的必然结果，因此，我们在逻辑上把它们作为劳动展开过程的环节。这些环节环环相扣，内在联系，从低级到高级、从简单到复杂地展示了劳动发展的过程。需要特别注意的是，由于人类社会发展是无止境的，因而作为其基础的人类生产劳动也必然是始终处于一种开放的、发展的状态。因此我们说，劳动的展开过程发展到劳动自主化并没有达到所谓的完美终点，而只是在更高的阶段和基础上开始了它自身的矛盾运动过程。即便是到了共产主义社会，我们也才说它是人类自由王国的开始。对劳动范畴的逻辑阐发体现着马克思主义从劳动内在矛盾运动的趋势中论证人类自由解放和全面发展的可能性和途径的主旨。

第 4 章

历史唯物主义基本范畴体系中的
发生机制

按照逻辑与历史相一致的原则，历史唯物主义范畴不是凭空捏造的，而是有着现实根据的。事实上，范畴就是从人们的现实活动中抽象出来的思维结果。劳动作为逻辑起点，它对应的也是现实生活中的实际劳动活动，换言之，这种劳动活动是在现实生活中实际发生而存在着的。作为逻辑起点的劳动总是有着一定历史特质的具体性的劳动活动，它要实现从抽象到具体的不断转化，就离不开一定的现实基础，而这种现实基础在一定意义上也就构成了劳动的发生机制。可见，范畴的发生机制是根据人类实际社会生活来讲的，即是以人类社会的实际生活为切入点的。劳动在人类社会现实生活中是怎样发生的？人们为什么要进行劳动活动？对这些问题的思考和回答就把我们带入范畴的发生机制这一视域中。我们要说明白这个问题，首先就是对"机制"这个词的理解和认识。"机制"一词本身的含义是指机器的构造及其动作原理，泛指一个工作系统的组织要素或部分之间的作用方式，它在任何一个系统中都起着基础性的作用。在这里，我们将"机制"一词引用到历史唯物主义范畴体系中主要是为了说明构成人类社会有机整体的各个要素之间也是通过一定的运作方式相互联系和相互作用从而使其协调运行和正常运转的。我们知道，历史其实就是人类自身活动的产物，因而它也是对人的本质力量的一种确证和表现。我们要搞清楚人类社会历史发展的内在机制，就必须而且只有从人类自身的活动出发才能将其真正弄明白。通过分析人自身的活动及其形式，发现劳动是人类活动最初的也是最基本的形式。进一步考察便会发现，需要和利益是人们进行劳动的最初的潜在的发生机制，其实也就是说，需要和利益是劳动的动力因素。因为劳动的主体是人，人在现实的劳动活动中必然会发生分工和交往，因而分工和交往可以被看作劳动主体要素中的现实发生机制的形式。当需要和利益、社会分工和交往等范畴在机制的意义上来使用时映射到我们的范畴体系中便成为发生机制中的关键枢纽，起着中介作用，因而也是我们要研究和考察的重点。简言之，需要和利益是人们进行劳动的动因，而人们在进行劳动的过程中会产生交往，与此同时，分工作为人类活动天然差别的表现形式是与劳动同时存在的。所以，劳动这一逻辑起点范畴就是通过需要和利益、分工和交往来发生作用的，它们是劳动在现实生活中的发生机制。

4.1　需要和利益是劳动展开的潜在发生机制

众所周知，历史唯物主义把人类历史的起源解释为：人类为了满足其自身有机体生存的基本需要而由此展开的生产劳动活动。我们要重视物质生产劳动在人类整体历史过程中的作用，因为物质生产劳动是一条把人类社会生活一切领域中一切因素和部分连接成一个有机整体的绳索。仔细考察便发现，生产劳动在人类社会生活中的自我发展和自我决定作用始终是围绕着人们的需要和利益进行的。"把人和社会连接起来的唯一纽带是天然必然性，是需要和私人利益。"[1]这表明，需要和利益在人们的现实物质生产劳动中发挥着举足轻重的作用，它们成为联结社会发展各因素间相互作用并使其协调运行的重要方式，在这里，我们把它们称为劳动发展的潜在发生机制。

4.1.1　需要构成了劳动的动力机制

在历史唯物主义的范畴体系中，对需要范畴的考察和理解必然会涉及对劳动、现实的人、生产、生产关系、分工等一系列范畴的理解。可以说，需要在历史唯物主义范畴体系中是一个内涵十分宽泛的范畴，它涉及人类社会有机整体的各方面和领域。按照马克思主义的观点，人是有目的地、有意识地、能动地从事物质生产劳动的社会的人，人的需要是把人与人、人与社会联结起来的纽带，它既是人的主体性的确证也是人的创造性的一种确证。现实的人们总是与其周围自然界同处于一个统一体中，由于周围外部对象不能直接满足人们多

---

[1]《马克思恩格斯全集》第1卷，人民出版社，1956年版，第439页。

方面的需要，只有通过人们的劳动活动对其进行对象性的改造才能改变其原有存在形式从而满足人们的需要。正如列宁所说的："世界不会满足人，人决定以自己的行动来改变世界。"[1] 由此可见，人们的需要始终是与满足需要的对象联系在一起的。对此，马克思以饥饿这一基本生理需要为例进行了说明。人的饥饿作为一种自然的需要，也是自身身体对某种对象的需要，而这种对象尽管是外在于人的身体而存在的却是充实和表现人的本质所必不可少的。这表明，需要范畴显示的是需要主体与需要对象共处于一个统一体中但却彼此分离的矛盾状态。正是由于这一点，我们把人的需要的实质界定为是人对自身现状的不满与要求，它体现着作为主体的人与周围对象世界之间的联系，同时也是作为主体的人对其生存于其中的外部环境的依赖关系的一种反映。正如有的学者所说："人的需要必然要求人们通过劳动活动来改造现实世界来满足，因为人的需要使人不局限于既有的现实，而总是使他力图超越现实的不足，去追求理想目的。"[2] 由此可以看出，人的需要同人的生命及其活动是同一的，正如马克思曾经所说，人的需要就是人的本性。当人以主观欲望的形式表现出对某种需要对象的明确指向时，便形成了人的具体需要。由此可见，需要在形式上是主观的；但在内容上，它始终与主体的劳动联系在一起，所以有着相应的客观内容。具体来讲，人们的劳动创造了需要的内容及满足需要的程度、手段和方式，也决定了人们需要的发展和变化，这是不以人们的意志为转移的。但反过来讲，需要构成了人的劳动的内在动机，同时需要的性质和水平还规定了人的劳动的目的和状态。

　　马克思在逻辑上从不同层次对需要范畴进行了深刻的剖析。人要生存，首先就必须解决衣食住行等各方面的基本需要，所以生产物质生活本身即生产满足这些需要的活动就成为人类第一个历史活动。然而这种生产只满足了人作为生命个体的最低需要，因而在这种需要得到满足之后，"已经得到满足的第一

---

[1]《列宁专题文集·论辩证唯物主义和历史唯物主义》，人民出版社，2009 年版，第 138 页。

[2]韩庆祥:《马克思主义人学思想发微》,中国社会科学出版社,1992 年版,第 49 页。

个需要本身、满足需要的活动和已经获得的为满足需要而用的工具又引起新的需要,而这种新的需要的产生是第一个历史活动"。[1]可见,人们为了生存而必须解决的衣食住行所产生的需要是人类的基本需要也是生存需要。由满足这一基本需要的生产活动和该活动中创造出来的为满足需要而用的生产工具所引发的需要是第二层次的需要。这两种层次的需要既相互区别又相互联系,二者构成了密不可分的整体。第二层次的需要是伴随着第一层次基本需要的满足而同时产生的,在这里,我们只是从逻辑层面上将它们区别开来,但实际上它们是属于同一个活动过程的,并构成了人类的第一个历史活动。这一需要的满足是人的生命活动得以存在和开展的基本前提。除此之外,人们在满足了基本需要之外,还会有享受需要即现实的人对更加舒适的物质生活条件以及更加愉悦的精神生活状况的内在需要,这种需要将推动着人们现实生活中的物质生产以及精神生产的不断发展,同时也为实现人的自由而全面发展的需要奠定了坚实的基础。在此基础上,随着人类社会的发展,人们就会主动积极地要求实现自我价值、充分发挥自己的各项才能和潜能,即转化为实现自身自由而全面发展的需要。这些需要从低级到高级不断发展,推动着人们不断去进行现实的劳动活动以此去创造出越来越丰富的满足自身需要的产品。与此同时,马克思还指出了人们的需要具有多样性,由于需要主体本身的不同,且需要主体所处的地区差异及历史环境、社会文化等的差异导致人们会产生多种多样各具特色的需要。尤其是在阶级社会中,人们的生命活动不仅要满足自身生存和发展的需要,同时更重要的是为了维护和满足作为统治阶级的利益的需要。所有这些需要综合在一起,便形成了人类特定历史阶段即社会形态多样性的理论基础。当人们的需要层次发生了新的跃迁,需要就会不断丰富和扩大,人们本身的活动范围和内容也都会发生相应的改变,从而使社会和人自身不断发展。只不过在人类特定的历史阶段中,人们的需要只能达到一定的层次并且只能通过该阶段人们相应层次的活动来满足。这就是说,人们的需要的产生及其满足都要受特定历

---

[1]《马克思恩格斯文集》第1卷,人民出版社,2009年版,第531页。

史阶段下社会经济发展和与经济发展相适应的政治文化等发展状况的制约，因而需要本身的产生、发展和变化都是一个历史过程，即人们的需要具有一定的历史性。

由于现实的人既是作为自然存在物同时又是作为社会存在物而存在，而且只有在人维持了他的肉体存在的条件下他才能成为社会存在物，所以从这个角度来看，又把人的需要按照其方向和内容划分为人的肉体存在的需要和人的社会存在的需要。而这两种需要都是作为社会的人的需要而存在着的，不论是它们的产生还是满足都必须靠人类自身的生产劳动活动来实现，因而在生产劳动发展的基础上扩大着的人的生存需要便具有了一定的社会历史性。

一方面，人作为自然存在物同动物一样也有自然需要，但动物的需要是由动物的生理结构和本能决定的，而人的需要具有与其根本不同的新的性质和特征。"人以其需要的无限性和广泛性区别于其他一切动物。"[1]人的需要的内容和水平归根到底是由一定历史阶段下人们的物质生产决定的。而人们物质生产能力与水平在实践中会不断发展并得到提高，因此它决定了人的需要也是不断发展的，就其本性来说，它具有无限发展性和丰富性，因而人的需要是无止境的。为了不断去满足人的这些丰富多样且是无限发展的需要，人们就必须始终进行现实的劳动活动，实际去改变外在自然对象从而创造出符合人的需要的物质生活资料，以使人的需要得到满足。在需要向劳动的转化过程中，即在这个劳动过程中就形成了生产力，由于需要始终是作为一种观念的形态和主观欲望的形式存在于人的头脑中并且影响着人的劳动，所以我们说，需要是劳动向生产力转化的潜在发生机制。与此同时，由于人的需要具有无限发展性和丰富性，它推动着人们不断地去进行劳动，不断地去与周围的自然界、人打交道，从这个意义上讲，人的需要的不断发展与其丰富性就构成了现实生产力不断发展和变化的内在机制。

另一方面，需要是社会和人自身生命存在及发展变化的直接反映，产生了

---

　　[1]《马克思恩格斯全集》第 49 卷，人民出版社，1982 年版，第 130 页。

人们之间真正的社会联系。在现实生活中，人们的需要是不断变化的，被满足的需要以及满足需要的行动和手段经常会产生一些新的需要，这些需要构成一个不断处于变化中的人类需求体系，在此基础上进一步确立了人类社会关系的体系。马克思曾说过："人的本质并不是单个人所固有的抽象物，在其现实性上，它是一切社会关系的总和。"[1]因而人们自身在本质规定性上是与他们的社会联系相一致的。然而，"真正的社会联系并不是由反思产生的，它是由于有了个人的需要和利己主义才出现的，也就是个人在积极实现其存在时的直接产物。"[2]所以人们的需要就是人们的本性，人们具体的社会联系是由他们特定的需要决定的。也就是说，由于人的需要的存在，人们会为了解决需要与需要对象之间的矛盾不断去进行劳动活动，而要进行劳动活动必然会产生人与人之间的关系，正是这些关系构成了人们具体的社会联系，进而规定了人的现实本质。因而，需要也是人类社会关系以多样性和丰富性形态存在的内在机制。

由此可见，人的多种需要如物质需要、精神需要等的总和也构成了引发人们从事物质生产劳动的动力机制。当人们针对某种具体的事物产生了自身的需要，要求周围对象能够满足自身愿望时，劳动活动的思想动机便应运而生了。由此需要便构成了人们从事劳动活动的内在动力，并构成了人们进行劳动活动的潜在发生机制。"生产的观念上的内在动机，作为内心的图像、作为需要、作为动力和目的是生产的前提。"[3]人们的需要作为一种潜在动机不断推动着劳动向前发展并在人的劳动过程中不断生成。所以我们说，需要和满足需要的方式是同时产生的，而劳动作为满足人们需要的活动和必要手段不仅限于维持个人生命存在的再生产，而且日益表现为对一定生活方式的维系。这样，就使人类社会历史的发展在劳动和需要的矛盾运动中得以展开。正如有的学者指出的："在人的需要的驱动下，人使自身的各种能力得以发挥和发展起来，并且

---

[1]《马克思恩格斯文集》第1卷，人民出版社，2009年版，第505页。

[2]《马克思恩格斯全集》第42卷，人民出版社，1979年版，第24页。

[3]《马克思恩格斯文集》第8卷，人民出版社，2009年版，第15页。

使作为人自身的能力的发展手段和条件的社会关系也随之相应地建立和发展起来。人的现实需要和能力是什么样的，人们的社会关系就应该是什么样的。假若现存的社会关系以及社会结构与人的需要的满足、能力的发展不相适应，那么人必然会去对这种社会关系和结构进行改造。这一点也正是人发挥其主观能动性的具体体现。由于经过人们改造了的社会关系以及社会结构会产生新的社会结合方式，也会为人的发展提供一个新的环境和手段，而这一点又必然会引起人们在需要、能力、社会地位、身份以及观念上发生深刻的变化，使之转变为一个新人。"[1]可见，人的需要本身的改变及其凸显出来的丰富性促使人们不断去对现存的生存条件、生产条件以及交往条件进行变革，从而实现对社会条件以及社会制度的改变，以使其变成适合更进步的人的自主活动的条件。这里特别需要注意的一点是，尽管需要构成了人们进行劳动活动的内在动力，但马克思始终是把需要看作是从人的劳动活动中产生和发展起来的，并且只有通过人的劳动活动才能使需要得以实现，而不是单纯地、抽象地去谈论人的需要。同时，马克思也从未把人的需要当作人类社会历史发展的根本动力，而是进一步去考察和探寻隐藏在人的需要背后的根源，也就是人的利益问题特别是人们现实的物质利益的驱使。然而，不论是人的需要还是利益，它们都是由一定的生产状况所决定的，所以现实的生产力的发展最终构成了人类社会发展的根本动力。

4.1.2　利益构成了劳动展开的重要机制

在马克思看来，利益与需要是密不可分的，一定的需要必然要形成一定的利益，需要是构成利益的自然前提和基础，利益是从人类生存和发展的需要中产生出来的。从本质上讲，利益指的是人们的需要能否满足以及满足的程度。

---

[1]李淑梅：《关于人的发展和社会结构转型关系的哲学思考》，《南开学报（哲学社会科学版）》，1997 年第 5 期。

换言之，利益范畴体现的是需要主体与需要对象之间的矛盾状态得到了克服和解决，这种克服和解决状态标志着人们需要的满足和实现。倘若作为需要主体的人不再依赖其周围的对象世界，即假若需要主体和需要对象之间不是处于一种矛盾状态，而是人们想要什么物质生活资料就有什么物质生活资料，那么人们就不会去进行物质生产劳动及其他社会实践，这样也就不会出现人们之间的利益关系了。因此，从一定意义上我们说，需要是激发人们进行劳动活动的内在动力源，而利益则是人们从事劳动活动所获得的某种结果，这种结果进一步刺激和促进着人们去劳动。即是说，为了获取更多的利益，为了占有更多的劳动产物，人们会不断地去进行劳动活动，从这个角度上说，利益又构成了人们进一步从事劳动活动的动因。总之，需要和利益既对立又统一，我们不能将二者混为一谈。所谓对立，是指需要和利益是内涵各不相同的两个范畴，需要既不是利益，利益也不是需要，二者有着严格的界限。所谓统一是指需要和利益作为人的生命活动的基础，是人的生命活动过程中不可分离的两个环节，二者有机统一于人的生命活动即劳动活动中。人的需要必须在一定的条件下转化为利益才能得到实现和满足，而利益也在一定的社会条件下会产生出新的需要。只有将二者紧密地联系在一起，才能保证人的生命活动即劳动活动得以继续进行。这种既对立又统一就构成了需要和利益的矛盾关系。

按照历史唯物主义的观点，我们认为利益包括物质利益、政治利益、文化利益等多方面，但其中最根本的利益是物质利益，它是决定其他一切利益的基础。物质利益与人们的物质需要相对应，而物质需要又与生产力范畴密切相关。前文提到，人的需要构成了人们从事物质生产劳动的内在原因和根据，但只有这一动因并不能在现实中解决任何问题。要想在现实中使人们的需要获得满足即转化为人们的利益，就必须去认识和改造客观的需要对象。正是为了不断满足和实现人类自身生存最基本的物质需要和物质利益，人类才开始进行连续不断的生产劳动。这种劳动构成了人类其他一切社会活动的起点，在这种不断去解决需要矛盾状态的劳动创造活动中便形成了人们的生产力。由此可见，在需要向利益的转化过程中产生了人们现实的生产力。生产力一旦形成便决定着利益的实现程度及其具体内容如人们所占有产品的数量和质量，这便导致出现了个人利益差别的现象。但仅仅有生产力还不能决定物质利益的实际占有，因为人们只有相互作用而形成一定的联系和关系，即只有在一定的生产关系中才能使物质生产劳动和其他活动得以顺利开展和进行，进而才能解决需要主体与需要对象之间的矛盾状态。由此可见，人们必须通过一定的生产关系特别是生产资料所有制来规定劳动产品怎样分配、归谁所有，只有这样人们才能实际占有作为劳动成果或满足人的需要的对象。人们的生产关系不仅制约着人们的物质生产劳动的水平，还决定着人们在现实中对劳动成果及产物的实际占有和分配、消费等情况，这就是说，生产关系的性质和水平还影响着人们需要的满足方式和程度，进而在人们利益实现的过程中起着重要作用。一言以蔽之，人们需要的满足和利益的实际获取都是由始终处于一定社会的生产关系中的人通过劳动活动来完成的。所以，物质利益与人们的生产关系密不可分，这表明人们的需要在一定的社会关系下就会转变成一定的利益形式，从而需要主体也就变成了相应的利益主体即利益的承受者。鉴于此，我们说物质利益从本质上来讲就是主体与主体之间的利益关系问题，它是人与人之间生产关系的体现。换言之，在一定程度上生产关系也就成为一种利益关系尤其是人们之间的经济利益关系。如恩格斯在谈到经济关系时就曾指出："每一既定社会的经济关系首先表现为利益。"[1]在阶级社会中，特定社会中的生产关系即经济利益关系又要受到该社会阶级结构和状况的制约。因此，从利益的现实性或具体实现来看，利益是人们一定社会关系的体现，我们应当把物质利益关系看作理解一切社会关系包括人们的政治关系、思想关系的社会基础。正如列宁所说的："必须到生产关系中间去探求社会现象的根源，必须把这些现象归结为一定阶级的利益。"[2]

从上述分析中不难看出，人们从事物质生产劳动不仅要创造出满足自己基本需要的物质生活资料，而且要进一步生产出满足其他人所需要的产品，同时

---

[1]《马克思恩格斯文集》第3卷，人民出版社，2009年版，第320页。

[2]《列宁全集》第1卷，人民出版社，1984年版，第464页。

还要实际地占有生产劳动的成果从而使其自身的物质需要获得真正的满足和实现，即实现人们的物质利益。历史唯物主义是非常重视和强调物质需要和物质利益在人类社会历史发展中的作用的。如前所述，马克思在《莱茵报》期间就是因为遇到了要对现实社会中"所谓物质利益发表意见的难事"，才不断促使他开始怀疑自己先前对黑格尔哲学的认识。正是沿着解决现实生活中的利益矛盾这一线索，马克思找到了要从市民社会的内在结构中解开人类社会历史发展之谜。针对这一点，马克思主义创始人明确指出，至多是对人们历史活动的思想动机进行考察而未对产生这些思想动机背后的动机进行考察是旧的历史观的根本缺陷之一。因此与旧的历史观不同，马克思主义创始人科学揭示了历史主体活动的思想动机背后的那个动机的动机即社会的经济根源和物质原因，也就是为了实现最根本的经济利益和需要而不断进行的物质资料生产活动的生产方式。马克思和恩格斯强调人类社会历史，归根结底，不外乎就是追求着自己目的的现实的人的劳动活动而已，而现实的人的这种活动确实是离不开人的需要和利益的内在驱使。物质需要和物质利益成为人们思想动机的物质原因，也是人们从事现实生产劳动的内生原因和根据。诚如马克思所说，"没有需要，也就没有生产。"[1] "人们奋斗所争取的一切，都同他们的利益有关。"[2] 这就是说，人们的生产劳动及一切社会活动都是由人的需要所推动的，而需要的满足即获得一定的利益则是人们从事一切社会活动的目的。正是在这个角度上，我们称之为是劳动展开的潜在发生机制。

不过在这里我们需要注意的是，需要和利益尽管构成人类历史运动的直接动因，但它们始终是和生产力范畴与生产关系范畴紧密相连的。如前文所述，需要和利益是内在于生产力和生产关系中的因素。事实上，马克思也是从生产方式的内在矛盾中去揭示需要和利益对人类社会发展和变革的推动作用的。换句话说，需要和利益范畴不能脱离生产方式而独立存在，对历史运动来讲，

---

[1]《马克思恩格斯文集》第8卷，人民出版社，2009年版，第15页。

[2]《马克思恩格斯全集》第1卷，人民出版社，1956年版，第82页。

生产方式范畴是更为根本、更深层次的范畴。从一定角度来讲，生产方式作为生产力和生产关系的统一体，它实际上也是满足人们物质需要的方式，因为生产力决定着人们物质需要的内容和层次，生产关系决定着人们的需要如何满足即实现物质利益的方式。同时上层建筑也总是为该社会一定的物质利益关系所服务的，所以说物质需要和物质利益成为维护或变更政治、思想上层建筑的物质基础。马克思指出生产力与交往形式之间的矛盾是通过"随着分工的发展也产生了单个人的利益或单个家庭的利益与所有互相交往的个人的共同利益之间的矛盾"[1]表现出来的。在这种利益矛盾运动中，共同利益便会采取一种与个人利益相脱离的独立形式来发挥作用。于是在此基础上就会出现阶级、国家以及与个人相对立的社会共同体形式。总之，由于人的需要和利益具有无限丰富和发展的趋势，使它们始终处于不断满足的过程，在人的基本需要得到满足之后便会产生新的更高层次的需要，经过人们进一步的劳动活动使这些新的更高层次的需要转化为利益，在此基础上又将产生新的需要和利益……从一定意义上讲，人类社会历史就是一个需要和利益的矛盾不断产生而又不断解决的循环往复的过程。而需要和利益之间的矛盾既是生产力和生产关系矛盾的体现，同时它们之间矛盾的解决也要受到生产力与生产关系矛盾的制约。因此，我们在现实中要真正解决需要与利益之间的矛盾就必须不断发展生产力、提高生产力的水平，进而使社会从整体上具备满足人们需要的条件与能力，同时还要积极改造人们之间的生产关系及各种社会关系，使人们能够在现实生活中真正合理地占有和使用劳动的结果即获得利益。由此我们说，正是这种需要与利益不断满足、不断展开的过程构成了社会的进步与发展。

此外，仍需说明的一点是，人们的需要与利益具有无限丰富性和发展的趋势，这种趋势要求人类社会不断生产出多种多样的产品，提供各式各样的服务。而这些产品和服务都不是自然界自动提供给我们的，而是人们通过生产劳动创造出来的。而这些满足需要的产品和服务又进一步决定了人们不可能单独来生

---

[1]《马克思恩格斯文集》第 1 卷，人民出版社，2009 年版，第 536 页。

产这些东西，因此参加生产劳动的人必然不止一个人。既然不是一个人来完成生产劳动，那么劳动就必须是建立在分工基础之上的。这就是说，人类社会生产劳动必须同人们的需要及利益的要求相一致，即社会生产的规模和构成必须与社会需要的规模和构成相适应且与人们对利益的追求相协调，才能获得健康发展。由此可见，人们的需要和利益是一个复杂的体系，与此相对应的便是人类社会生产体系也是一种分工协作的复杂体系。换言之，需要和利益的满足与实现呼唤着社会分工的出现和产生。

4.2　社会分工是劳动展开的现实机制

当人们有了思想观念上的动机即有了特定的需要和利益，并且为了满足这种需要和获取相应利益时，人们就会不断地去进行现实的劳动活动。而当社会性的个人之间展开劳动活动及其互换劳动产品时，便会发现其劳动活动已经在无形之中存在于不同劳动主体身上并且发生了分工。可以说，分工作为一种重要的社会现象，是劳动在现实生活中发生作用和逻辑展开的一个现实机制。

4.2.1　社会分工的内涵及其阶段

马克思认为整个世界不外是人通过人的劳动而诞生的历史，而人们的劳动活动一般是通过劳动分工的方式来影响社会发展的。可见，分工与劳动紧密联系在一起，并构成人类劳动的一个重要环节。它不是平白无故产生的，而是与人类的劳动活动同时产生并且始终存在于整个人类社会之中。当然，我们在这里所考察的是分工中的一种特殊形式即社会分工。随着生产的发展，人们的劳动产品会逐渐出现剩余，当人们拿自己手中的剩余产品去同别人相交换以获得自己所需要的产品，这样便形成了产品交换。不同的产品就需要由不同的劳动者去生产，这导致人们的劳动活动形式越来越多也越来越细，从而使整个社会生产开始了向专业化和社会化方向的发展。这表现在人们的活动领域不再仅仅限于生产活动领域，而是扩展到了社会生活的各个领域，人们劳动活动的形式也相继向着分工与协作的方式转变。由此可以看出，分工就是人们的劳动组织形式，它是历史形成的，并从一个侧面反映了人类社会历史的进步。

　　分工范畴，就其本质规定性来讲是一种人类社会活动形式。诚然，无论是哪一种人类社会活动、也不论它在什么条件和状况下开展，要确保其能够得以正常进行，就都离不开一定的组织形式和活动方式。在这些纷繁复杂的活动组织形式当中，存在着非常重要的一种活动组织形式，这便是分工，尤其是真正意义上的社会分工。假若我们在进行劳动活动时，不以一定的形式使劳动者彼此组织起来、发生联系，那么也就无法使社会活动顺利进行。社会活动要是无法进行，人类社会就很难继续维持和存在。可见，分工是人类从事社会活动必不可少的条件。正是在这个意义上，马克思把人类社会历史的发展归结为劳动与分工的发展历史。

　　分工作为人类社会的一种基本现象，在人类历史发展的长河中，大致可以分为以下几个阶段。起初人类过着不定居的生活、四处游走，人与人之间最明显、最突出的差别是以生理自然（性别、体力、天赋）为基础的差别。在人类相对安定之后，便出现了以地理自然为基础的差别。这时就产生了以生理自然和地理自然为基础而产生的自然分工，不过这种自然分工还算不上是严格意义上的社会分工。因为原始社会中的生产力水平极其低下，人们只有共同组织起来才能进行活动，否则便无法生存。虽然当时人们之间也存在着基于一定的自然差异而产生的分工，但这种分工毕竟属于简单的自然分工或者说是纯粹的生理分工，因此这种分工还称不上是严格意义上的社会分工。其次随着生产力的发展，便出现了自发分工亦称为旧式的分工。这种自发式的分工现象并不是在人类社会一开始就存在的，而是到了原始社会末期随着生产力的发展逐渐出现并且不断在私有制社会中得到确立和发展的，但这种自发分工不是永恒的现象，在共产主义社会中它将会被消灭。所谓自发分工，是指人们的社会活动在现实中具有固定的专业划分这样一种性质的活动形式。因此认识"固定的专业划分"是理解自发分工范畴的关键所在。所谓固定的专业划分指的就是在社会总劳动过程中，人们不是轮流从事各种劳动和各项工作，而是一些人人由于长期从事某一种劳动或某一项复杂工作中的一部分工作而被固定下来的这样一种性质。历史唯物主义范畴体系所强调的自发分工，不仅表明对人们的社会总劳动进行了一般划分即将其分解为不同的劳动领域和部门、不同的劳动工种及工序，而且更重要的是，它还把劳动者长期从事的某一项劳动确定下来使其固定化和专业化。这样来看，自发的分工相应地就包含了劳动者即主体方面的分工以及劳动活动本身即对象客体方面的分工，并且是二者的统一。此外，马克思和恩格斯指出，自发分工还具有一定的自发性和强迫性，它使劳动者屈从于劳动，使主体屈从于客体，使人屈从于物。即自发分工表明人们不是自愿地而是被迫地服从这一固定的专业划分，因此具有一定的异己性。最后在未来共产主义社会中自发分工被消灭，代之而起的是自觉分工的出现。自觉分工是以未来社会高度发达的生产力和进步的社会关系为基础的，它扬弃了旧式分工的自发性质，实现了分工的自由自觉性质。在这种前提下，人们参与社会分工由于不再受任何强制力量的限制，因而人的自由个性、多方面的才能能够得到充分发展。

4.2.2 社会分工是生产力与生产关系的相互作用的中介范畴

马克思借着社会分工范畴来认识生产劳动的本质，从而把社会分工同生产劳动中所蕴含的人与自然之间的关系和人与人之间的关系联结在了一起。这表明社会分工范畴其实已经触及人类社会劳动中所内蕴的两种关系和方面，即生产力方面和生产关系方面的内容及其实质。由于社会分工是人类社会生产力水平的不断提高而出现的，是作为生产力的结果而存在的，所以社会分工必然与生产力范畴相联系。同时社会分工又是人们进行劳动活动的一种重要活动组织形式，人们只有通过分工再次结合在一起彼此之间发生联系和关系，才能确保社会总生产顺利进行，所以社会分工也与生产关系范畴相联系。如前文所述，社会分工有客体方面的分工，所以它意味着把生产工具、劳动对象等劳动资料分配给不同的人，同时社会分工还有主体方面的分工，所以它又意味着把这些从事生产劳动的劳动者分配到不同的生产部门及其领域中。正是这两个层面的内容显示出了社会分工在人类生产过程中的重要作用，即它从一个侧面反映出了整个人类社会生产的活动方式以及不同劳动部门和劳动者的结合方式。因而在一定程度上也反映着生产力的发展水平，标志着生产力的发展程度。同时，由于这种特殊的社会分工所带来的社会活动方式以及人们之间结合方式的不同，就导致了在面对劳动成果的实际分配和占有方面的不同关系。这表明社会分工的具体形式如人们与劳动资料和劳动条件的结合方式也决定了人们实际占有和支配劳动产品的关系，即所有制的不同形式。可以说，社会分工范畴为马克思科学阐明生产力和生产关系之间的辩证关系奠定了坚实的基础，并成为二者相互作用的中介。一方面，马克思以社会分工范畴为中介对生产力决定生产关系的作用进行了说明；另一方面，他又以社会分工范畴为中介对生产关系对生产力的反作用进行了分析。

具体来讲，现实生产力的水平和状况构成了社会分工的直接依据和根源，它决定着社会分工的产生及其发展的深度和广度，而社会分工作为重要的活动组织形式又把人们联结起来使其发生相互关系，所以它构成了现实社会中生产关系的重要基础。"分工的阶段依赖于当时生产力的发展水平。"[1]在人类社会历史上最初出现的分工是这样一种分工即简单的自然分工或生理分工，在马克思看来，由于这种分工仅仅是靠人们个体的生理差异如天赋、男女性别之分等或周围所处的自然环境的不同等情况而实行的分工，因而还算不上是真正意义上的分工。伴随着生产力发展水平的不断提高，当一部分劳动者从物质生活资料的生产中逐渐脱离出来并且专门开始从事脑力劳动时，就会出现物质劳动与脑力劳动的分工，这时候真正意义上的社会分工也就形成了。因为，"任何新的生产力，只要它不是迄今已知的生产力单纯的量的扩大(例如，开垦土地)，

---

[1]《马克思恩格斯文集》第1卷，人民出版社，2009年版，第587页。

都会引起分工的进一步发展。"[1]针对这一点，马克思强调："手推磨所决定的分工不同于蒸汽磨所决定的分工。"[2]同时他还围绕着生产力中的生产工具要素详细分析了资本主义所有制阶段出现的社会分工情况，这包括手工业分工、工场手工业分工以及机器大工业分工三个阶段。显然，这些阶段劳动的组成和划分实际上都是围绕着其所拥有的生产工具的不同而进行的。例如，手工工具在工场手工业分工阶段是分散且是孤立地存在于劳动者及其生产部门中，与此相应的是该阶段人们的劳动组织形式也是如此。而生产工具在大工业分工阶段中的表现却不同，在这个阶段中的劳动的组成和划分都是相当复杂而且内部有着严密关系的，它要求每一个劳动者为了保证生产的顺利进行都必须相互联系、彼此之间紧密相连、相互配合对方。在这种情况下，整个人类社会生产中的各个部门之间以及每一个生产部门中的各个工序之间也都发生着密切关系，严密地配合着。这一点是从劳动工具的角度来谈生产力对分工的决定性作用。当然，生产力中的其他构成要素，比如，劳动者自身的文化水平、管理以及科技等都会影响社会分工的水平和实际状况，因而也会对社会分工的实现产生一定的作用。总之，社会分工与生产力范畴之间有着千丝万缕的联系，它们彼此密不可分，在一定意义上，社会分工构成了生产力重要的一环，不仅它的存在、发展水平以及性质特点由生产力状况来决定，而且它作为生产工具水平和劳动者水平的综合体现，也在一定程度上表现了生产力的发展水平。正如马克思所说的："（分工）造成了社会生产过程的质的划分和量的比例，从而创立了社会劳动的一定组织，这样就同时发展了新的、社会的劳动生产力。"[3]

另外，分工首先表明的是生产过程中劳动者与劳动者的分离，但同时它又是把各不相同的劳动者以及劳动资料、劳动条件等要素联系起来的特殊形式，因而社会分工的每一次进步都表现为新的劳动组织形式的产生，因而这就为发

[1]《马克思恩格斯文集》第1卷，人民出版社，2009年版，第520页。

[2]《马克思恩格斯文集》第1卷，人民出版社，2009年版，第622页。

[3]《马克思恩格斯文集》第5卷，人民出版社，2009年版，第422页。

展生产力提供了条件。这种新的劳动组织形式也就意味着人们之间不同的生产关系。正如马克思所说的："分工的每一个阶段还根据个人与劳动的材料、工具和产品的关系决定着他们相互之间的关系。"[1] 所以，社会分工与人们之间的生产关系也是息息相关的。因为生产关系对社会分工发挥着重要的制约作用并以此为中介对生产力的发展产生影响。一方面，生产关系制约着社会分工的性质，而社会分工的性质对生产力的发展又起着一定的反作用包括促进或阻碍作用。理解这里所说的社会分工的不同性质，与前面我们提到的人们在社会分工中究竟是怎样实现结合的密不可分，也就是说，这种分工到底是人们自发形成的还是人们出于自觉自愿形成的。自发分工具有强制性和异己性的特点，它主要存在于阶级对立的私有制社会中。在以私有制为基础的社会中，自发分工的这一结合方式既不能反映社会的需要也不能充分反映劳动者的愿望，相反地，它使劳动者的劳动成为一种外化的劳动，成为一种自我牺牲和自我折磨的劳动，而且劳动的产品还作为一种强制力量与劳动者相对立并统治着劳动者。因此，这种社会分工具有明显的阶级对抗的性质，由于它是外在的、统治个人的力量，压抑了劳动者个性和才能的发挥，因而阻碍了生产力的发展。只有在未来的共产主义社会中，人们的才能和个性的发挥才可以不受任何强制力量的束缚，此时的人们便可以完全按照自己的兴趣爱好、愿望以及社会的需要自由地选择自己的工作和活动领域。这时人们之间社会分工的结合方式便转化为自觉分工，从此具有了自觉自愿的性质，因而能够最大限度地促进生产力的发展。资本主义制度的建立使社会分工获得了前所未有的发展，它渗透到了社会的一切领域中并促进了生产力的迅猛发展。但是当机器大工业分工出现后，它本质上要求生产社会化，而资本主义生产资料所有制从根本上与这一要求相违背，因而成为生产力发展的桎梏，并被社会主义公有制所代替。

在说明了社会分工是生产力与生产关系相互作用的中介之后，在此基础上，我们再来分析一下社会分工与社会意识尤其是上层建筑的关系。社会分工作为

---

[1]《马克思恩格斯全集》第 3 卷，人民出版社，1960 年版，第 25 页。

生产力发展的必然结果和产物，它一方面具有生产力属性因而也会制约人们思想意识的产生，同时社会分工又体现了一定阶段人们之间的生产关系，因而它又具有一定的生产关系属性，所以能够影响社会中上层建筑的状况。前面我们提道，社会分工是不同于自然分工的因而是真正意义上的分工，这种社会分工的出现表明人类的物质劳动与精神劳动不但有可能会分别属于不同的劳动者来承担，而且还使这种可能变为真正的现实。即由于社会分工使一些人不再投入到物质财富的生产中转而专门从事管理和思想文化活动。这样，精神劳动就不可避免地从社会物质生产过程中分离出来，也正是从这个时候起人们才能真正地构造其所处于其中的社会的上层建筑。在这种上层建筑中会根据人类社会生活的发展而产生的特殊的社会分工部门如政治上层建筑、观念上层建筑以及各种各样的意识形式。而社会意识中的上层建筑的各部门一旦形成，它们便处于一种即相互独立又相互联结的状态，并会对社会分工产生极大的反作用，进而反作用于人们的物质生活。需要强调的一点是，虽然社会分工是连接生产力与生产关系的相互作用的中介并且对社会意识和上层建筑的产生起着重要作用，但我们不能过分夸大它的作用，从根本上讲，社会分工的作用是服从于人类社会基本矛盾运动规律的。

4.2.3 社会分工的历史作用

社会分工是劳动活动在现实生活中展开的重要机制，在人类社会的存在和发展中起着十分重大的作用。我们通过以下几点对分工的历史作用做一下简要分析和说明。

第一，马克思通过对社会分工范畴的深入剖析，重新认识了人类社会的历史之谜。恩格斯曾说过，从分工的观点最容易理解历史唯物主义的基本问题。[1]马克思以社会分工为线索探寻了异化劳动产生与消亡的原因，最终把人类历史

---

[1]《马克思恩格斯文集》第10卷，人民出版社，2009年版，第596页。

理解为劳动与分工发展的历史，进而找到了理解人类社会发展史的钥匙。具体来讲，劳动的主体是现实的人，作为现实的人与自然之间的关系而产生的生产力，它的每一个重大进步都会引起社会分工的发展，同时社会分工本身也构成了人类生产力发展的必要手段和条件。由于分工作为劳动者在不同劳动领域和劳动部门中的分配，它也会引起不同人们之间社会关系的重大变化，由此必然会导致出现私有制。事实上，"分工和私有制是两个同义语，讲的是同一件事情，一个是就活动而言，另一个是就活动的产品而言。"[1] 在社会分工和私有制的作用下，人们本身的共同劳动活动所创造出来的生产力却变成了一种外在于人而存在的异己的强制力量，在现实社会中，这种力量反过来一直压迫和控制着人本身，使人无法得到全面而自由的发展。因此，这种社会分工使人们的劳动发生了异化，并且进一步造成了主客体对立的加剧，从而导致人类社会在性质上发生了严重的分裂。这样，马克思就以社会分工为中介考察了人类社会历史中生产力和生产关系的辩证矛盾运动过程，并从这一运动中找到了真正开启人类社会历史之谜的金钥匙，从而克服了把社会历史归结为人的本质及其复归的理论缺陷。

第二，分工对作为主体的人自身的发展具有两重作用。社会分工是现实的个人进行活动的具体形式，在私有制社会中，社会分工造成了人们活动的固定化和专业化，同时也使人的劳动活动本身变成了异己的活动。这样看来，社会分工作为增加社会财富的手段有助于人们提高社会生产力的发展水平，进而创造更多的财富；另一方面，社会分工又使人们创造出来的财富变为一种不受人们自己控制反而统治他们的强制力量，即造成了物的力量对人的支配。由此出发，我们认为社会分工对人自身的发展也起着两重作用：积极作用和消极作用。从积极作用的角度来看，社会分工表明在人类社会无限的活动领域内每一个个体由于长期从事某一项活动并将其固定下来，由此便出现了属于每个个体相对固定的活动范围。随着时间的推进，每个个体在这个活动范围内都将获得关于

---

[1]《马克思恩格斯文集》第 3 卷，人民出版社，2009 年版，第 37 页。

该特殊种类活动的专业化的知识和能力。同时人们必须借助其他人的产品才能获得满足自己多样性的需要。这样分工就增强了人们之间的相互依赖和相互联系，造成人们之间一定的关系体系并使每个个体与这一关系体系发生直接联系。从消极作用的角度来看，自发分工使人的能力发展本身受到一定的限制，并使人的机能和需要也发生了分裂。因为自发分工一旦形成，就表明每个人都会有一个由于外在力量而强加给他的活动范围，在这个范围内进行活动，其劳动产物成为一种统治我们并使我们的愿望和打算落空的物质力量。这就表明在资本主义社会中，分工使人自身产生的力量反过来支配和控制人自身并使大多数人发展为片面的人、畸形化的人。此外，马克思提出要靠消灭分工的办法来消解社会分工所包含的种种矛盾，这里所要消灭的分工指的就是旧式分工亦即自发分工。而只有到了共产主义社会，这种自发分工才能完全被消灭，代之而起的是自由自觉性质的社会分工。

4.3　交往是劳动展开的另一现实机制

除了分工的现实机制之外，劳动对应到现实生活中，便相应地具有了另外一个现实机制，这就是人们的交往。前边我们在谈到生产关系范畴时说过，在马克思还未形成科学的生产关系概念之前，他总是用交往方式、交往形式等来代替。《德意志意识形态》一书就是这样的情况。仔细认真地考察，我们交往是历史唯物主义范畴体系中的一个重要范畴，有着自己特殊的内涵。更重要的是，交往范畴与我们前面论述的劳动范畴和分工范畴密不可分，它们之间的相互作用共同构成了人类社会存在和发展的内在机制。

4.3.1 交往范畴的丰富含义

马克思对交往范畴的阐发集中体现在《德意志意识形态》一书第一卷第一章《费尔巴哈》中，他从物质生产劳动出发，以多个角度对交往范畴进行了说明，赋予交往范畴以丰富的含义。如是说，在不同的场合里使用交往范畴，它所表达的内涵都是各不相同的。当然马克思也是在多种角度和场合来使用交往这一范畴的。他有时候用交往来指称人们之间的相互交换活动的过程，又是用交往来表示人们之间的交换关系，而有时又用交往、交往形式等来表征生产关系等情况。他指出："我在这里使用'交往'一词是就它的最广泛的意义而言的。"[1] 下面我们就来具体分析一下交往范畴的丰富含义。

第一，交往与人类的物质生产劳动是同一的，它们共同构成了人类社会特有的存在方式和活动方式。交往作为人类社会独有的现象，体现着人与人之间特有的一种内在互动性，并且作为人的本质活动使人与动物区别开来。同时，这种物质生产活动还构成了人类社会存在和发展的重要基础。为了进一步对人们的物质生产活动做出详细的阐明，马克思引入了"交往"范畴并指出："这种生产第一次是随着人口的增长而开始的。而生产本身又是以个人之间的交往 [Verkehr] 为前提的。这种交往的形式又是由生产决定的。"[2] 显而易见，人们从事的劳动活动是一种共同的人类活动而非孤立的个人所进行的抽象活动，因此人们只有结成一定的社会关系，相互交换自己的活动才能进行生产活动。所以，要开展物质资料生产活动就需要人们彼此通过交往而相互联系、相互作用。否则，离开人与人之间的交往，人类便无法顺利开展物质生产劳动，因此也无法生存、延续和发展。所以说，交往是生产的前提。反过来讲，交往又寓于人们的生产劳动之中，即人们之间发生的交往活动及其关系只有在人们创造历史

---

[1]《马克思恩格斯文集》第 10 卷，人民出版社，2009 年版，第 43 页。

[2]《马克思恩格斯文集》第 1 卷，人民出版社，2009 年版，第 520 页。

的活动中才能实现并得以确证。可见，人与人之间的交往是在生产劳动的基础上得以进行的，因此交往也离不开人们的物质生产劳动。进一步讲，人们之间的交往形式、交往方法以及交往所能达到的程度，都是与人类特定的生产阶段相联系的，是由一定的生产过程及生产条件所决定的。总而言之，人们特定的生产劳动需要相应的交往形式作为自己的社会形式才能得以进行，而人们之间的交往活动及其关系又随着人类生产劳动的发展而发展的。正是从这个角度上我们说，人们的生产劳动活动与人们之间的交往活动作为人类特有的存在方式和最基本的活动方式，二者是同时进行的，它们寓于同一的人类活动之中，并构成了人类社会的一对基础性矛盾。

第二，交往既是一种活动性范畴又是关系性范畴，它蕴含着人类的一切社会关系。劳动从最直观上来讲是标志人与自然之间关系的活动范畴，它首先表示的是一种主体人与客体自然之间的内在关系。而从直接性上来看，交往就是标志人与人之间社会关系的范畴，因而它表示的是主体与主体之间的关系。主体人通过交往而实现自我确证，也就是说，人只有同其他人发生关系才能实现人同自身的关系。交往寓于人类的生产活动中，从本质上来讲，交往本身也是一种实践活动，并且它作为人的本质活动从根本上把人与动物区别开来。动物之间不存在社会性的交往，唯有在人与人之间才有真正意义上的交往活动。这就是说，人们只有在交往活动中才能完成自身的社会化问题从而实现自我确证。马克思说过："社会不是由个人构成，而是表示这些个人彼此发生的那些联系和关系的总和。"[1]而人们彼此之间所发生的这些联系和关系的总和，实质上也就是以交往活动为主线而展开的特定历史阶段下人类社会关系的总和。显然，这些社会关系的形成、发展和完善是离不开人们改造自然的生产活动的，而人们改造自然的活动又是在许多个人共同活动的条件下进行的，而人们要共同活动就必然要发生彼此之间的交往活动。所以从这个意义上，我们说交往指的就是许多个人的共同活动，以及在这个活动中所产生的人与人之间的社会关系，

---

[1]《马克思恩格斯全集》第30卷，人民出版社，1995年版，第221页。

也正是这一点，我们才说交往构成了人类一切社会关系的缩影，由于有了人与人之间的交往活动，才真正形成了人类社会。

第三，交往范畴的形式。马克思在《德意志意识形态》中赋予交往以多种形式，如政治交往、思想交往、文化交往等，其中最基本的两种形式就是物质交往和精神交往。"'交往'(Verkehr) 这个术语在《德意志意识形态》中含义很广，它包括单个人、社会团体以及国家之间的物质交往和精神交往。"[1] 物质交往是指人们在物质生产实践中所形成的交往，它表示的是人们之间所发生的物质关系，它既是人们进行物质生产活动的内在要求，又是这种物质生产活动顺利展开的结果。在所有的交往活动及其形式中，物质交往具有基础性的地位，它决定着其他一切交往活动及其形式的产生和发展。这样来看，精神交往当然也毫无疑问是被物质交往所决定着的，它的形成和发展都离不开人们之间的物质交往。从内在规定性上讲，精神交往指的是人们在精神生活中所形成的交往，它表示的是人们之间所发生的精神关系。马克思进一步分析了物质交往和精神交往之间的内在关系，他强调，精神交往从根源上来讲起初就是与人们现实生活中的物质活动、与人们的物质交往紧密地交织在一起的，是作为人们日常生活中的物质生产活动的直接产物而出现的。在物质交往和精神交往的互动关系中，二者的地位并不是完全等同的，其中物质交往是更为根本和基础的一面，精神交往总是以各种形式渗透于人们的物质交往中并发挥相应的作用。换言之，在物质交往中已经包含着产生精神交往的因素和趋势，这两种交往活动和关系在人类社会的现实生活中彼此相互依存、相互制约，共同构成了推进人类社会不断向前演进与发展的内在动力。鉴于此我们说，物质交往和精神交往其实已经涵盖了人与人之间所发生的两大类关系即物质关系和精神关系的一切方面和内容。正是这一点使得人们的劳动活动在现实生活中与交往活动密不可分，如影随形。

第四，民族交往和世界交往。马克思不仅从内容和形式上对人们的交往活

---

[1]《马克思恩格斯文集》第 1 卷，人民出版社，2009 年版，第 808 页。

动进行了考察，而且还从横向的地域之间的关系角度分析了人们的交往活动，将其划分为民族内部的交往、民族外部的交往以及世界交往。在马克思看来，交往活动不仅对个人的发展而言是至关重要的，对一个民族、国家的发展而言也起着举足轻重的作用。任何一个民族要获得质的飞跃和发展都必须重视该民族内部成员之间的交往活动以及与其他民族之间的交往活动。这是由于不仅各个民族彼此之间的相互关系甚至每一个民族自身内部的整个社会结构都是取决于各（该）民族的生产力、分工以及内部交往和外部交往的发展程度及其状况的。[1]由此可以看出，一个民族的交往活动不仅包含着民族内部交往还包括了民族之间的外部交往，而且这两种交往活动始终处于动态的互动关系之中。其中，内部交往对一个民族的发展而言是更为根本的也是基础性的，它制约着该民族外部交往的发展情况；反过来说，一个民族外部交往的发展也在很大程度上影响着本民族内部交往的状况，二者彼此相互作用。因此从交往发展的角度来讲，我们就应该从两方面来考察一个民族的历史发展情况：一方面是从该民族的内部交往如社会分工、交换与分配关系、人们的交往习惯及社会交往情况来看；另一方面是从该民族的对外交往及其发展程度如与别国的竞争、战争以及交易等方面来考察。忽略掉其中的任何方面，我们都不能完整准确地理解一个民族的历史发展。同时，一个民族要想使自身的内部结构和发展机制不断更新，使其获得更好的发展就必须注重并加强交往。因为一个民族只有不断地去实现交往尤其是扩大与其他民族国家之间的对外交往活动，才有足够的可能来保存自己已经产生的生产力并且在这个交往过程中才能够有机会去借鉴其他民族国家已有的先进生产力以及先进的科学技术、设备、原料等资源来发展自己。这样，当出现每个民族都会不断地去扩大自身的交往活动范围这种现象时，也就是每个民族都积极地参与到与其他民族之间的外部交往活动中时，世界交往也就应运而生了。从内生的发展角度来看，世界交往的出现其实是由于民族之间的交往活动引起的，是作为其结果形成的。归根结底，世界交往还是在社

---

[1]《马克思恩格斯文集》第1卷，人民出版社，2009年版，第520页。

会分工和生产力充分发展的基础上得以产生和实现的。因为社会分工进一步发展和生产力的高度发展不仅影响着各个民族之间的相互关系和交往状况，而且还能引起交往范围的逐渐扩大和发展，从而为交往突破民族地域的局限性奠定了坚实的基础，也为世界交往的形成和实现提供了重要保障。当然世界交往一旦形成，各个民族国家在融入和参与到世界交往的过程中，在其发挥作用的前提下，每一个民族国家都将建立起到目前为止是最为广泛且极其复杂的联系和关系"网络"，这种联系之网使得任何一个国家和个人需要的满足都将只有依赖于整个人类世界才能进行和实现。

4.3.2　交往在人类社会历史发展中的作用

交往范畴在历史唯物主义范畴体系中占据着重要地位，它在人类社会历史发展的过程中发挥着极为重大的作用，概括起来大致有以下几点。

第一，交往是促使可能的生产力转变为现实生产力的重要手段和方式，有利于促进生产力的发展。我们知道，生产力就其实体性构成要素来讲，是由物的要素和人的要素共同构成的一个整体，其中人是最具活力且最为活跃的要素也是占据主导地位的要素。而且从本质上讲，生产力本身就是作为人的本质力量的一种展现和表露的结果而客观存在着的，但现实的人要想真正发挥其自身的本质力量，并将这种潜藏于人自身中的本质力量转变成真正的、现实的物质力量，就必须依赖和借助于人们之间的相互交往以及通过这种交往活动而发生的人们彼此间现实的联系和关系才能实现，也只有在人们的这种联系和关系中才能把这种本质力量对象化在现实客体中。可见，孤立的劳动者是不能进行真正的社会生产的，人们只有通过各种交往活动使彼此相互结合起来才能最大限度地发挥其主观能动性，并且在交往的过程中能够使各要素被合理地结合和利用起来，从而使潜在的生产力变为现实的生产力。除此之外，人们在交往的过程中尤其是伴随着人们交往范围的不断扩大特别是当出现了世界交往之后，这对于保存和传播人们已经形成的生产力包括其各个构成要素等都提供了有利条件和重大保障，从而使各个国家和地区的人们有机会和条件去借鉴和利用其他国家和地区已有的先进生产力如生产工具、生产工艺以及发达的科学技术和管理方式等来发展自己，这样就能够避免由于本国单独发明或者重新发明这些东西所带来的人类生产力资源的浪费，从而加快和促进本国生产力乃至全球整体生产力的快速发展。[1]针对这一点，马克思和恩格斯指出，如果一个地域的交往仅仅限于毗邻地区的交往，那么它所创造出来的生产力尤其是发明，就有可能会失传，从而导致每一种发明都将在每一个地域内单独地进行。人们之间的交往成为继承和发展人们已经创造出来的生产力的重要途径和保障。从某种意义上说，这一点也为某一民族能够跨越社会发展的某些阶段或环节提供了现实的可能性，即民族之间的交往尤其是世界交往的不断发展，使参与到交往过程中的各民族之间能够相互作用、相互影响，进而形成了社会发展中的超越现象。这其实也构成了马克思晚年研究东方社会发展理论的一个重要方面和内容。即是说，交往可以促使较为落后的民族国家超越一定的社会形态，从而使整个人类世界呈现出多种样式的人类社会发展道路。[2]

第二，马克思把交往范畴置于人类社会发展的规律层面来剖析，认为人们的交往能够促进人类社会不断向前发展，因此构成了社会发展的重要推动力。马克思通过研究人类的物质生产活动，进而探寻与这种活动密切相连的物质交往关系，进一步从这种探究中科学地引申出了生产力范畴和生产关系范畴，而

---

[1]参见拙文：《马克思的交往思想释析——以〈德意志意识形态〉为依据》，《鲁东大学学报（哲学社会科学版）》，2013年第3期。

[2]这里其实涉及了人类总体历史发展的道路与进程和单个或某一民族历史发展的道路与进程的关系问题。按照马克思主义的理解，人类总体历史发展进程遵循着五种社会形态的依次更替和发展，这一点是具有不可超越性的，但由于每一个民族的社会状况、生产力状况以及综合国情不同，社会形态的更替和发展在不同的民族那里又会呈现为不同步性的现象。这就是说，在人类总体历史发展进程的不可超越性前提之下会产生某一民族在自身历史发展的道路上的选择性、多样性和跨越性现象。即是说，每一个民族都可以根据自身的民族利益、与其他民族之间的交往状况以及本国生产力发展状况等实情来选择适合本国国情的发展道路和社会制度，但选择的内容和超越的方向是同人类总体历史发展及其规律运行的方向具有本质上的一致性。

且还围绕着"市民社会"这一交往的特定表现形式，对社会意识的客观基础进行了说明，从而论证了交往对于整个人类社会历史存在与发展的重要意义。在马克思看来，要从人们的物质生产劳动出发去对现实生活的生产过程进行阐述，进一步把同这种生产方式相联系的、由它所产生的交往形式即市民社会理解为是整个人类社会历史的基础，并从这个基础出发去阐明社会意识自身所包含的所有内容及其产生过程。[1]这样，在交往形式的基础上，社会意识包括上层建筑的客观性就得到了说明。与此同时，现实的人的劳动活动一方面作为满足人生存所需要的物质生活资料的生产劳动而存在，另一方面又是实现人的自由个性的自主活动。劳动这两方面的内在一致性及其同一性都离不开人们的交往及其在交往活动中所形成的人与人之间社会关系的发展。如果交往形式及其所形成的社会关系是人们自主活动的一种条件，那么它就能够把劳动的这两方面真正科学地结合在一起，成为促进人的发展的一种重要动力机制；反之，它就会成为束缚人的发展的一种桎梏。这样一来，随着整个社会生产力及人们交往活动的进一步发展，人们就会随之不断地改变、调整和丰富自己的需要与追求，使原来的交往形式及社会关系与生产力之间的关系由先前对生产力的基本相适应转变为基本不适应，当这种基本不相适应的情况出现时，必然会要求人们不断改变和更替这种交往形式以使其适合新的生产力的发展，适合更加进步的人的自主活动的形式与条件，从而便形成一个有着内在联系的交往形式的序列。而这种交往形式的序列在一定意义上便呈现为人类社会的历史。因此，马克思一直强调是生产力与交往形式之间的矛盾构成了人类社会发展一切历史冲突的根源。

第三，世界交往尤其是普遍交往推动着人类历史不断向世界历史的转变。在世界交往的作用下，马克思从人类交往的普遍化事实中洞察到了民族历史向世界历史转变的趋势。世界历史不是从来就有的，它的形成也不是一蹴而就的，而是伴随着人类的普遍交往、生产以及分工的发展而出现的，是在三者共同作

---

[1]《马克思恩格斯文集》第 1 卷，人民出版社，2009 年版，第 544 页。

用下形成的产物。一方面，人类社会生产和分工的发展为世界历史的出现与形成奠定了现实基础；另一方面，人类交往及其活动的范围、层次以及节奏等不断扩展和提升，从而为世界历史的形成提供了重要条件。不过，这里需要说明的是，社会生产和分工的发展和深化都需要引起人们交往的变化才能促进各民族消除孤立状态，使世界形成一个统一的整体。当一个国家在进入世界历史之后，其发展方向和发展道路都不仅取决于本国内部的情况，还在很大程度上取决于它所处的国际环境。因此在世界历史形成之后，人们之间的交往所发生的作用就显得更加突出和重要。与此同时，我们还要注意的一点是，尽管资本主义社会的大工业造就了世界历史，然而由于世界历史的形成为共产主义社会的实现提供了坚实的物质基础与历史前提，因此世界历史的发展趋势必然是共产主义社会而绝不是资本主义社会。总之，世界历史的形成是一种客观必然性，它实现的广度和深度都取决于人们之间普遍交往的程度。

第四，交往的普遍化发展为共产主义社会及全人类解放创造了实现条件，从而也有利于促进和真正实现人的自由而全面发展的境界。马克思主义认为，共产主义和无产阶级的存在都是世界历史意义上的存在，否则就不是真正的共产主义，因而也不可能实现。如前文所述，世界历史的形成建立在普遍交往的基础之上，那么共产主义的实现也必须"以生产力的普遍发展和与此相联系的世界交往为前提"[1]。如果失去这一现实前提，共产主义就只能是一种地域性的存在，人们交往的任何扩大都会打破这种存在，从而使共产主义毁于一旦。因而，要实现共产主义社会首先就要使人们的交往实现普遍化发展即世界历史性的交往。由于这种普遍化的交往能够在一切民族中产生出共同的阶级及革命意识，而这种意识能够使人们真正实现彼此联合起来从而占有全部社会的生产力的总和并达到消灭私有制的状况。所以共产主义与过去所有的运动根本不同的地方就在于，共产主义推翻了以往一切旧的生产关系以及交往关系所产生和发展的基础与条件，并且消除了人们劳动活动的自发性和盲目性，从而使生产

---

[1]《马克思恩格斯文集》第 1 卷，人民出版社，2009 年版，第 539 页。

和交往活动及其条件真正受联合起来的个人的支配与控制。因此，交往对作为独立个体而存在的个人的发展而言也是至关重要的。在资本主义社会中，自发分工使每一个人都有了属于自己的特殊活动范围，而且这个活动范围是强加于每个人的，每个人在这个活动范围内并未能真正实现自己的自主活动及其自我价值。同时，人们社会活动的固定化使他们自身活动的产物反而成为一种异己的物质力量与他们对立并控制和支配着他们。在这种情况下，人们的交往也不可避免地出现了异化现象，即人们之间的交往并不是为了要实现自我发展而进行的人与人之间的真实关系，而是在物与物的虚假关系状况下进行的追求物的价值及其实现的异化关系。要消除这种异化现象，消灭人剥削人的制度，就需要高度发展生产力以消灭这种旧式的自发分工，而这一点的实现却又恰恰离不开人们彼此之间的交往状况及其普遍发展。交往普遍发展的必然结果就是，每个人作为世界历史性的普遍的个人而存在，而且此时人们的社会关系是极其丰富的，个性也是全面的。由此可见，基于生产力高度发达和普遍交往而实现的共产主义社会才是自由人的联合体，生活于那里的人才是真正自由而全面发展的人。

第 5 章

历史唯物主义基本范畴体系的
逻辑内容

历史唯物主义的逻辑骨架正是劳动这一起点范畴所包含的潜在的丰富性展开之结果。各个范畴的运动都是由于其自身内在矛盾性而实现的，同时范畴之间的联系和转化完全是必然且有规律的，因而这样的逻辑骨架所包含的内容揭示了各个范畴和原理之间的本质联系，能够成为说明人类社会各种现象的基础。鉴于此，我们不再从宏大叙事的角度对历史唯物主义范畴体系的逻辑内容进行义理阐发，而是以具体的范畴和概念考证为切入点，细致缜密地考察在劳动范畴从简单到复杂、从低级到高级、从抽象到具体的展开过程中所呈现出的历史唯物主义的概念群落，并阐明各个范畴和概念之间的内在关系，在此基础上我们一步一步地展示历史唯物主义范畴体系的逻辑骨架及其内容。也就是说，我们是以劳动范畴为逻辑起点，逐步展开劳动范畴与其他历史唯物主义基本范畴的内在关系的。不论是社会存在、社会意识、生产力、生产关系、经济基础还是上层建筑等范畴，它们绝不是什么脱离开人的劳动活动而独立运转的客观过程，实质上，这些范畴都是现实的人在自己的生命活动即劳动的诸种对象性关系中生成的一种思维抽象。在一定意义上，这些基本范畴都不过是现实的人及其活动借以实现的必然形式罢了。下面我们就根据这些基本范畴之间的内在关系及其方面来展示历史唯物主义范畴体系的基本架构与内容。

5.1　社会存在与社会意识范畴

通过前面对历史唯物主义创立的过程进行分析我们可以发现，马克思主义创始人所探讨的主要问题就是关于人类社会历史自身的规律问题，"他们进行研究的重心就是从作为基础的社会存在中探索思想观念的形成，以及由这些观念所制约的人们的行动。"[1] 社会存在范畴与社会意识范畴作为标志历史唯物

---

[1] 杨耕：《危机中的重建：唯物主义历史观的现代阐释》，武汉大学出版社，2011 年版，第 35 页。

主义基本问题的范畴，它们反映出人类社会历史发展过程及其水平最普遍与最深刻的方面，因此在历史唯物主义的范畴体系中占有重要地位。马克思和恩格斯最伟大的功绩在于，科学分析了社会存在与社会意识范畴并且完整准确地解答了社会存在与社会意识的关系问题，从而在社会思想史上与唯心史观划清了界限。下面让我们分别来看一下马克思是怎样论述这两个范畴及其关系问题的，即马克思是怎样通过回答历史唯物主义的基本问题来发现人类社会历史发展的基本规律的。

5.1.1　社会存在范畴

由于人的需要和利益的牵引，人们不断去进行现实的、具体的、历史的劳动活动，这一劳动活动在现实生活中伴随着人们的分工以及交往不断使人们发生相应的联系和关系，这就为进一步分析和理解社会生活及其结构奠定了坚实的基础。也就是说，马克思的劳动范畴为他剖析人类社会生活提供了一把利刃，而且马克思本人就是从劳动活动所内蕴的人与自然的关系、人与人的关系以及人与其意识的关系角度来考察人类社会生活的，并且从这个方向中发现了人类社会生活其实就是人类为了自身的生存和发展而在一定的社会关系中所进行的各种活动。其中，在人类的这些众多活动中人与人通过物质生产劳动所产生与结成的人与人之间的生产关系构成了人类各种现实的社会关系的基础。正是这一点，即从人的劳动中看到了人与人之间所生成的生产关系和其他社会关系的客观存在，进而去揭示它们和人类社会生活之间的内在逻辑关系，便成为我们理解社会存在范畴的必经之路和重要途径。事实上，马克思也是从人的劳动活动出发去分析人与自然、人与人的生产关系，并从这一关系出发进一步去理解人的意识、政治、宗教等上层建筑的产生和发展过程，最终达到对人类社会生活结构及其存在的科学剖析的。作为这一剖析的结果就是，马克思发现人的物质生活和精神生活共同构成了人们的现实实际生活过程，其中，物质生活是最为基础和根本的一面。而人的现实的物质生产活动又构成了人们物质生活的根本内容，所以人们现实的物质生活就是以物质生产活动为基础的各种物质活动及物质生活条件的总和。在此基础上，便形成和产生了社会存在范畴。也就是说，社会存在范畴就是以人类的现实的社会生活为底蕴的，它是对人类社会生活中的物质方面、物质关系的总结和提升，因而也是人类现实的物质生产活动过程和物质生活条件的总和。

具体而言，社会存在范畴在马克思这里是一个独立的并且是第一性的范畴，其存在的合法性和正当性并不是由传统哲学所理解的那种抽象和超验的存在所决定的。社会存在绝不是一个外在于人、脱离人而独立存在并且按照自身固有规律发展的客观物质存在，相反，它是由人们的现实活动即实际生活过程所决定的。翻阅马克思主义经典著作就会发现，社会存在范畴在马克思的相关论述中始终是与如下这些话语联系在一起的，即马克思是用人们的社会存在、人们的存在、人的存在、人们的实际生活过程、人们的现实生活及其过程等话语来描述社会存在范畴的。正如马克思所说的："不是人们的意识决定人们的存在，相反，是人们的社会存在决定人们的意识。"[1]"意识在任何时候都只能是被意识到了的存在，而人们的存在就是他们的现实生活过程。"[2]由此可见，马克思在创立历史唯物主义的过程中有一个十分突出的特点就是，他非常重视人们的现实生活及其过程，并且注重对"现实的个人进行活动的现实的物质生活条件"加以研究，并把它作为研究人类历史的根本前提和基础。正像马克思所说，他和恩格斯所理解的这种唯物史观就是："从现实的前提出发，它一刻也不离开这种前提。"[3]由于马克思真正坚持了在认识人类社会历史领域中的这一唯物主义的前提和基础，而且真正做到了从这一前提和基础出发，进一步引申出了社会存在与社会意识的范畴并且科学回答了二者的关系问题，形成了社会存在决定社会意识的历史唯物主义这一基本原理。在这里需要注意的一点是，

---

［1］《马克思恩格斯文集》第 2 卷，人民出版社，2009 年版，第 591 页。

［2］《马克思恩格斯文集》第 1 卷，人民出版社，2009 年版，第 525 页。

［3］《马克思恩格斯文集》第 1 卷，人民出版社，2009 年版，第 525 页。

马克思从劳动范畴即人们的现实生产活动中引申出社会存在和社会意识范畴，不仅是为了可以根据社会存在和社会意识范畴及其内在的辩证关系来对人类社会发展的历史现象进行唯物主义的科学解释，而且还是为了说明人类追求自由而全面发展的生存状态和实现人的解放的这种意识需求以及不断变革现存生活条件的意识要求都是从人们的现实生活以及实际生活过程中产生出来的。

不言而喻，社会存在不能脱离人们的生产劳动、产品交换与消费等具体方面而存在，但同时它也不是人类这些一个个劳动活动的简单堆砌的结果。相反，社会存在表现出更为深刻的东西，社会存在的发展本身是对人类社会生活中物质生产活动的客观逻辑及其整体进行的概括与总结。所以我们说，社会存在就是人类社会现实物质生活中的方方面面以及各种物质条件的总和。也就是说，人类社会物质生活的方方面面构成了社会存在的形式且是不以人们的社会意识为转移的。与此同时，我们也要特别强调的一点是：尽管这些形式作为社会存在而被揭示出来并与社会存在不可分离，但这绝不意味着我们可以在社会存在与其存在形式之间简单地画上等号。

按照马克思主义的观点，社会存在是标志整个人类社会生活物质方面的范畴，其本质内容是人类社会的物质生活资料的生产方式。质言之，社会存在范畴是马克思在生产方式范畴的基础上对人类社会历史现实进行研究而得出的结果，它是人类社会物质生活现实多样性的统一在思维行程中的具体再现。就其反映历史现实性的水平方面而言，社会存在范畴是同物质生产方式、物质的社会关系以及经济基础等范畴是有机联系着的。因此，社会存在究其本性来讲是物质的、是客观的，是不以人们的社会意识为转移的。可见，在历史唯物主义的范畴体系中，社会存在范畴是相对社会意识范畴而言的，是社会意识的根源与决定者。按照社会存在的构成内容，社会存在主要指的是人类社会物质生活条件的总和，其中人们一定时期的物质资料生产方式构成了社会存在的直接内容和客观基础，当然，一定历史时期和特定阶段中的物质资料生产活动又离不开人们生存于其中的地理自然环境以及当时的人口因素和状况。只不过社会存在不单单是指占统治地位的生产方式、地理环境要素以及人口因素之间的相互作用,更重要的是,社会存在是作为这种诸多要素彼此之间相互作用的总体结果而出现的。我们注意到在历史现实本身中,在构成社会存在的诸多内容中,物质资料的生产方式是人类社会一定时期物质生活条件中最根本的内容,因而对其他要素起着决定性的作用。物质资料的生产方式与人们的社会存在密切相关,所以我们说,社会存在在某种程度上就是直接意义上的人类物质生产过程及其条件的总和。由此可见,在人类社会的存在和发展中起着首要的也是决定性意义和作用的就是物质生活资料的生产。正如马克思所说的:"物质生活的生产方式制约着整个社会生活、政治生活以及精神生活过程。"[1] 因此,我们说社会存在其实就是以人们现实的实际生活过程及其条件的总和为底蕴的具有现实指向的范畴。正因为如此,我们才把社会存在范畴放在劳动范畴展开过程中所形成的历史唯物主义基本范畴体系逻辑内容中并以首要的内容来加以研究。由于社会存在主要是人们现实物质生活条件的总和,是物质生活的生产方式,因而要继续加深对社会存在范畴的理解,就需要去进一步研究生产方式这一范畴,而对生产方式范畴的研究,又必然会从劳动范畴出发,从而引申出生产力范畴和生产关系范畴。这在下一节中进行具体论述。

5.1.2　社会意识范畴

社会意识是与社会存在范畴相对应而存在于历史唯物主义范畴体系中的,它总括了人类社会精神生活的方方面面,并且渗透和影响着人类社会物质生活的各方面。从分析社会生活的物质基础即物质资料的生产方式出发来考察社会意识范畴是非常重要和绝对必要的,因为现实历史过程中社会意识的每一次进步都根源于物质资料生产方式的矛盾运动。在马克思和恩格斯看来,他们的出发点绝不是什么虚无缥缈的东西,而是从事实际活动的现实的人包括人的现实的生活过程及其物质生活条件,并且他们认为还可以进一步从现实的人的现实

---

[1]《马克思恩格斯文集》第 2 卷,人民出版社,2009 年版,第 591 页。

生活过程中揭示出人们的这一实际生活过程及其物质生活条件在人们的头脑中即在意识形态上的反射、映象以及回声的发展。就像恩格斯在《论住宅问题》一文中所强调的："唯物史观是以一定历史时期的物质经济生活条件来说明一切历史事件和观念、一切政治、哲学和宗教的。"[1]这一论述是对历史唯物主义根本特征和基本立场的高度概括，也是对社会存在和社会意识关系问题的正确回答。

由于人的劳动活动是人的有意识、有目的的能动活动，所以人的意识是蕴含在人的劳动活动中的并且作为观念形式存在于劳动者的头脑之中来发挥作用，使人们达到对这种意识和意志的强制服从。这表明，人的意识作为劳动内在的因素显然不是偶然产生的，而是必然的历史现象。也就是说，在人的实际劳动活动过程中，必然会产生人的意识，而人始终是处于社会中的人，是具有一定社会关系的人，所以在这个意义上，我们说此时的意识也是一种社会意识，只不过它尚未发展以达到纯粹的意识形式。后来，由于生产力的发展而导致出现的人们的劳动分工所产生的精神劳动与物质劳动的分离，在此基础上才形成了专门的精神生产者，于是就形成了纯粹的意识生产活动如纯粹的理论活动、哲学、道德、艺术，等等。这样看来，无论是哪一种人们的社会意识都是与物质前提相联系的物质生活过程的必然升华物。存在决定意识是唯物主义的一般原则，为了把人类整个社会生活的物质方面同精神方面联结起来并且显示它们之间的联系和相互作用的性质，我们就必须使这个一般原则具体化。换言之，就是说我们要通过对社会存在与社会意识范畴的内在关联进行全面的分析，以此来对社会意识范畴的本质特征和内容进行充实的说明。

历史唯物主义认为，社会意识是对人们现实的社会物质生活条件历史发展的观念反映，是标志人类社会生活中精神方面和精神过程的范畴。归根到底，社会意识的内容还是来自人们的现实生活，来源于人们的实际生活过程及其物质生活条件的总和。构成社会意识的内容和要素具有丰富多样性，按照不同的

---

[1]《马克思恩格斯选集》第3卷，人民出版社，1995年版，第209页。

角度和标准可以将其理解为具有不同的内容和形式的范畴。从其结构层次角度来看，社会意识除了包含人们在现实的实际日常生产生活以及交往过程中所形成的社会心理之外，还包括高层次的社会意识形式。这里说社会心理是作为低层次的社会意识而存在，主要是由于它是人们日常交往和生活中所形成的一种自发的、不成系统的、不具有理论化体系和形态的社会意识。相对而言，作为社会意识高层次的社会意识形式就是由专门的精神生产者在专业化、固定化的精神劳动中所形成的具有系统化的、理论化体系的定型的社会意识。从社会意识同经济基础的关系来分析，社会意识是包括社会意识形态和作为非上层建筑的社会意识形式。显然，马克思和恩格斯揭示了社会存在与社会意识范畴各自的本质内涵，然而他们并没有仅仅满足于这一点，而是继续对两者的相互作用和关系做了更为充分的研究，从而科学地解答了社会存在与社会意识的关系问题也就是解答了历史观领域的基本问题。按照马克思主义创始人所创立的历史唯物主义的观点，首先社会存在决定社会意识且不依赖于社会意识而存在。马克思和恩格斯把人们的实际生活过程描述为"可以通过经验来确认的、与物质前提相联系的物质生活过程。"[1]在这个物质生活过程中起决定作用的是物质资料的生产方式，它作为人类历史过程的基础发展成为一个对社会存在充分而深刻的解释。在此基础上，马克思和恩格斯强调："物质生活的生产方式制约着整个社会生活、政治生活和精神生活的过程。"[2]这个原理不仅对于经济学而且对于一切历史科学都具有革命性的意义。这就是说，在人类社会历史上出现的一切社会关系、国家关系、法律和宗教制度以及思想理论观点等，只有当它们从与其相应时代的物质生活条件中被引申出来且从这些条件出发，才能给予完整科学地理解。"意识必须从物质生活的矛盾中，从社会生产力和生产关系之间的现存冲突中去解释。"[3]于是，他们归纳出了历史唯物主义的一条根

---

[1]《马克思恩格斯文集》第 1 卷，人民出版社，2009 年版，第 525 页。

[2]《马克思恩格斯文集》第 2 卷，人民出版社，2009 年版，第 591 页。

[3]《马克思恩格斯文集》第 2 卷，人民出版社，2009 年版，第 592 页。

本原则："不是人们的意识决定人们的存在，相反，是人们的社会存在决定人们的意识。"[1]当然，若从范畴角度来理解这里所说的社会存在对人们的意识起决定作用的话，我们就不能不看到社会存在并不仅仅是指对具体的思想、观念等起决定作用，更是指对整个社会意识包括可以列入意识形态关系领域内的一切社会现象起决定作用，因而它是作为第一性的东西而存在的。所以，社会存在作为社会意识的基础是不依赖于社会意识而存在的，同时它还决定着社会意识的内容。无论人类社会历史过程发展到何种程度、达到何种水平，即在任何社会形态下，社会存在始终是不以人们的社会意识为转移的。

尽管马克思和恩格斯看重社会存在的决定作用，强调它不依赖于人们的社会意识，但他们始终也没有因此而忽略作为第二性的社会意识在人类历史过程中所发挥的作用。在他们看来，社会意识作为人类社会生活中精神方面的概括与总结，它不仅根源于、依赖于社会存在而且是对社会存在的反映，但是这种反映绝不是被动的、消极的，也绝不是毫无选择地对人们的社会存在进行单一的、死板的、僵硬的反映，而是积极地、能动地反映着人们的社会存在并且在人们的现实生活中发挥着不可替代的重要作用。诚如马克思所说的："我的普遍意识不过是以现实共同体、社会存在物为生动形态的那个东西的理论形态。"[2]可见，有什么样的社会存在就会要求有什么样的社会意识来与之相适应，前者对后者具有决定作用，因而后者对前者具有一定的依赖性，这种依赖性表现在社会意识的产生、发展和变化的各个环节以及其所包含的内容的各方面中。由于社会存在中的物质资料生产方式是具体地、历史地存在着，随着时间的推移及人类实践活动的进步会发生这样或那样的变化，这就要求反映社会存在的社会意识也要发生相应的变化，因而社会意识也是具体地、历史地存在着和发展着。值得注意的一点是，虽然社会意识作为第二性的东西存在并随着社会存在的发展和变化而发生改变，但社会意识一经产生便成为整个人类历史过程中

---

[1]《马克思恩格斯文集》第2卷，人民出版社，2009年版，第591页。

[2]《马克思恩格斯文集》第1卷，人民出版社，2009年版，第188页。

的必要且是重要的因素，因而具有一定的相对独立性。这种相对独立性主要表现在社会意识的各个构成内容和形式彼此之间发生着相互作用和相互渗透的关系，并且彼此间存在着一定的历史传承性。同时，社会意识具有按照它自身发展的内在规律而发展的特殊能力，它在人们现实的物质生产劳动过程中发挥着不可代替的重要作用。毫无疑问，社会意识是作为一种精神要素和精神力量的形式参与到人们的劳动活动中，进而通过影响人们的生产劳动过程而影响人类社会生活的其他方面，通过这种形式不断地转变为物质力量。因此，社会意识与社会存在的发展变化以及与一定历史条件下社会经济发展的水平和状况之间具有不同步性和不平衡性。当社会存在发生一定的变化后，即是说，当产生某种社会意识的基础和条件发生根本改变后，旧的社会意识中的某些理论和政治思想不会立即发生相应改变，它们此时就会落后于当时已经前进发展了的社会存在状况了。但归根到底，这种旧的社会意识由于产生它的社会存在状况和条件改变了，它最终也将趋于消亡但其中合理的部分和内容将会以其他形式被传承下去继续存在并发挥作用。这种情况下就会出现这种现象，即当一定社会的经济水平向前发展了，它的社会意识不一定就会是世界上最先进、最科学的社会意识，因此我们说二者并不总是一一对应的关系。同样地，社会意识有时候会在某些内容和方面超越现有社会存在的具体状况，表现出对未来社会发展的某种趋势和样态的预见。当然，这种预见所发挥的作用说到底也是由于当时社会存在的发展具备了产生这种社会意识的条件和要求。但不可否认，社会意识反过来对社会存在也发挥着各种反作用，这种反作用是一种能动性的作用。这种反作用突出表现为社会意识由于其自身各方面内容发展的不平衡要么落后于社会存在从而对其起着阻碍作用；要么社会意识自身中的先进要素和内容会超前于社会存在的具体状况从而对其发展和变化起着积极的推进作用。可见，社会意识本身就已经显示出了它作为人类现实社会生活中的能动力量的一面，这也是人类主体所特有的一种主体性和能动性的体现。只有正确认识和把握社会意识的本质及作用，我们才能真正深入完整地揭示人类社会历史发展的规律。

总之，社会存在与社会意识的相互作用存在于人类历史的一切时期，而且在这种相互关系中社会存在是物质的、第一性的方面，也是根源性的、起着决定性意义的一面。而社会意识则是在社会存在的基础上所派生出来的观念的、精神的方面。同时它们之间的辩证关系的历史唯物主义意义就在于：不仅科学地揭示了人类社会现实生活中所产生的精神方面的现象以及关系都是依赖于人类社会生活中的物质方面的现象及其关系而产生的，而且还论证了整体人类社会的历史发展同人的现实生活过程即人的劳动活动之间的客观联系，进一步阐明了人们不断改变现存状态的意识及其需求都是逻辑地蕴含于人的实际生活过程之中的。这在一定意义上也就把共产主义运动、发展的客观性以及实现人的自由个性的自由而全面发展的生存需求内在地联系在了一起，论证了其存在及产生的必然性和合理性。由此可见，马克思所提出的社会存在和社会意识范畴着眼点还是强调人的发展、整个人类社会的发展，而这一点恰巧也构成了历史唯物主义的实质精神之所在。

5.2 生产力、生产关系与生产方式范畴

马克思从人的劳动活动所内蕴的人与自然的关系、人与人的关系来揭示历史自身的展开和发展过程，并在这一展开过程中将劳动范畴内蕴的这些关系科学化、抽象化为历史本身中不可或缺的根本推动力范畴即生产力范畴、生产关系范畴以及生产方式范畴，这些范畴之间的矛盾运动状态成为揭示和说明人类社会历史自身发展及其运行规律的方式和工具。鉴于此，我们说生产力、生产关系和生产方式范畴是历史唯物主义范畴体系中的三个既相互联系又相互区别的基本范畴。仔细研究一下就可以发现，在马克思主义经典著作中虽然大量出现这三个范畴，然而马克思和恩格斯却从未对它们下过非常明确的定义。这三个范畴在我国目前流行的历史唯物主义教科书中都被赋予清晰的定义，当然这对于人们更好地理解和掌握这些范畴及其所构成的社会基本矛盾运动的原理具

有很大作用，这是毋庸置疑的。但是，我们也不能忽视由于教科书中所流行的定义大多是受到了苏联斯大林的影响，因此在某种程度上或许并未完全呈现出马克思本人关于这些范畴的本真思想和原初意义。依据马克思主义经典文本、遵循马克思本人的原意对生产力、生产关系和生产方式这三个范畴进行仔细考察和分析，使历史唯物主义范畴体系更加严谨和更具有一贯性，是我们当前需要加以认真对待和解决的一项基础性但却极为重要的学术任务。接下来，我们就依据马克思本人的相关论述来对这三个范畴及其内在关联性做一番仔细考察和诠释。

5.2.1　生产力范畴

生产力是历史唯物主义的基本范畴之一。列宁曾经在如此之高的意义上肯定过生产力范畴以及生产关系范畴的重要性，他认为如果没有生产力决定生产关系，生产关系决定整个社会关系的观点，也就不会有社会科学。因此研究历史唯物主义范畴体系，就必须对生产力范畴进行深入的分析。通过研读马克思主义经典著作，我们发现马克思是在对社会物质生产领域进行考察和分析后进一步抽象出了生产力和生产关系范畴，并且进一步用这两个范畴来揭示人类社会物质生产活动领域中的基本矛盾。在马克思看来，如果我们从劳动产物这一结果出发去考察劳动过程，那么劳动者就变成了生产者，相应的劳动资料和劳动对象就变成了生产资料，而劳动活动本身就变成了生产劳动。所以，劳动与生产具有本质上的一致性，只不过二者的侧重点和强调的旨向不同而已，劳动侧重于描述从人的活动本身，尤其是注重从人的自主活动这个角度来描述人的劳动，将其称为是一种自由自觉的活动，从而从这种活动中引导出人们所追求的共产主义理想和实现人类的解放这一历史唯物主义的旨趣；而生产则侧重于从活动的结果这一角度来描述人们具体的现实的社会生产过程，尤其是当马克思转向对资本主义现实生产过程的考察时，这便成为他拓展和发展历史唯物主义理论的真正的现实基础。从这一现实基础出发，马克思真正科学地阐释了"两个必然"即资本主义必然灭亡、社会主义必然胜利的理论观点。正是从这个意义上，马克思指出人类社会的生产和劳动作为全部社会生活的基础和中心，制约并决定着社会生活的其他方面。从根本上说，人类社会纷繁复杂的问题只有以生产和劳动为线索才可以理解进而加以解决。在此基础上，马克思指出社会生产是一个复杂而多方面的系统，大致来讲，它包含着四个相互联系的方面即物质生活资料的生产与再生产、人类自身的生产、社会关系的生产以及精神或意识生产，这四种生产相互依存和补充，有机统一于人类社会整体中。其中，物质生产是从历史的发源地中出现的，人类活动的其他形式都是由此产生的，因而它是第一性的、是最基本的；人类自身的生产作为社会主体"人"的一种主动生产构成了一定社会存在和发展的前提；其他生产如社会关系和精神的生产都是一定社会存在和发展的条件。社会生产范畴引导人们对社会生活进行总体考察，这种考察使人们能够把人类的历史理解为人们的活动尤其是劳动人民的活动的结果，由此便引出了两个不同的范畴即劳动力和生产力。劳动力就是人进行劳动的能力，它存在于个人的身体之中。生产力则不同，它是人们"以往活动的产物"，其现实形态存在于社会整体结构之中，其深层内涵的唯物主义意蕴就在于生产力来自处在人类社会历史发展一定时期的人们的实际生产过程即劳动过程，是作为这种过程的结果出现的。[1]下面我们就来具体分析一下

---

[1] 生产力范畴原本是古典政治经济学家首先在经济学中使用的一个范畴，马克思在对古典政治经济学家关于生产力范畴的认识进行了批判性的继承与扬弃的基础之上，把对生产力范畴的认识提升到了历史唯物主义的高度，赋予了生产力范畴以新的内涵并使之成为历史唯物主义理论中的一个基本范畴。我们在这里所强调和使用的生产力范畴的重点其实是不同于在经济学中所使用的生产力范畴的内涵和重点的。在后者中谈论和强调生产力更多的时候是把它与人们的劳动生产率紧密结合在一起，用它来科学地说明现实的人们的劳动过程效率的高低，强调用生产力的提高来表征人们现实的劳动生产率的相应提高以及人们通过这一生产力提高而创造出了更多数量的物质财富。而在我们这里所讲的历史唯物主义视域下的生产力范畴，其着眼点是更加注重用生产力范畴来表征人通过劳动活动使其自身本质力量得以发挥和发展，进而揭示这种本质力量的发展与人自身的发展、社会的进步与发展之间的内在关联，并且进一步通过生产力与生产关系之间的矛盾运动规律来阐释人类社会发展的根本动力和客观规律。

生产力范畴。

第一，生产力范畴的内涵。马克思的生产力范畴有着十分丰富的内容。那么作为历史唯物主义基本范畴之一的生产力范畴的内涵又是什么呢？该如何对其进行界定呢？关于这个问题，我们可以从马克思的相关著作中找寻答案。前面我们提道，现实的人为了获得生存和继续发展，必须同周围的自然界发生相互关系，即人通过劳动活动来改变自然界，从而使其提供出适合人生存和发展需要的物质资料及其产品。正是在这种物质生产劳动中形成了人们的生产力。针对这一点，马克思在历史唯物主义理论体系形成的初期阶段，就对生产力范畴做了一个较为简明清晰的定义。他指出，生产力作为人们全部历史的现实基础，是一种既得的力量，是在人们的共同活动中产生的，因而也是人们以往活动的产物。在这里马克思明确指明了生产力的客观性，它不是超历史的预成的实体而是人们的实践能力的产物和结果。马克思进一步指出："生产力当然始终是有用的、具体的劳动的生产力，它事实上只决定有目的的生产活动在一定时间内的效率。"[1] "有用的具体的劳动的生产力"表明生产力是创造使用价值的具体劳动的结果。正是在这个意义上，我们将生产力定义为是在人们与自然界之间进行物质变换过程中所形成的物质力量。作为这种客观物质力量的生产力构成了人类社会发展的最终决定力量，在某种程度上可以说，生产力的历史就是"个人本身力量发展的历史"，因此生产力也是人们在生产活动和交往活动中所形成的一种社会力量。归根结底，生产力其实就是人的自主活动，是人的本质力量，是人的劳动行为。

第二，生产力范畴的构成要素。马克思说过："我们把劳动力或劳动能力，理解为人的身体即活的人体中存在的、每当人生产某种使用价值时就运用的体力和智力的总和。"[2] 显然，马克思在这里强调的是人们的劳动力或劳动能力，但我们不能因此就忽略掉所谓生产力正是通过人们的劳动能力所展现出来的。

---

[1]《马克思恩格斯文集》第 5 卷，人民出版社，2009 年版，第 59 页。

[2]《马克思恩格斯文集》第 5 卷，人民出版社，2009 年版，第 195 页。

经过研究，我们可以发现尽管劳动与生产、劳动力与生产力是两个内涵有着些微区别的范畴，但在马克思的著作中，他经常是交替使用这些范畴的。因此将马克思有关生产力的大量论述结合起来对其进行理解，我们认为生产力是通过劳动者将其体力和智力付诸劳动过程中，并在这个过程中使用劳动资料尤其是生产工具作用于劳动对象进而得以发挥和表现出来的人的本质力量。这样说来，生产力也是劳动者使用劳动资料作用于劳动对象的能力。其中，劳动者也就是人构成了生产力要素中的核心要素，也是主体要素因而占据着主导地位。因为人的劳动活动形成了生产力，生产力是人的本质力量的一种展现，所以归根到底，人才是生产力所有要素中最主要的也是最活跃的一个要素。这表现为：人不仅能够掌握和运用作为生产力物的要素而存在的生产资料，而且还能积极主动地去创造、修改完善生产过程的实施方案和计划步骤，并且使生产力始终朝着有利于人的自由而全面发展的方向而不断发展。同时，马克思把劳动资料即生产资料看作是人的劳动能力和生产力发展的具体表现。生产资料的技术水平及工艺水平成为人类生产力之技术性发展的测量器，同时，生产资料中的生产工具也成为划分人类社会经济时代的重要标准。此外，恩格斯最早看到了生产力与科学之间的关系，认为应用科学能够推动生产力的发展，他指出："人类所支配的生产力是无穷无尽的。应用资本、劳动，和科学就可以使土地的收获量无限提高。"[1]正是在这个意义上，我们现在尤为强调作为第一生产力形态而存在的科学技术。科技作为生产力的一个重要构成要素，它渗透到劳动者中能够提高劳动者的专业劳动技能和技艺，能够帮助劳动者掌握更多有利的劳动知识和经验；它渗透到劳动资料尤其是劳动工具中，能够使人们改进并创造出更多更先进的生产工具，利用这些先进的生产工具，人们就能够涉足更多的领域，发现更多的劳动对象，从而使劳动对象的空间不断扩展和延伸。因此，科技在现代社会中成为推动生产力获得质的发展的一个最强有力的杠杆。

第三，生产力范畴的本质特征。其一，生产力是标志人类征服和改造自然

---

[1]《马克思恩格斯全集》第1卷，人民出版社，1956年版，第616页。

的实际程度及能力的范畴，它必须通过人们的生产劳动活动表现出来。因而标志着人的本质力量和人对自然的能动关系，具有属人的性质。其二，生产力是人们在自觉目的下从事物质生产活动中所形成的、解决人的需要与自然之间矛盾的能力。在确认生产力的物质性的同时，马克思也指出了在生产劳动的历史发展中逐渐出现了体力劳动与脑力劳动的分工，随着这种分工逐渐被固定下来就产生了体力劳动者和脑力劳动者。可以说，生产力既是一种物质生产力，又是一种精神生产力，是二者的辩证统一。相对直接现实的物质生产力而言，精神生产力起初是一般的生产力，它属于知识形态因而是抽象的，是通过物化为生产工具而成为现实的生产力进而转化为具有物质创造力的现实力量。其三，在《资本论》第一卷第四篇中马克思指出："在工场手工业中，总体工人从而资本在社会生产力上的富有，是以工人在个人生产力上的贫乏为条件的。"[1]这里明确提出了个人生产力和社会生产力的范畴，并用它们来说明生产力的社会性。在马克思看来，生产活动在任何时候都是社会性的活动。社会生产力是个人生产力通过一定的社会结合方式包括分工与协作等而产生的社会力量，是一种扩大了的和发展了的个人生产力。可以说，社会生产力的形成离不开个人生产力的发展和作用，但它又不是也不能直接等同于若干个人生产力的简单、机械地相加的结果。其四，人的需要的对象存在于自然界中，自然界不会自动满足人的所有需要，这就决定了人与自然界之间的关系是一种矛盾的关系，这种矛盾是人类社会的永恒矛盾。为了解决这个矛盾，人们必须进行物质生产，而这既是一个通过人的本质力量对象化而实现的自然的人化过程又是自然力及自然规律被同化为人的体力和智力的过程，这种双向运动的过程形成了现实的生产力。我们可以这样理解，正是人的需要与自然之间的矛盾不断解决又不断产生并作为一种客观的、强制性的力量，推动着生产力的发展变化。在这里特别要强调的一点是，人的需要与自然之间的这种矛盾只是使生产力不断发展变化具有了可能性，而这种可能性要转变为现实离不开生产者与生产工具之间的

[1]《马克思恩格斯文集》第 5 卷，人民出版社，2009 年版，第 418 页。

矛盾，可以说，这一矛盾构成了生产力不断发展变化的直接动力。因为随着生产工具的改进、发展和创新，一旦这种改进和创新了的生产工具可以且能够被劳动者应用到现实的劳动活动中时，就表明已经产生和造就了可以使用这种先进生产工具、具备先进劳动知识和技能的新型劳动者。这种新型劳动者会随之产生出某些新的需要，而这种新的需要的进一步满足就从一定角度说明了劳动者创造出了更加进步和发展的生产力，在此基础上，人们的新的需要又会要求更加进步和先进的新的生产工具的出现，进而要求能够掌握和运用这种新的生产工具的新的生产者出现。新的生产者在运用新的生产工具的过程中会不断创造出满足人们现有需要的产品，但在此基础上，新的需要的满足以及新的生产工具的出现又会促使人们再产生新的需要，从此循环往复地发展。正是由于不断解决人的需要与自然之间的矛盾，从而直接推动着生产力的不断发展。因而从实质上讲，生产力指的就是人们在解决人的需要与周围自然界中的需要对象的矛盾状态时究竟具有多大能力，或者说人们究竟能够在多大程度上解决这种矛盾状态。所以，生产力是内蕴于人的需要向劳动转化这个过程中的。正是在这个过程中，形成了人的生产力。

5.2.2 生产关系范畴

马克思不是对社会生产做出一般的考察，而是在历史唯物主义的层面和深层意蕴上对社会生产范畴进行了考察，既看到了它所反映的是人掌握其周围自然界的过程并在这个过程中获取自身所需要的生存资料和生活资料，又看到了它所反映的是人们在获取生存资料和生活资料的过程中还形成、生产并发展着一定的社会关系。也就是说，人们通过生产劳动活动一方面创造了属于自己的社会物质生活及其条件，另一方面又生产和创造着属于他们自己的特有关系。这些关系是必然的、不以人们的意识和意志为转移的社会存在条件。马克思对这一点的认识也是经历了一个孕育、形成和发展的过程。在《1844年经济学哲学手稿》中，生产还是一个十分笼统的概念，马克思还没将生产的两方面区别开来。而在《德意志意识形态》中，马克思和恩格斯则对生产进行了明确的规定，指出生产"表现为双重关系：一方面是自然关系，另一方面是社会关系"，也就是我们现在所理解的生产力和生产关系范畴的雏形。不过当时马克思对生产关系的表述还不是很精确，他常以"交往""交往方式""交往关系""市民社会"等范畴来表达。在 1846 年 12 月所写的《致安年柯夫的信》中，马克思已经意识到了生产关系是："人们借以进行生产、消费和交换的经济形式。"[1]在随后 1847 年所著的《哲学的贫困》中，马克思通过批判蒲鲁东和资产阶级政治经济学第一次从内容和形式两方面对生产关系范畴的内涵做出了科学阐述。从内容上来讲，马克思认为在物质生产和再生产过程中不断形成的人们与生产资料的关系就是所有制关系。而这种关系又是占有的一定社会形式并体现在生产、分配、交换和消费等生产和再生产所必经的四个环节的有机统一中。这就使"每一个社会中的生产关系都形成一个统一的整体"。接着马克思在 1857 年写的《〈政治经济学批判〉导言》中进一步对生产关系范畴的外延进行了分析，不仅分析了生产、分配、交换和消费之间的相互关系，而且明确指出这四个环节是在生产的基础上进行的彼此之间发生相互作用的有机整体，"它们构成一个总体的各个环节，一个统一体内部的差别。"[2]随后，马克思在 1859 年所写的《〈政治经济学批判〉序言》中从社会结构的角度尤其是从社会经济结构的角度阐述了生产关系范畴。在这篇著作中，马克思认为是一定社会的生产关系的总和构成了处于一定历史发展阶段的社会的经济结构的基础性内容。之后在《资本论》这一鸿篇巨著中，马克思对他所形成的生产关系范畴进行了现实的考察和说明，紧紧抓住资本主义社会现实的生产过程，把这一现实过程作为研究的线索并时刻围绕着这一线索展开研究，对此，他详细探究了资本主义特殊的生产方式，并从生产方式这一角度认清了资本主义社会生产关系总体系的内部运动，从而更加深刻地认识了生产力与生产关系的辩证关系。在这里，我

---

[1]《马克思恩格斯选集》第 4 卷，人民出版社，1995 年版，第 533 页。

[2]《马克思恩格斯选集》第 2 卷，人民出版社，1995 年版，第 17 页。

们要对生产关系范畴做历史唯物主义的深入探讨，研究其构成与各种表现形态，特别注意研究其发展的质的特殊性和客观规律以及它与生产力之间的辩证关系。只有这样，我们才能真正理解人类社会经济生活的基本特性并对其进一步做历史唯物主义的分析。

第一，生产关系范畴的内涵。按照列宁主义的观点，作为马克思整个思想体系之"基本思想"的恰恰就是其关于生产关系这一范畴的思想。马克思的历史唯物主义真正达到了从生产关系这个不以人们的意志为转移的物质关系的高度去认识人类社会的现象及其矛盾。而且从前面第二章我们分析马克思创立历史唯物主义的思维逻辑进程中也可以得出生产关系范畴的形成是历史唯物主义确立的基本标志之一。一般而言，生产关系有狭义和广义之分。就生产关系的狭义内涵来说即从它最一般最抽象的形式来看，生产关系就是人与人在生产过程中所形成的社会关系，包括生产资料的所有制关系，人们在劳动生产过程中的现实地位及其彼此间所发生的相互关系，以及作为劳动结果之产品的具体分配形式三方面的内容。不论是生产资料还是劳动产品，它们都是劳动者的劳动对象化的结果，是劳动者把自身的本质力量物化到劳动结果中去的客观产物。因此，它们作为一种物化劳动的形态体现了人与劳动的关系，所以在这个意义上可以说，生产关系其实就是在人与劳动的关系中所进一步形成的人与人之间的经济关系。从广义角度来说，生产关系是作为一个整体而言的，它是在生产、交换、分配和消费等环节所构成的全部生产过程中体现出来的人们之间以及人与物间的相互关系，换言之，广义的生产关系包括人与自然之间的关系和人们之间的社会关系。认识到生产关系是一个整体，就能够更好地理解人们在生产过程之中以及在生活过程中的必然联系和一致性。

需要强调的一点是，对作为总体而言的生产关系来讲，其中起决定作用的是生产条件的所有制形式，这里所说的生产条件包括两方面，分别是生产资料和劳动力。我们往往强调最多的是生产资料的所有制，而对劳动力所有制强调和说明得不够。不论是生产资料所有制还是劳动力所有制，此二者都是人们在现实的生产过程中彼此之间实现相互关系的前提和基础。其中，生产资料所有制是人们通过对生产过程中物（主要就是生产资料）的关系而发生的人和人之间的相互关系。它在劳动者同生产资料相结合的具体社会方式中得到巩固和实现，从而决定了一定社会历史时期整个生产关系体系包括分配、交换关系和消费关系的性质和历史特征。具体来说，生产资料所有制的形式不仅表现为生产资料的归属方面即归谁所有的问题，也表现为对生产资料的占有方面即实际归谁支配的问题，二者相互区别又相互联系。其中，人们对生产资料的所有关系是人们对生产资料的占有关系的前提，人们只有在生产资料所有者的同意之下才能真正实现对生产资料的实际支配；同样人们对生产资料的占有关系是其对生产资料的所有关系的保证，只有把这两种关系都搞清楚了，而且真正弄明白了二者之间的关系并把它们结合起来加以理解，才能形成对生产资料所有制及其现实关系的实质性认识和把握。与此同时，尽管马克思在其著作中并未明确和直接提出劳动力所有制范畴，但是这一思想却是不可忽视的。马克思在《资本论》中明确对资本主义社会生产关系进行了具体的、现实的分析，详细说明了资本主义社会中劳动力是如何转化为商品的。在马克思看来，劳动力始终是以劳动者的活的生命机体为物质载体的，当劳动者把自己的劳动力看作是自己的一种私有财产，从而把它当作是自己的一种商品时，那么在资本主义社会中就会出现这样一种现象：当劳动力成为商品时，劳动者在一定条件和状况下就会出卖、转让支配和使用他自己劳动力的权利。这就是说，在资本主义社会中，劳动者不得不放弃对自己劳动力的支配权和所有权。而在社会主义社会中则不同，马克思当时明确提出在未来的社会中，生产条件即生产资料和劳动力都将是归社会所有。正如马克思所说，在未来的"自由人联合体"社会中，"（人们不但）用公共的生产资料进行劳动，并且自觉地把他们许多个人劳动力当作一个社会劳动力来使用。"[1]这就明确说明，在"自由人联合体"中，由于生产力高度发展，旧式自发分工已经被消灭，人的劳动成为真正的自主活动，因此人们能够实现"联合起来的个人对全部生产力的占有"。也只有在这种情况

---

[1]《马克思恩格斯全集》第 23 卷，人民出版社，1972 年版，第 95 页。

下，社会才能真正实现把许多个人的劳动力当作一个社会的劳动力来使用，这时就能真正实现劳动力公有制，这种情况在资本主义社会是不会出现的。当然，生产资料所有制和劳动力所有制二者也是相互依存、相互补充，共同决定着一定社会生产关系的性质，它们既是生产关系建立的前提和基础，又是生产关系运动的客观结果。

第二，生产关系的历史类型。在马克思看来，生产关系不是一成不变的，而是不断发展变化的。"不论生产的社会的形式如何，劳动者和生产资料始终是生产的因素。但是，二者在彼此分离的情况下只在可能性上是生产因素。凡要进行生产，它们就必须结合起来。实行这种结合的特殊方式和方法，使社会结构区分为各个不同的经济时期。"[1] 在马克思看来，劳动者与生产资料的特殊结合方式和方法即生产资料所有制的性质成为区分社会经济结构或经济形态的根本标志。生产资料所有制有两种不同关系即所有关系与占有关系，那么所有者和占有者可能是同一个主体，当然也不排除它们分别属于不同的主体这种状况，这样说来，劳动者与生产资料实行结合就会出现这样一些情况，劳动者在劳动过程中所使用的生产资料要么是属于他自己的生产资料要么就是属于另外的别人。当劳动者使用属于自己的生产资料时，此时他实现的是将直接生产者即生产资料的占有者与生产资料的所有者二者合为一体的状况；当劳动者使用的是外在于他自身的别人的生产资料时，劳动者作为生产资料的占有者必须同生产资料的所有者在现实劳动中发生关系即他们彼此要结成一定的关系才能真正实现生产劳动。我们可以这样理解：不论是哪种情况，它所体现的都是人与人之间的一系列社会关系和生产关系。从这种意义上，可以认为马克思是以劳动者同生产资料所有者的结合方式为依据来划分生产关系的，其所划分的生产关系的历史类型是与人类社会进步发展的主要历史阶段、与社会经济形态的发展历史阶段相适应的。首先，马克思在论述最初的所有制形态时指出："一般说来，人（不论是孤立的还是社会的）在作为劳动者出现以前，总是作为所

---

[1]《马克思恩格斯文集》第6卷，人民出版社，2009年版，第44页。

有者出现，即使所有物只是他从周围的自然界中获得的东西（或者他作为家庭、氏族或公社的成员，部分地从周围的自然界中获得，部分地从公共的、已经生产出来的生产资料中获得）。"[1] 从这里可以看出，第一种类型的生产关系特征是直接生产者与生产资料的所有者是同一个主体，劳动者和生产资料所有者的结合方式表现为集二者于一身。就其具体形式而言主要包括部落所有制、奴隶制所有制和农奴制所有制。第二种生产关系的历史类型便是资本主义生产关系，其特征明显异于第一种历史类型的生产关系，表现为直接生产者同生产资料即生产的客观条件相分离，也就是说，劳动者与生产资料的所有者是不同的主体。劳动者同生产资料的结合方式是劳动者即工人把自己的劳动力作为一种商品暂时出售给资本家以供资本家来剥削，并且一旦将其劳动力售卖给资本家，他就要在资本家的严厉监督下进行劳动，这种特殊的劳动力商品使劳动者能够创造出大于其自身使用价值的剩余价值，而这部分剩余价值是隶属于资本家的。这种情况构成了资本主义生产关系的特有现象，这里需要指出，马克思以丰富的资料和严谨的逻辑，详尽地考察了资本主义生产关系形成和发展的过程，并对资本主义生产关系的实质进行了阐释，从而论述了资本主义社会经济运动的规律，揭示了它自身不可克服的内在矛盾，得出了资本主义必然灭亡、社会主义必然胜利的科学结论。因此，马克思认为资本主义生产关系是一种历史性的生产关系，它的存在只是暂时的，在随着生产力发展的过程中，终究会被新型的、进步的、先进的共产主义生产关系所代替。关于共产主义生产关系的具体特征，马克思并未做非常详细的关于细节的描述和说明，只是从大体的发展趋势和关于生产资料和劳动力所有制的角度进行了一般描述。按照马克思的观点，共产主义生产关系是在高度发达的生产力基础上重新实现的劳动者与生产资料的所有者二者的真正同一，因而它是历史上最进步的生产关系，是对资本主义生产关系的本质性否定。这里需要指出，生产关系的不断更替即一种生产关系不断被另一种新的生产关系所代替的历史过程，实质上就是根源于处

---

[1]《马克思恩格斯全集》第 26 卷第 3 册，人民出版社，1974 年版，第 416 页。

在一定社会发展阶段的现实的个人自身不断追求更高的适合自己自主活动的条件的行为和活动。

第三，生产关系发展的客观规律性。生产关系不是形成于人们的劳动之外的超历史的存在物，它决不能脱离人类劳动尤其是人们的物质生产活动，但也绝不能无条件地将生产关系等同于人们的生产活动。历史唯物主义揭示了社会生活的真正基础，阐明了生产关系的现实根源在于人类生命活动的特殊方式即人类劳动。人们的劳动即生产过程本身是生产关系的普遍源泉，也就是说，人们在生产物质产品的同时也生产着自身的生产关系。换言之，人们的物质生产和人们自身生产关系的生产是同一个过程，生产关系不过是人们的物质生产活动所借以实现的形式。这里需要指出的一点是，对生产关系而言，人们既不能自由进行选择也不能任凭主观随意改变。这就是说，作为人们在生产过程中所形成的一种社会关系，生产关系本身具有一定的客观性和物质性。只有掌握了生产关系的这种客观物质性质，才能看到社会历史发展的重复性和常规性，才能真正理解作为自然历史过程的人类社会发展。

从根本上来讲，生产关系的发展变化是由生产力所决定的，如同马克思所说："社会关系和生产力密切相连。随着新生产力的获得，人们改变自己的生产方式，随着生产方式即谋生的方式的改变，人们也就会改变自己的一切社会关系。"[1] "人们生产力的一切变化必然引起他们的生产关系的变化。"[2] 从这些论述中，我们可以清晰地看到："（马克思）向我们展示出了物质生产的内在机制，即生产力—生产方式—生产关系；并且明白无误地向我们说明了社会关系的全部秘密，即生产力（人和自然界的关系）—生产关系—社会关系。"[3] 马克思本人也正是在说明生产力与生产关系的辩证关系过程中分析了生产关系自身发展变化的客观规律性。一般来说，生产力和生产关系共同构成

---

[1]《马克思恩格斯文集》第1卷，人民出版社，2009年版，第602页。

[2]《马克思恩格斯文集》第1卷，人民出版社，2009年版，第613页。

[3] 杨耕：《危机中的重建：唯物主义历史观的现代阐释》，武汉大学出版社，2011年版，第60页。

了现实的、历史的社会生产，它们是内容和形式的关系。一方面，生产力是生产关系发展的内容，亦即生产关系对于生产力的发展水平和性质有一定的依存性，换言之，生产力决定生产关系的性质和发展变化；另一方面，生产关系是生产力发展的形式，即生产力离不开生产关系。生产资料和劳动者作为生产力的要素要想成为现实的生产力，必须实行结合，而这种结合的形式始终离不开生产关系。生产关系相对生产力而言在变化中较为稳定，但这里也只是说生产关系是相对稳定，而不是说它是一成不变的。虽然"生产关系是直接从生产本身中生长出来的，但是这种生产关系一旦形成便又会对生产发生决定性的反作用"[1]。它对生产力的反作用是双重性质的，这表现为当生产关系能够为生产力的各种构成要素提供更好的形式，从而为生产力的发展提供更加广阔的发展空间时，它就能够调动劳动者的积极性，从而对生产力的发展起积极的促进作用。反之，当生产关系不能很好地把生产力中人的要素和物的要素结合在一起的时候，就不能为生产力的发展提供适合的空间，同时就会对生产力的发展起阻碍作用。

那么我们应当如何来判断生产关系究竟是否适合生产力状况及其发展要求，进一步来说，我们应当如何来解决生产关系与生产力之间的适合及不适合之间的矛盾冲突呢，就必须而且只有依据人的自主活动这个标准来进行判断，即是否对现实的人的生存发展有意义。也就是说，判断生产关系的反作用及其性质上的先进与落后，必须看生产关系是不是适合人的自主活动的条件，是不是适合人的个性的发展，能否激发劳动者即人的积极性。正如马克思在《德意志意识形态》里所说的："这些不同的条件，起初是自主活动的条件，后来却变成了自主活动的桎梏。"[2]这里所说的不同条件其实就是生产关系，这表明，在生产力与生产关系未发生矛盾之前，生产关系是作为人们自主活动的条件而存在的，当矛盾一旦发生并达到一定程度时，生产关系便会被"适应于进

---

[1]《马克思恩格斯文集》第7卷，人民出版社，2009年版，第894页。

[2]《马克思恩格斯文集》第1卷，人民出版社，2009年版，第575页。

步的个人自主活动方式的新的交往形式所代替"[1]，从而形成生产关系发展的序列。从这里可以看出，生产关系发展的历史其实也就是生产力发展的历史，进一步讲就是人自身本质力量发展的历史。所以，现实的个人才是生产关系的真正主体。现实的人的自主活动即劳动才是产生生产关系的根本。质言之，生产力和生产关系归根结底都是现实的人的本质力量的反射和升华。人的本质力量通过劳动活动而物化为现实的生产力和生产关系，当它们一旦形成之后其存在和发展便会具有不以创造它们的现实的人的目的和意志为转移的客观性。这反过来又要求现实的人在通过劳动活动而发挥其本质力量时又必然会以现有的、既定的生产力和生产关系状况为前提条件，只有这样，才能真正实现社会进步和发展。

因此，深刻理解生产关系范畴、判断生产关系是否适合生产力状况不但离不开生产力这个标准而且还必须从生产力对它的决定作用这一前提中获得答案，否则只能陷入主观空想主义。当然，结合马克思的相关论述，我们不难发现：要进一步认识和具体说明生产力和生产关系之间的辩证关系，还要借助于对社会分工这一中介的分析考察才能实现。在马克思看来，社会分工既是生产力发展的直接表现和结果又是形成和制约生产关系的现实基础，也就是说，它既产生生产力也产生社会关系因而具有二重性。社会分工作为人类劳动的具体组织形式，一方面它揭示了生产力的社会属性，另一方面它对生产力范畴与生产关系范畴的内容做了严格的区分并在二者的结合中起了重要作用。

此外，在这里我们需要对这样一个问题做出一些说明，那就是：生产力范畴与生产关系范畴是马克思对客观经济现象所做的科学的抽象的结果，马克思将二者区分得这样清楚以至于不容许在概念上有任何的混淆。但这并不意味着二者毫无联系，可以绝对分离。生产力与生产关系从人类进行生产的时候起就在生产过程中交织在一起既对立又统一，从而相互作用、不可分割并结合起来永存于一定社会经济形态的同一个事物中，作为社会发展的动力而存在并构成

---

[1]《马克思恩格斯文集》第1卷，人民出版社，2009年版，第576页。

了生产关系一定要适合生产力状况的规律。这一规律从根本上决定着整个人类社会发展的前进方向和进程，具体表现为："随着新生产力的获得，人们改变自己的生产方式，随着生产方式即谋生的方式的改变，人们也就会改变自己的一切社会关系。手推磨产生的是封建主的社会，蒸汽磨产生的是工业资本家的社会。"[1]这就说明，随着新生产力的获得，人们改变自己的生产关系进而改变一切社会关系包括政治法律关系、道德关系和思想关系等即整个上层建筑。尤其是在阶级社会中，生产关系一定要适合生产力状况的规律运动表现为特殊的阶级斗争，即是说，当生产关系严重不适合生产力状况及其发展要求时，在阶级社会中就会通过阶级斗争和社会革命来不可避免地将其矛盾进行解决，从而使二者在新的社会形态中，重新相互适应。"生产力和交往形式之间的这种矛盾——每一次都不免要爆发为革命，同时也采取各种附带形式，表现为冲突的总和，各个不同阶级之间的冲突，意识的矛盾，思想斗争，政治斗争，等等。"[2]这样马克思就找到了社会"原始的方程式"，从根本上抓住了人类社会基本矛盾的运动，揭示了社会发展的一般规律，从而使人类社会在整体上呈现出有机体的生命活动状态。

5.2.3　生产力与生产关系综合为生产方式范畴

生产方式范畴也是马克思在其著作中大量使用的一个基本范畴，马克思通常是针对不同的问题在多种场合来使用生产方式这一范畴的，因此赋予了生产方式范畴以多种不同的含义。结合马克思涉及生产方式范畴的相关论述，可以认为马克思通常是结合生产力范畴与生产关系范畴来说明生产方式范畴的。

一般来讲，在我国目前流行的历史唯物主义教科书中就把生产方式定义为生产力与生产关系的统一体。这样看来，这一定义在马克思那里是能找得到一

---

[1]《马克思恩格斯文集》第 1 卷，人民出版社，2009 年版，第 602 页。

[2]《马克思恩格斯文集》第 1 卷，人民出版社，2009 年版，第 567 页。

定科学根据的。生产方式既不等同于生产力范畴也不等同于生产关系范畴，它以生产力及其发展的一定阶段作为自己的基础，同时又规定着与它相适应的生产关系，成为二者的统一体。具体来说，马克思在考察现实的生产过程时详细分析了生产方式这一范畴，得出生产方式作为标志实际生产过程的范畴，既包括实际生产过程中人与自然之间发生的关系，同时也包括生产过程中人与人之间的社会关系。当然，这是两种不同的关系，但二者的地位和作用并不相同。其中，人与自然之间发生的关系所表现出的结果就是生产力，人与人之间的社会关系所表现出的结果就是生产关系。生产力是生产方式的基础，生产力只有通过现实的生产过程、通过一定的生产方式才能发挥和体现出来，亦即一定社会的生产方式是该社会中具体生产力的实现和体现，有什么样的生产力就会要求有什么样的生产方式，二者在本质上具有内在一致性。同时，生产关系要与生产力状况相适应，在这里，马克思又指出生产关系是与一定的生产方式相适应的，可见，生产方式范畴既包括了生产力又包括了生产关系，是这二者辩证运动的发展结果，作为这一辩证运动结果的生产方式就成为一种相互之间不同的、特定的，因而是处于人类社会发展的某一阶段的生产方式。这些不同的生产方式间依次更替从而构成了整个人类社会物质生产发展的历史。可以说生产方式发展的逻辑和社会发展的逻辑之间有着历史的统一。如何区分不同的生产方式呢？各种生产方式的不同首先就是看生产方式的技术条件即劳动者所使用的是什么样的劳动资料。正如马克思所言："各种经济时代的区别，不在于生产什么，而在于怎样生产，用什么劳动资料生产。"[1]同时还要看生产方式的社会条件即劳动者在生产过程中是采用什么样的劳动组织形式来进行生产的。总之，在考察生产方式范畴时要时刻注意其技术条件与社会条件的不同。

此外，我们要对生产方式范畴的内涵进行更加全面、更加科学的把握与理解，还需要注意劳动方式与生产方式之间的关系。劳动方式主要指的是，人们在生产过程中对生产力技术利用的方式以及由生产力的技术特征所决定的分工、

---

[1]《马克思恩格斯文集》第5卷，人民出版社，2009年版，第210页。

协作等劳动结合形式，因而是生产力的现实形态，不包括生产关系。而生产方式是包括生产关系在内的，甚至有时候就是指生产关系。同时，从这里也可以看出生产方式范畴的内涵是包括劳动方式在内的。可见，马克思始终是在生产力与生产关系相统一的范围内来论述生产方式这一范畴的。他把生产方式范畴理解为人们生产物质资料的活动方式，既包括生产力的技术利用形式或劳动结合方式也就是劳动方式，又包括生产力利用的社会结合方式即生产关系。只不过有时候他是侧重于在某一侧面的意义上来论述，有时则是在生产力、劳动方式与生产关系相统一的意义上来论述。这样的分析启发我们应该对这个问题进行更加深入的探讨，具体而言，生产方式作为生产力与生产关系的统一体，是以劳动方式为媒介的。一种新的生产力，只有找到与其相适应的劳动方式，才能更好地巩固与其相适应的生产关系，才能最终奠定与其相适应的整个生产方式。马克思在考察资本主义生产力的现实形态时充分说明了这一点。社会生产方式的发展是从生产力的发展开始的，而生产力的发展既要靠生产力自身技术的进步又要靠劳动方式的变革，以及由此制约的生产关系的变革。针对资本主义生产方式在初期的发展过程，马克思就指出，一定要对劳动过程中的技术条件和社会条件实行变革，在此基础上还要对整个生产方式进行变革，从而提高劳动生产力的发展水平。可见，劳动方式的变革对新生产方式的建立是至关重要的。

最后，马克思还强调了生产方式在人类社会历史发展中的重要作用，指出生产方式是社会存在和发展的基础，"物质生活的生产方式制约着整个社会生活、政治生活和精神生活的过程。"[1]社会物质生产方式一方面同人的有意识的活动相联系即同主体人的对象性活动密不可分；另一方面它本身又是作为一种物质活动以及在物质活动中所结成的物质的经济的关系，有着自身固有的发展规律，因此用物质生产方式分析社会发展的动力和规律，就成为："探索那些在整个历史中以及个别时期和个别国家的历史中起支配作用的规律的唯一途

---

[1]《马克思恩格斯文集》第 2 卷，人民出版社，2009 年版，第 591 页。

径。"[1]诚如恩格斯所说："一切社会变迁和政治变革的终极原因，不应当到人们的头脑中，到人们对永恒的真理和正义的日益增进的认识中去寻找，而应当到生产方式和交换方式的变更中去寻找。"[2]因此，无论是人们所处的地理环境以及在社会中起作用的人口因素，还是社会中一切制度、政治思想以及文化等的变迁都应该到现实的人的有目的有意识的劳动活动中去寻找，都应该把眼光聚焦到生产力和生产关系层面及生产方式中去寻找。

5.3 经济基础、上层建筑与社会结构范畴

我们知道，历史唯物主义研究"经济基础""上层建筑"及社会结构等范畴的经典依据，就是马克思在1859年所写作的《〈政治经济学批判〉序言》中对社会历史理论所做的经典概述。[3]我们认为"经济基础""上层建筑"等范畴就是从这一马克思主义的基本结论中提出来的。要弄清"经济基础"和"上层建筑"与社会结构之间的关系，首先要弄清这三个范畴各自的内涵。

5.3.1 "经济基础"范畴

尽管在马克思的著作中只是提到了"基础"这一与"上层建筑"相对应的范畴来描述社会结构及其一定社会的形态，但是考虑到我们传统教科书的理解以及学界的共识，我们在这里也用"经济基础"范畴来表述并对其进行诠释。"经济基础"范畴在历史唯物主义的范畴体系中有着属于自己的特殊位置，它既是

---

[1]《马克思恩格斯文集》第4卷，人民出版社，2009年版，第304页。

[2]《马克思恩格斯选集》第3卷，人民出版社，1995年版，第741页。

[3]《马克思恩格斯文集》第2卷，人民出版社，2009年版，第591页。

一个十分重要且不可替代的范畴，又是一个在学界引起诸多争论的热点范畴。对于经济基础这一范畴，自二十世纪五十年代以来学界主要是围绕其构成这一问题而展开争论的。在我国目前流行的历史唯物主义教科书中，存在着两种代表性的观点。一种观点认为"所谓经济基础，是指一个社会占统治地位的生产关系各方面的总和"[1]。另一种观点是："所谓社会的经济基础是指同生产力的一定发展阶段相适应的生产关系的总和。"同时该观点又指出，"占统治地位的生产关系又决定了经济基础的性质。"[2]这两种观点的分歧在于，前者认为只有占统治地位的生产关系才构成该社会的经济基础，而后者认为一个社会内的各种生产关系的总和构成该社会的经济基础，而不仅仅是占统治地位的生产关系。当然，两种观点也有共同之处，这就是二者都认同经济基础不包括生产力，同时决定一个社会经济基础性质的是该社会中占据统治地位的那个生产关系。诚然，马克思确实说过："这些生产关系的总和构成社会的经济结构，即有法律的和政治的上层建筑竖立其上并有一定的社会意识形式与之相适应的现实基础。"[3]然而，他并未详细指明"这些生产关系的总和"到底是什么内涵。我们究竟应该如何理解构成经济基础的"这些生产关系的总和"呢？接下来让我们结合马克思的相关论述来看一看他是如何理解经济基础这一范畴的。

如前文所述，人们是在现实的生产过程中不仅生产着自己所需要的物质生活资料而且还生产着他们自身之间的关系。马克思正是通过对人们现实的生产过程的探究，最终把在这些现实生产过程中人们所发生的生产关系的总和所构成的社会经济结构理解为是人类社会历史存在和发展的现实基础，同时也发现了与这一现实基础相辅相成的上层建筑。两者的对立与统一共同决定了人类社会历史的发展不是单纯的"思维过程"，而只能是"现实的生产过程"的结果。

---

[1]赵家祥，李清昆，李士坤：《历史唯物主义原理》，北京大学出版社，1992年版，第186—191页。

[2]肖前，李秀林，汪永祥：《历史唯物主义原理》，人民出版社，1991年版，第147—149页。

[3]《马克思恩格斯文集》第2卷，人民出版社，2009年版，第591页。

在马克思尚未形成生产关系概念之前，他常常用"交往形式""市民社会"等范畴来表达生产关系这一概念，并指出随着生产力的发展，原来作为生产力发展的必要条件的交往形式就会变成生产的桎梏从而为新的交往形式所取代。同时马克思还进一步明确了市民社会即生产关系是国家和意识形态的基础并且论证了它们之间的相互关系。此后，马克思在标志历史唯物主义成熟的著作中明确表达和科学规定了生产关系范畴，把生产过程中人与人之间的关系归结为生产关系，并将经济基础这一范畴的内涵确定为生产关系的总和。鉴于此，首先我们认为生产关系这一范畴的确立在形成经济基础的概念中具有非常重要的作用，它构成了经济基础这一范畴的基本内涵。尽管二者有着大致同一的内涵，但我们还是需要强调的一点就是经济基础与生产关系是两个不同的术语，生产关系作为生产力利用的社会结合形式与生产力构成一对矛盾；相对上层建筑而言，一定社会的生产关系就转变成为经济基础。与此同时，马克思还强调能够标志人类社会历史发展中一个个特殊阶段的"生产关系的总和"显然是指占统治地位的生产关系总体的体系。当然在这些生产关系中，各种生产关系并不都是有着同等的地位，起着同样的作用。其中，占统治地位的生产关系像一种"普照的光"，它使其他生产关系的色彩隐没其中，并决定着经济基础的性质。正如马克思所说："在一切社会形式中都会有一种一定的生产决定其他一切生产的地位和影响，因而它的关系也决定其他一切关系的地位和影响。这是一种普照的光，它掩盖了一切其他色彩，改变着它们的特点。这是一种特殊的以太，它决定着它里面显露出来的一切存在的比重。"[1] 当然，一定社会经济制度内除了占统治地位的生产关系之外，还包括对这一占统治地位的生产关系起辅助作用的生产关系。其中起辅助作用的生产关系指的就是在特定社会阶段下的社会经济结构中能够从属于占统治地位的生产关系的那些关系。它们的相互作用表现出，该社会经济基础的外貌与经济结构的具体特征，因此我们不能忽视这些生产关系所发挥的作用。从某种角度来说，这些生产关系现象是以经

---

[1]《马克思恩格斯文集》第 8 卷，人民出版社，2009 年版，第 31 页。

济基础的"因素"或"萌芽"的形态而存在着。很显然，作为经济基础的生产关系不包括与该社会经济制度相对立的生产关系。

5.3.2　上层建筑范畴

马克思最初使用"上层建筑"这个范畴是借用了德文中的"·berbau"一词。据考察，"·berbau"一词在德文中作为动词用的时候指的是建造、重建以及建立的意思，作为不可数名词用时还有结构、构造、合成等意思；作为可数名词用的时候，指的就是上部构造、上层建筑等意思。在这个意义上，马克思借用"·berbau"这个词并赋予该词全新的规定和崭新的意义，用它来喻指人类社会中精神领域内的东西，喻指一种观念的上层建筑以及法律的政治的上层建筑。[1]因而使上层建筑这个范畴成为历史唯物主义理论中的一个基本范畴。我们知道，人们为了生存就必须进行生产，为此就要同周围的自然界发生一定的关系，同时人们彼此之间也必然要结成一定的生产关系。而这样的生产关系的总和就是社会经济结构，马克思认为，社会经济结构与社会的经济基础具有本质上的同一性，因此将社会经济结构确立为社会的经济基础，在这个社会的经济基础上面又耸立着由政治法律制度和社会意识形态构成的全部上层建筑。可谓是，上层建筑就是建立在一定社会的经济基础之上的政治法律制度和思想、理论与观念等社会意识形态的总和。上层建筑由两部分组成，一部分是作为观念上层建筑而存在的政治法律思想、宗教、道德、文学、艺术和哲学等意识形态；另一部分是与一定社会意识形态相适应的政治法律制度和相应设施的实体上层建筑，主要包括军队、警察、法庭、监狱、政府行政机构以及政党、行政团体等，其中国家政权是上层建筑的核心部分。这两部分上层建筑的内容与经济基础的关系程度以及对经济基础的反作用程度是不同的，其中政治上层建筑与其关系

---

[1] 胡为雄：《重新理解马克思的"上层建筑"概念》，《教学与研究》，2008年第 7 期，第 65 页。

最为密切，它是经济基础的直接反映和表现；而社会意识形态则一般是通过政治上层建筑来对经济基础做出反映和体现。尽管本质上上层建筑是对经济基础的反映，但是它一旦产生便又具有一定的相对独立性。这突出表现在以下几点：一是上层建筑自身具有一定的历史继承性，任何一个时代上层建筑中的政治思想、法律观点以及哲学、艺术、道德等都或多或少地具有由先前社会和时代中的人们的思想材料所传承下来的内容。二是上层建筑一旦产生便与该时代的经济基础之间的发展状况具有一定的不平衡性，尤其是社会意识形态部分中的哲学等要素有时候会发生超越经济基础状况而发展的现象。三是上层建筑内部各种构成要素之间彼此也会相互依存、相互制约并且发生相互作用，从而使每一个世代的上层建筑都具有各自的特色。

搞清楚上层建筑的内涵，我们还应进一步分析经济基础与上层建筑的辩证关系，只有这样，才能真正理解和掌握历史唯物主义之唯物论的根据。如同列宁在阐发《资本论》对社会科学的意义时所指出的，马克思是从资本主义生产关系中区分出了意识形态的社会关系和上层建筑设施，正是这种区分使彻彻底底的唯物主义转变为社会科学。同时列宁还用"骨骼"与"血肉"的关系比喻了经济基础与上层建筑之间的内在关联性。他指出，马克思把这种社会形态的构成和发展理解为生产关系，"但又随时随地探究与这种生产关系相适应的上层建筑，使骨骼有血有肉。"[1] 可见，"骨骼"支撑机体并决定社会有机体的基本框架；"血肉"依附于"骨骼"并决定着社会有机体的具体外貌。经济基础作为真正的社会"骨骼"与作为其"血和肉"而存在的上层建筑共同存在于一定社会关系总和的范围内，二者既对立又统一。

我们应该就整个人类社会的历史发展进程来分析经济基础与上层建筑各自的作用及其二者之间的相互关系。按照马克思主义的观点，经济基础与上层建筑在人类历史发展过程中所发挥的作用在根本性质与发生作用的范围上都是不

---

[1]《列宁专题文集·论辩证唯物主义和历史唯物主义》，人民出版社，2009年版，第162页。

同的。我们是在十分确定的前提和条件下来创造历史的，在这些条件中，经济
的条件是最具有决定性的前提条件，但同时其他条件如政治、文化传统等也发
挥着作用，只不过相较经济的决定作用而言是第二性的作用。在这里所说的"经
济的前提和条件"实际上就是指作为社会经济结构的经济基础，它在人类社会
历史发展过程中是最终的决定因素即归根结底的决定因素，这是恩格斯所强调
的经济基础的"决定作用"，它决定着上层建筑、社会生活以及一定历史阶段
上整个社会形态的根本性质和发展程度。同时他又指出上层建筑的各种因素如
政治、"人们头脑中的传统"等在社会历史过程中也发挥着一定的作用，即上
层建筑的各种因素反作用于经济基础，它影响着经济基础、社会生活以及一定
历史阶段上整个社会形态的发展方向，在一定程度上有着加速或延缓经济基础
及社会形态发展速度的作用。但这种反作用是在经济基础归根结底的决定作用
的前提和条件下进行着的，它始终是被经济基础的决定作用所决定的。

　　"经济基础与上层建筑的决定与被决定、影响与被影响的关系要求上层建
筑必须适合经济基础的发展状况。按照这一规律的要求，上层建筑是否需要变
革以及变革的方向如何，都是由经济基础的状况来决定的。"[1]具体来讲，经
济基础对上层建筑起着决定性作用，这种作用表现在很多方面。经济基础不仅
决定着上层建筑的存在及其发展，同时还决定着一定历史阶段内上层建筑的性
质。物质生产劳动是人类从事其他一切活动的前提，人们只有先解决了衣、食、
住、行等各方面最基本的生活需要，然后才能进一步地去从事自己想做的事情，
如政治、科学、宗教、艺术和哲学等活动，只有随着生产的发展到了剩余产品
不断增多的时候，上层建筑才能得到相应的建立和发展。"直接的物质的生活
资料的生产，从而一个民族或一个时代的一定的经济发展阶段，便构成基础，
人们的国家设施、法的观点、艺术以至宗教观念，就是从这个基础上发展起来的，
因而，也必须由这个基础来解释，而不是像过去那样做得相反。"[2]我们不得

────────────

[1] 张新：《把推动经济基础变革同推动上层建筑改革结合起来》，《思想理论教
育导刊》，2008 年第 6 期。

[2]《马克思恩格斯文集》第 3 卷，人民出版社，2009 年版，第 601 页。

不承认，马克思在创立历史唯物主义的过程中，是从批判宗教、国家和法等入手，逐步深入经济领域进行研究并探讨人类社会发展的物质根源，最终发现了物质资料生产方式的决定作用。这是一个从上层建筑现象进入研究经济基础的过程，也是马克思开辟的深入探讨经济基础与上层建筑之间关系的一个途径。由于马克思当时考察和研究的重点是要找到决定整个人类社会面貌及其发展的物质力量，找到合理解释各种上层建筑现象的物质根源，所以没有更多的精力去详细讨论问题的另一方面。但马克思从来没有否认过上层建筑各种因素的相互联系及其对经济基础的反作用，而这一点在恩格斯晚年的研究中被着重进行了研究。

针对把唯物史观曲解为只承认经济因素的决定作用而忽略其他因素作用的庸俗经济决定论者，恩格斯对此做了坚决批判与科学的反驳。他进一步指出，经济状况是基础，但这并不意味着经济基础是唯一的决定因素，"对历史斗争的进程发生影响并且在许多情况下主要是决定着这一斗争形式的，还有上层建筑的各种因素。"[1] 其中，恩格斯主要是以构成上层建筑的核心要素，即以国家政权为例来说明上层建筑对经济基础的反作用的。他分析道："总的说来，经济运动会为自己开辟道路，但是它也必定要经受它自己所确立的并且具有相对独立性的政治运动的反作用，即国家权力的以及和它同时产生的反对派的运动的反作用。"[2] 这种反作用最终主要可以归结于两种表现，一种就是适合经济基础状况时起促进作用；另一种就是不适合经济基础状况时起阻碍作用。由此可见，上层建筑就其内容而言是对经济基础的反映，虽然表现为第二性的社会现象的物质基质，但在历史进程中也发挥着重要作用，尤其是在新旧制度更替的过程中它的反作用更加明显。这就构成了上层建筑一定要适应经济基础的状况这一规律。具体来看，这一规律有两方面的表现：一方面，随着人类生产力水平的提高，经济基础与上层建筑自身内部会出现一些新的因素，这些新因素与之前在该经济基础与上层建筑中占统治地位的因素会发生斗争，直到这些

---

[1]《马克思恩格斯文集》第10卷，人民出版社，2009年版，第591页。

[2]《马克思恩格斯文集》第10卷，人民出版社，2009年版，第597页。

新出现的因素占据了统治地位为止，这一点可以看作是从经济基础与上层建筑各自发展的横向运动角度来揭示人类社会发展规律。另一方面，从整个上层建筑与经济基础之间的辩证关系来看，起初是上层建筑适应了它所要维护的经济基础的状况和发展要求，随后在发展的过程中经济基础会出现新的力量和因素，所以这时原有的上层建筑就由适应变成了不适应，从而被新的上层建筑代替，这一点可以看作从经济基础与上层建筑之间的纵向矛盾角度来揭示的人类社会发展规律。总之，历史的发展过程是由诸多因素如经济的、政治的、文化的、思想的等各方面共同作用和推动的产物和结果。

在这里还需要说明的一点是，在马克思和恩格斯看来，人类社会历史的发展是人们现实的生产的矛盾发展过程，是一个辩证统一的过程。在这个过程中，充满了历史发展各种因素之间的"斗争"与"统一"。其中，"一切历史冲突都根源于生产力和交往形式之间的矛盾"[1]，也就是说，是生产力和生产关系之间的内在矛盾运动推动了人类社会不断向前发展。马克思和恩格斯在确立起"生产力与生产关系"这对范畴的基础上形成了"经济基础与上层建筑"这对范畴，并把它们之间的辩证关系理解为人类社会发展的最基本的两种关系，正是这些基本关系制约着人类社会中的其他一切方面的关系。同时他们在基于对这两对范畴所反映的内容及其内在联系和矛盾运动研究的基础上，揭示出了人类社会历史前进的根本动力即社会基本矛盾及历史发展的基本规律。

5.3.3　经济基础与上层建筑综合为社会结构范畴

社会结构并不是像自然存在物那样可以脱离人而单独存在，它作为现实的人的劳动活动的结果，因而离不开处在特定社会历史阶段上的人们的现实活动。"社会结构和国家总是从一定的个人的生活过程中产生的。"[2]这就是说，社

---

[1]《马克思恩格斯文集》第 1 卷，人民出版社，2009 年版，第 567 页。

[2]《马克思恩格斯文集》第 1 卷，人民出版社，2009 年版，第 524 页。

会结构是以社会关系为内容的，它根源于现实的人的物质生产活动，因而也离不开人们的社会交往。从现实的人的劳动生产活动出发去理解社会结构的根本意义就在于，要从一定社会历史时期总体物质生产的特有的生产方式出发去理解和剖析社会结构。生产方式作为生产力与生产关系的统一体，尤其是一定社会占统治地位的生产方式从根本上决定着社会结构的整体性及其内部诸结构的布局与功能。就是说，我们抓住这一点，就能真正理解历史和现实中一切社会现象的秘密。从这个意义上我们可以说，社会结构就是以人的物质生产劳动为根本基础和发展动力的，并且是用以阐述经济基础与上层建筑及其内在矛盾运动发展的基本规律的范畴。

仔细考察一下马克思和恩格斯有关社会结构的论述就可以发现，他们只提出过"基础"和"上层建筑"这两个用以标志社会基本结构的概念。[1] 他们用一对类比的范畴来对人类社会结构展开分析，实际上也就是要展示人类社会不同历史时期社会结构的变迁和发展。他们认为，尽管构成人类社会结构的要素繁多复杂，但说到底人类社会的整体结构是由人们之间的社会关系构成的，包括人们在劳动生产活动中形成的人与自然之间的关系、人与人之间的关系以及在此基础上派生出的其他社会关系。我们在总体上可以把构成社会结构的这些实质性内容即社会关系分为两大类关系，这些关系除了包含人们在现实日常生活以及生产过程中彼此之间相互作用所结成的现实关系之外，还包括人们在精神领域、在意识形态领域以及在政治、法律、思想等领域结成的关系。他们把前一类关系称为经济基础，把后一类关系称为上层建筑，所以在马克思和恩格斯看来，人类社会结构就好像是一座大厦，它是由经济基础与上层建筑这两个层次构成的一个整体。其中，经济基础构成了人类社会的底层结构，它在人类社会发展中发挥着最根本的作用，上层建筑就竖立在这一底层结构之上且由这一底层结构来加以说明和解释的。区分出这样两个层次，不仅是为了要表明经济基础和上层建筑所指向的具体社会关系不但在性质上根本不同，在内容上它

---

[1] 段忠桥：《论经济基础的构成》，《哲学研究》，1995年第2期。

们二者也截然相反，而且它们二者在人类整个社会结构中所处的地位也根本不同，因此各自所发挥的作用也是截然不同的。更为重要的是，要说明社会的经济生活始终决定着社会的政治生活和精神生活。具体来说就是，经济基础作为占统治地位的生产关系的总和，是社会的第一性经济结构，也是社会的特殊骨架。同时这种骨架是被上层建筑即政治法律形式和某些社会思潮所包裹着的。上层建筑作为社会的第二性结构，在阶级社会中表现为社会的政治结构和文化结构，而社会的经济结构作为生产关系的总和直接决定着政治结构和文化结构，并成为其现实基础。正是在这种意义上，马克思说："生产关系总合起来就构成所谓社会关系，构成所谓社会，并且是构成一个处于一定历史发展阶段上的社会，具有独有的特征的社会。古代社会、封建社会和资产阶级社会都是这样的生产关系的总和，而其中每一个生产关系的总和同时又标志着人类历史发展中的一个特殊阶段。"[1]可见，社会经济基础及社会经济结构始终是一个社会的深层结构，它不但决定着社会的政治结构而且还决定着一定社会的文化结构，在这种条件下构成了以生产方式为基础的具有总体性的社会整体结构。[2]

由于整个社会结构犹如一座庞大的建筑，其中政治结构和文化结构是建立在经济结构基础之上的，所以，马克思又把社会结构形象地描绘成经济基础与上层建筑的统一体。当然，经济基础与上层建筑作为构成人类社会整体结构的两大层次，它们各自又分别是由若干要素构成的一个总体。如前文所述，经济基础是由占统治地位的生产关系体系所构成的，它包括占统治地位的生产关系里生产资料所有制形式、各种不同的社会集团在生产中的地位及其相互关系和产品分配三方面的总和；上层建筑系统是由政治法律制度和设施以及政治法律思想、道德、宗教、艺术和哲学等意识形态所组成。虽然构成这两个层次的要素很多，但它们毕竟只是构成经济基础和上层建筑的要素，而不是构成社会整体结构的根本要素，只有它们所构成的经济基础与上层建筑才能成为构成社会

---

[1]《马克思恩格斯文集》第 1 卷，人民出版社，2009 年版，第 724 页。

[2] 杨耕：《社会科学方法的发生、范式及其历史性转换》，《中国社会科学》，1994 年第 1 期。

整体结构的根本要素。因此，我们不能把构成经济基础与上层建筑的要素同构成社会整体结构的两个层次要素相混淆。鉴于此，我们要综合各种具体的历史条件，全面、具体而科学地分析各个要素，从而更精确地揭示社会的不同方面及其复杂结构和关系。

5.4 社会经济形态、社会形态和社会有机体范畴

如果说，前面我们提到的经济基础与上层建筑的矛盾运动是展开了对人类社会结构的一种横向研究和认识的话，那么接下来所要说的社会形态范畴，则可以把它理解为对人类社会结构的一种纵向发展过程的把握和解读。由于社会形态的运动过程是以社会基本矛盾运动为骨架并在这个过程中对社会各种构成要素的相互作用进行整合，因而它实际上就是对社会基本矛盾运动规律的进一步深化和补充。从这个意义上讲，对社会形态这一范畴以及与它相关的社会经济形态和社会有机体范畴的理解和阐释就是一个非常重要的问题。这些范畴即为研究和认识人类社会及其历史运动发展的重要工具，所以，在诠释历史唯物主义范畴体系的时候，我们应该把这些范畴纳入其中，在逻辑上把握社会形态范畴、社会经济形态范畴以及社会有机体范畴之间的内在关系，因此它们应该成为历史唯物主义范畴体系所要考察的重要内容。然而由于种种原因，人们对这三个范畴的理解发生了一些偏差，出现了把社会有机体范畴同社会经济形态以及社会形态范畴相混淆的现象，而忽视了对这三个范畴自身的研究。为了从理论上弄清问题，在这里我们有必要对这三个范畴做一个细致入微的分析。

5.4.1　社会形态与社会形式范畴的关系

关于社会形态范畴，马克思生前虽未写过这方面的专著，但只要深入研究就不难发现，马克思在不同时期针对这一范畴的论述是大量存在着的，只不过这些论述散见于他的诸多著作之中，需要我们认真地加以提炼、概括和总结。马克思对社会形态这一范畴的认识是随着他的研究深入而不断深化的。首先我们要注意把社会形态范畴同社会形式范畴区分开来。

社会形态与社会形式虽然仅有一字之差，但我们不能因此而忽视二者之间的差异。马克思在使用这两个范畴时分别赋予了它们各自特殊的内涵。首先，社会形式这一范畴第一次出现是在马克思和恩格斯于 1845 年合著的《德意志意识形态》的一段话中，即"每一个力图取得统治的阶级，即使它的统治要求消灭整个旧的社会形式和一切统治，就像无产阶级那样，都必须首先夺取政权。"[1] 马克思和恩格斯当时并未对社会形式这一范畴本身做详细解释，但我们从该语境中可以推断出旧的社会形式就是将要被新的社会形式所取代的现存的社会，所以它指的是特定的社会（类型）。这一推断在马克思于 1846 年给安年柯夫的信中获得了证实。他强调："社会——不管其形式如何——是什么呢？是人们交互活动的产物。人们能否自由选择某一社会形式呢？绝不能。"[2] 可见，马克思在这里是把社会作为人们交互作用的产物，是通过不同的社会形式体现出来的，某一种社会形式说的也就是某一种特定的社会。紧接着他又对社会形式这一范畴做了进一步的说明，指出了社会形式具有一定的客观性，由于人们的交互作用在不同时期表现出不同的生产、交换及消费形式，不同的社会制度、家庭、等级或阶级组织、不同的市民社会以及政治国家等，从而决定了各种社会形式之间不同的内容和性质。之后，马克思进一步加深了

---

[1]《马克思恩格斯文集》第 1 卷，人民出版社，2009 年版，第 536 页。

[2]《马克思恩格斯文集》第 10 卷，人民出版社，2009 年版，第 42 页。

对这个范畴的认识和理解，他说："所谓社会，就是一个处于一定历史发展阶段上的社会，具有独有的特征的社会。"[1]在这里，马克思使用的虽然是"社会"这个词，但是从其本质内容来说，其实还是强调了具体的社会形式，指的是处于一定历史发展阶段上的有着独特特征的社会。对社会（社会形式）的进一步理解，由此便会引出社会形态这一范畴。在逻辑上讲，社会形态是相较于社会形式范畴更为具体的范畴，它本身就已经蕴含着在一定历史阶段上具有独特特征的社会这一内容。下面让我们来具体看一下马克思是如何对这个范畴进行规定和使用的。

其次，关于社会形态范畴。马克思首次使用社会形态范畴是在他于1851年12月至1852年3月25日以德文所写作的《路易·波拿巴的雾月十八日》这一著作中。他具体谈道，"新的社会形态一形成"[2]，随之社会当中的一切也都要发生相应的调整和改变。马克思用新的社会形态与远古的（社会形态）来进行区分。当时，马克思在这篇著作中并未对社会形态范畴本身做过多解释，不过，马克思是用社会形态这一范畴来界定人类历史发展的一个新阶段。这一点还是很容易理解和把握的。那么，社会形态这一范畴与我们前面所谈的社会形式范畴有什么不同呢？它本身的内涵又是什么呢？要想对这个问题进行科学回答，我们必须分别搞清楚马克思对这些范畴的使用背景以及具体情况。根据日本学者大野节夫的考证[3]，马克思是借用了当时地质学术语当中的一词即"形态"。在当时的地质学中，形态是用来表述在地壳的历史运动中先后形成的不同岩层，一个形态分别对应和代表一个不同的岩层单位。马克思借用"形态"这一用语来研究人类社会，就是因为他认为人类社会的历史发展也有着一个与地壳历史发展相同的过程，即由不同的社会形态依次更替逐渐发展变化的过程。所以他提出"社会形态"这个范畴就是为了表述处于一定历史发展阶段的人类

---

[1]《马克思恩格斯文集》第1卷，人民出版社，2009年版，第724页。

[2]《马克思恩格斯文集》第2卷，人民出版社，2009年版，第471页。

[3]参见《历史唯物主义论丛》第5卷，清华大学出版社，1984年版，第292—293页。

社会，一个社会形态就代表一个不同的历史发展阶段，这些不同的社会形态之间既相互区别又相互联系，共同构成了整个人类社会的历史。由此可见，马克思是用社会形式范畴来指称不同的社会；用社会形态范畴来表示处于不同历史发展阶段的社会，各个社会不但具有不同的内容而且这些社会形态之间还存在着一种从低级到高级不断更替变化的内在联系。从这个角度来理解，社会形态范畴在逻辑上就比社会形式这个范畴更加具体，而且内在规定性也更加丰富，同时更重要的是，前者比后者更加突出了历史性这一本质特征。不过当马克思用特定的用语来描述社会形式范畴时，"（如在它前面）加上表示一定历史阶段的用语时，这时候的社会形式范畴在内容上就可以作为社会形态的同义语来使用。"[1] 按照这种理解，我们认为社会形态范畴本身的含义就是指处于特定历史发展阶段的社会。

5.4.2　社会形态范畴与社会经济形态范畴

认真研究马克思的著作不难发现，当马克思在形成了比较成熟的社会形态概念后，他仍然还在使用社会经济形态这一范畴，只不过有时把它与社会形态这一范畴联系起来使用，有时甚至直接把它与社会形态等同起来使用。为了说清楚这种现象，我们有必要来分析一下这两个范畴之间的关联。首先，马克思在《政治经济学批判》（1857—1858 年草稿）中说过："这些社会形态的基础是这样一种公社所有制。"[2] 这表明，处在特定社会发展阶段上具有不同性质的人类社会具体形态，其特定社会阶段的性质是由占主导地位的生产关系的总和所决定的。而生产资料所有制是生产关系体系中最为核心的一个要素，对其他方面发挥着决定作用。所以也可以说所有制就成为社会形态的基础。在这里，任何一种所有制也可以直接理解成生产关系又是由特定社会阶段中的生

---

[1] 段忠桥：《对马克思社会形态概念的再考察》，《教学与研究》，1995 年第 2 期。

[2] 《马克思恩格斯全集》第 46 卷（下），人民出版社，1980 年版，第 412 页。

产力整体状况所决定的，而且也没有可以脱离生产力而存在的抽象的生产关系。所以生产力作为生产关系的实际承担者，它通过内化到人的相互关系中来决定社会财产状况和所有制性质，从而成为规定社会性质的内在条件。如马克思曾说的，与手推磨对应的是封建主为首的社会，而与蒸汽磨对应的却是资本家为首的社会。这里主要就是根据生产力中的构成要素劳动资料特别是生产工具来对社会进行区分的。如果离开这一最直接的物件即生产工具，可能我们在理解这些社会形态这一范畴及其内容时就会变得比较抽象。因此我们认为，社会形态在整体上蕴含着生产力、生产关系（一定意义上来理解也是经济基础）与上层建筑等方面的辩证统一。马克思曾经在《剩余价值论》中批判施托尔希未能对物质生产本身做出历史的具体的考察时，明确指出了只有在物质生产具体的、历史的发展的特殊形式这一基础之上，才能科学地理解作为统治阶级意识形态内容的组成部分，才能科学地"理解一定社会形态下自由的精神生产"[1]。可见，就其构成内容来讲，社会形态除了包括生产关系之外，还应该包括作为理解生产关系基础的处于一定历史发展阶段的物质生产活动，以及在这种生产活动的基础上所产生的精神生产和上层建筑。

同时还需要注意的一点是，马克思从未脱离过现实的人孤立地研究和谈论每一个构成社会形态的要素，如生产力、生产关系、经济基础和上层建筑等范畴，而是始终承认并肯定社会是由一系列个人及其个人之间的联系和关系所构成的，人不仅是社会的主体，而且也是社会形态其他要素如生产力、生产关系、上层建筑等的实际创造者，因而现实的人也是社会形态的一个重要构成要素，是人的劳动活动产生了社会形态。换言之，社会形态就是形成于现实的人的生活过程中的，主要表现为："由人的劳动生产活动形成的人同自然界的关系，构成生产力系统；在劳动生产活动中形成的人和人的联系，构成生产关系体系；以生产关系为社会的经济基础和建立在这种基础之上的社会上层建筑的庞大系

---

[1]《马克思恩格斯全集》第26卷（1），人民出版社，1972年版，第296页。

统，以及其他各种关系。"[1] 其中，生产力是最根本的要素，因为任何一个社会形态，在它所能容纳的全部生产力发挥出来以前，是绝不会灭亡的；同时新的更高的生产关系，在它的物质存在条件在旧社会的胎胞里成熟以前，是绝不会出现的。[2] 这就是说，当生产力发展到一定阶段和程度的时候，便会同社会中一直是作为其发展形式的生产关系发生矛盾，当矛盾达到一定的程度时，这种生产关系就会成为阻碍生产力发展的桎梏，于是便会引发革命。结果，随着经济基础的变更，全部上层建筑也会发生相应的变革。鉴于此，我们说现实的人在现实的、活生生的劳动活动中创造出人们的社会关系、经济关系、政治关系以及国家等，同时在阶级社会里现实的个人总是处于特定阶级关系中的人，而且以这一特定阶级关系为纽带而构成一个特殊群体。既然在阶级社会中，作为社会形态主体构成要素而存在的现实的人，必然会不可避免地隶属于某一特定的阶级关系中，因而任何一个社会形态都会有属于它自身的特定的基本阶级，这些基本阶级之间由于利益的不同必然会发生这样或那样的关系。在这种阶级状况中，必然存在着彼此处于相互对立地位的压迫者与被压迫者，当他们之间的阶级关系严重对立时，便会通过阶级斗争来使社会形态发生质变。所以，社会形态范畴还涉及阶级、国家、革命、个人、人民群众等一系列范畴，从这一角度来讲，马克思就把对社会整体结构的认识上升到了社会形态的高度，从而赋予了社会形态另外一层含义，这就是说，社会形态同时也是一个可以指称社会整体结构的范畴，当然这种社会整体结构是离不开它所生活于其中的特定人类社会历史发展阶段的。因此，从这个意义上，我们可以把社会形态范畴称之为是较之前我们所讨论的社会结构范畴更为成熟的范畴，它用来表示历史的具体存在形式和社会结构类型。由此可见，马克思是从横向和纵向两方面来对社会做出概括的，横向方面主要是指社会结构的概括，纵向方面主要是说其所处的人类社会历史发展的特定阶段，即从社会形态范畴的角度来理解。

[1] 金炳华等：《哲学大辞典》（修订本），上海辞书出版社，2001 年版，第 1249 页。
[2] 《马克思恩格斯文集》第 2 卷，人民出版社，2009 年版，第 592 页。

如上文所述，所有制关系是社会形态的基础，为了进一步剖析社会形态的本质，马克思深入到社会经济形态之中去认识所有制关系，从而深化了对社会形态的理解。接下来让我们看看马克思是如何使用社会经济形态这一范畴的。马克思首次使用社会经济形态是在1859年所作《〈政治经济学批判〉序言》一书中，他说："大体说来，亚细亚的、古希腊罗马的、封建的和现代资产阶级的生产方式可以看作经济的社会形态演进的几个时代。"[1] 笔者认为，我们应该把马克思的这段话放到他有关该问题前前后后的论述中去认识以避免对其做孤立的理解。在这里马克思显然是把生产方式作为社会经济形态的同义语来讲的，亦即社会经济形态是属于一定社会的生产方式内部的范畴，它指的就是由不同生产方式构成的社会经济发展的特定阶段。前面我们提到过生产方式是生产力和生产关系的统一体，且马克思也经常把社会经济形态同生产即生产力和生产关系的统一联系起来进行使用。所以社会经济形态作为表达整个人类历史过程一定的质的阶段，主要包括的就是生产力和生产关系因而不包括上层建筑。可见，社会经济形态和社会形态是两个既相互区别又相互联系的范畴。社会经济形态范畴是马克思在社会形态范畴形成之后进一步思索的结果，它作为生产力和生产关系的统一与上层建筑共同构成了社会形态，因而是社会形态的一个组成部分。同时社会经济形态作为社会经济结构和经济制度构成了社会形态的基础，并且可以帮助我们更好地理解具体社会的形态性质。由此可见，社会形态的内部结构是不平衡的，其中经济的社会形态具有决定性意义。

5.4.3 社会形态的发展及其划分

由于马克思是从社会形态范畴的角度来对人类社会及其结构展开了纵向研究，因此对社会形态的理解除了要掌握它是标志社会"不同质态"的范畴之外，还要认识到这些具有质的规定性的差异的各种社会形态之间到底有着怎样的关

---

[1]《马克思恩格斯文集》第2卷，人民出版社，2009年版，第592页。

系。因此，我们还要进一步揭示多种社会形态之间的历史联系和关系问题，对这个问题的解答就形成了社会形态的历史发展及其一般规律。马克思"把经济的社会形态的发展理解为一种自然史的过程"[1]。这一观点指出了人类社会历史发展的本质，表明人类社会如同自然界一样，作为客观的物质体系存在着一个辩证发展的客观运动过程，具有不以人的意志为转移的客观规律性。上面我们提道，社会形态作为标志着人类历史发展特定阶段的社会整体结构更为成熟的范畴，它自身就是由人所结成的一系列的人与自然、人与人之间，以及人与其自身之间的关系所构成的。进一步来讲，这些关系的实体又是人们现实的劳动活动，所以要认识社会形态及其发展，要结合这两方面一起来理解。我们知道，人所结成的关系与人及其能动活动是不可分离的，人的活动作为有意识、有目的的活动既要受一定的社会关系所制约，同时它又在能动地改变着既定的社会关系，创造出新的社会关系，当然，"（他们的创造）并不是在他们自己选定的条件下创造，而是在直接碰到的、既定的、从过去承继下来的条件下创造。"[2] 这里所说的"直接碰到的、既定的、从过去承继下来的条件"指的就是既有的生产力状况和一定的社会经济关系形式、政治制度和社会形式以及意识形态和文化传统等条件。这就说明，人类社会形态的发展与演变是依赖于实际社会生活过程中诸多方面共同作用的，所以人们只有在尊重客观物质条件和掌握了社会历史发展规律的前提下，才能更好地创造历史。

正是从这种意义上我们说，人始终是处于一定关系之中的人，既是社会关系的载体，更是社会关系的主体。正是人的这种双重身份，使得他们成为社会形态发展中的有机环节并构成其发展变化的根本原因。社会历史的发展表明：生产力的提高、生产方式的改进以及生产关系和上层建筑的改变都离不开人的能动的劳动活动。总之，整个社会形态的变革与发展都是人的能动的创造性活动的结果。马克思正是从这个角度即从历史活动的主体角度出发，以人的发展

---

[1]《马克思恩格斯文集》第 5 卷，人民出版社，2009 年版，第 10 页。

[2]《马克思恩格斯文集》第 2 卷，人民出版社，2009 年版，第 470 页。

为依据将人类社会发展进程划分为三大形态。即"人的依赖关系阶段""以物的依赖性阶段"以及"人的自由个性阶段。"在这里，马克思是根据人的发展或人的关系角度所划分的三大形态中的"最初的社会形态"是指前资本主义形态，它以人的直接依赖关系为特征，因而是不能实现人的独立性的社会形态，具体包括原始社会、奴隶社会和封建主义社会；第二大形态是指资本主义形态，它以人对物的依赖关系为特征。在马克思看来，这两大社会形态在人类社会历史上具有自己的历史地位，也有其存在的历史合理性和正当性，并且曾经都为人类社会的发展做出了自己的贡献。但由于它们都是依据一定的历史条件而存在，因而它们必然会在历史的发展中走向自己的历史终结。只有到了共产主义形态即第三大形态，每个人的自由发展才成为一切人自由发展的条件，人也真正实现了其独立性。马克思不仅把人类社会的发展划分为三大社会形态而且还指出了这三大社会形态之间有着依次更替的内在联系。

　　只要仔细翻阅一下马克思的有关著作我们就可以发现，马克思划分社会形态的依据并非一种，而是从多个角度对社会形态进行了划分。既然生产力和生产关系都是构成社会形态的重要因素，因此马克思还以这两个要素为依据对社会形态进行了划分。其中生产力又包括众多的构成要素，前面我们谈及生产资料中的生产工具最能够直接体现人们的劳动能力和水平，同时也能够指示人们社会关系的状况，每一次生产工具的改进都标志着人们劳动能力或生产力水平的提高，而生产力水平的提高必然最终导致人类社会的进步与发展。与此同时，生产资料所有制在生产关系诸要素中也是占据主导地位起着决定生产关系性质的重要作用，而且所有制关系还构成了社会形态的重要基础。而生产工具和所有制都是与分工始终结合在一起，如影随形，因此马克思还从生产工具、分工以及所有制的性质这一角度将人类社会的发展划分为三大形态。根据马克思在1881年2月底至3月初给查苏利奇的复信草稿中所做的概括，我们可以将这三大形态理解为：以自然形成的生产工具、分工和私有制还很不发达的阶段即古代公社所有制的原生形态；以文明创造的生产工具、分工和私有制高度发达的阶段即以私有制为基础的次生形态；仿佛回到古代公社类型的以公有制为基础的再生形态，在这个形态中，生产力得到了高度发展，旧式分工和私有制也已经被消灭了。此外，马克思还从现存的资本主义社会形态入手，指出资本主义生产方式的特点在于它是高度发达的商品经济，而且还以生产方式的不同为依据对社会形态进行了划分。他指出："占优势的是使用价值，即以直接使用为目的的生产。"[1]这是前资本主义形态（无论是在原始公社所有制阶段还是在奴隶制或农奴制阶段）生产方式的特点，亦即自然经济占统治地位；而在未来的共产主义形态中，商品经济将逐步消亡，代之而起的将是产品经济。由于马克思抓住了资本主义生产方式的本质特点，因此他对社会发展三大阶段的划分和论述就显得是对其本质的概括，是具有规律性的认识。在这里，我们要时刻注意，无论是依据哪种标准来划分社会形态，每一种划分标准并不是孤立的存在。我们在认识具体的、历史的人类社会形态时，一定要把这几种划分形式综合起来加以考察，从它们的相互联结及其补充上全面准确地把握社会形态的具体质态。

5.4.4　社会形态与社会有机体范畴的关联

通过研读马克思著作，我们不难得出这样一个结论：从社会形态范畴到社会经济形态范畴的提出与使用，这表明马克思对整个人类社会认识的进一步深化。但在这里我们需要指出的是，马克思在研究社会形态与社会经济形态的同时，始终贯穿着这样一种思想，即社会形态是一个有机的整体，且这个有机的社会整体始终处于一个不断发展变化的过程。换句话说，就是马克思的社会有机体思想是始终贯穿在他对社会形态与社会经济形态的研究之中的。我们在理解任何一个社会形态时，不仅要抓住构成该社会形态的每一个要素，知道这种社会形态是由多种要素构成的，而且还要弄清楚各个要素之间的相互依存、相互作用的关系，知道每一个要素都不能脱离社会形态这一整体而单独发挥作用。这就要求我们，一定要把社会形态作为一个有机整体来考察并对其进行全面系统

---

[1]《马克思恩格斯文集》第 8 卷，人民出版社，2009 年版，第 155 页。

的整体把握。质言之，社会有机体范畴就是马克思立足于社会形态和社会经济形态范畴的基础之上而形成的总括人类社会内在的一切要素、关系、部分等同时存在，而且揭示它们是一种相互依存不断发展变化的过程的范畴。当然，社会有机体范畴是从更广泛、动态的以及各种关系生成的角度来对整个人类社会做出阐释的。可见，社会有机体范畴从一开始就与社会形态和社会经济形态范畴在对象和角度以及范围上有着明显的差别。因此，我们在逻辑上不能把这三个范畴混同起来对待。与此同时，我们也不能忽略这三个范畴之间的内在联系。

马克思对社会有机体范畴的集中阐发主要体现在《哲学的贫困》与《资本论》等著作中。具体来讲，马克思首次使用社会有机体这一范畴是在《哲学的贫困》中，他提出社会是"一切关系在其中同时存在而又互相依存的社会机体"[1]。在这里，马克思认为，社会就如同有机体一样，有着其自身的构成要素且这些构成要素之间是相互联系和相互作用的。其后，马克思又进一步强调："现在的社会不是坚实的结晶体，而是一个能够变化并且经常处于变化过程中的有机体。"[2] 这些观点表明，马克思把人类社会类比为一个有机体，就是为了突出人类社会各种构成要素之相互联系和相互作用的重要性，而且它还是处于不断发展变化的过程中，并非一成不变。任何一个社会有机体都是始终处于一种不断变化并显现出向更高阶段发展的趋势和过程。从这里可以看出，马克思使用社会有机体范畴是为了告诉人们要从组成人类社会的一切因素和关系的相互依赖、相互结合、相互渗透以及相互制约中去理解整个人类社会，揭示人类社会历史的发展规律。"社会结构—人的发展—人的活动—社会再生产形成统一的社会有机体的运动。因此，马克思从社会的经济基础出发，把社会有机体范畴奠定在社会经济形态范畴的基础之上，从而揭示了社会有机体的唯物主义基础；从物质生产、精神生产、人自身生产和社会关系生产出发说明社会有机体自身运动的特殊规律，从而在社会有机体理论中贯彻了'合理形态的辩证法'；

---

[1]《马克思恩格斯文集》第 1 卷，人民出版社，2009 年版，第 604 页。

[2]《马克思恩格斯文集》第 5 卷，人民出版社，2009 年版，第 10 页。

从人的实践出发来说明社会有机体运动，揭示出社会有机体按照实践活动规律运行，从而把人类解放的原则贯穿于其中。"[1]从根本上来说，社会有机体之所以能够实现，关键还是在于它是人的劳动活动在现实社会生活中不断展开特别是人们相互之间的交往活动而实现的产物。这是因为人的劳动活动不但使人从动物界中跃升出来而且还使人们相互之间能够发生关系组成人类社会，同时在人的劳动活动进一步发展过程中，人们的分工以及不同的交往活动现实地生成了人类社会生活的诸多领域及其总体结构，如经济生活、政治生活、精神生活等，从而使人类社会呈现为一个有机运动的总体样态。伴随着人的劳动活动的变化和发展，社会有机体也将会随之发生相应的改变。深层次来讲，社会有机体范畴凸显了人类社会生活的整体性和有机性特征，它内在要求人们要从整体性上来把握人类现实的、有机的社会生活，否则，我们将无法完整地理解人类社会生活的本质及其发展规律。

5.5　阶级范畴和群众范畴

按照马克思主义的理解，历史唯物主义就是"从对人类历史发展的考察中抽象出来的最一般的结果的概括"[2]。而人类历史无非就是现实的人通过自身的劳动而诞生的过程。进一步来讲，人类历史就是历史主体和历史客体在现实的人的劳动活动中相互作用、不断建构的过程和结果。因此，人的劳动构成了历史主体与客体形成和发生相互关系的基础。基于此，我们要对人类社会历史发展进行考察，无外乎就是要对人类劳动活动这一能动的生活过程进行考察。如果从主体与客体的角度来讲，我们可以将本章中前面四节内容看作从客体的

---

[1] 杨耕：《危机中的重建：唯物主义历史观的现代阐释》，武汉大学出版社，2011 年版，第 135 页。

[2]《马克思恩格斯文集》第 1 卷，人民出版社，2009 年版，第 526 页。

角度来对人类历史展开的诠释，也就是说，这些内容是把人类社会历史当作一个客体和过程来加以认识，认识了它发展变化中的一般规律。但仅仅从客体角度来对人类社会历史加以认识和研究略显不够充分，得到的认识和理解也不够完备。因此，我们还需要从主体的角度来对人类社会历史加以探究，即要把握人类社会历史中的主体，换言之，要认清历史发展及其过程中的承担者和创造者是谁的问题。

诚然，伴随着马克思从唯心主义转变为唯物主义、从民主主义转变为共产主义的历程，马克思对人类社会历史的主体认识也经历了从之前的以"自我意识"来彰显人的主体性到"类"的主体再到"现实的人"这样一个过程。诚如马克思在《1844年经济学哲学手稿》中所表征的"关于人的科学"以及在《德意志意识形态》一文中明确提出的他和恩格斯所创立的历史观是"关于现实的人及其发展的科学"。可见，现实的人构成了人类社会历史的主体。综观马克思主义经典著作，我们发现，马克思主义创始人始终是把现实的人与人的劳动结合在一起来对人类社会历史展开思考和加以论述的。人的劳动赋予了人以主体性、能动性和创造性等特征，使现实的人不仅成为劳动的主体，而且成为人类历史的主体。一方面，劳动始终是现实的人的劳动，是现实的人为了解决自身的需要和发展利益要求而不断进行的活动。现实的人就是在自己的劳动活动中包括物质生产劳动以及各种精神劳动等活动中不断创造了人类社会并推动着历史的发展、变化。另一方面，现实的人的劳动活动始终是一种社会性活动，需要在一定的社会关系和联系中进行，而这种特定的社会关系和联系又是由处于一定历史阶段的社会总体状况所决定的。因而现实的人并不是随心所欲地去创造和改变历史，而是既作为历史的"剧作者"又作为历史的"剧中人"而存在的。如果我们进一步对现实的人这个总体范畴进行考察就会发现，现实的人首先指的是从事物质资料生产劳动现实的个人，这些个人之间彼此相互作用、相互联系，大致来说，在政治领域表现为阶级和政党，在普通领域表现为群众，在个人领域表现为英雄及杰出人物。

5.5.1　阶级范畴

阶级范畴是马克思分析阶级社会所使用的一个基本范畴，对阶级范畴的认识和理解也构成了历史唯物主义理论的重要内容。马克思在 1852 年致魏德迈的信中概括了自己对阶级斗争理论的新贡献：阶级的存在仅仅同生产发展的一定历史阶段相联系；阶级斗争必然导致无产阶级专政；这个专政不过是达到消灭一切阶级和进入无阶级社会的过渡。[1] 下面，就让我们从阶级的产生、发展和消亡的历史过程来具体看一下马克思是如何把握阶级范畴的。

第一，阶级的产生与消亡。在马克思看来，阶级并不是一开始就存在的，而是伴随着生产的发展不断出现的一个历史性范畴。首先，阶级是一个经济范畴，从本质上来讲，它的产生、存在与发展都与特定社会的生产状况密切相关。可谓是，阶级范畴其实就是经济关系的产物，是人格化的经济关系，是特定生产关系的物质承担者。"只要社会总劳动所提供的产品除了满足社会全体成员最起码的生活需要以外只有少量剩余，就是说，只要劳动还占去社会大多数成员的全部或几乎全部时间，这个社会就必然划分为阶级。"[2] 可见，社会的生产劳动状况决定了阶级的形成。即是说，阶级是生产力不大发展的必然结果，是生产力有了一定的发展而发展又不充分的产物。"至于这些阶级是什么样子，那要看生产的发展阶段。"[3] 同时，不同的阶级之间展开斗争也是围绕着经济利益展开的。其次，伴随着生产的进一步发展，社会出现了剩余产品来供人们进行交换，这样就会出现社会分工。而社会分工是与私有制紧密相连的，它们构成了阶级形成的另一个重要因素。事实上，阶级也是一种关系，这种关系根源于生产资料的占有并贯穿于生产、交换、分配和消费关系之中，因此可以说，

---

[1]《马克思恩格斯文集》第 10 卷，人民出版社，2009 年版，第 106 页。

[2]《马克思恩格斯文集》第 3 卷，人民出版社，2009 年版，第 562 页。

[3]《马克思恩格斯选集》第 1 卷，人民出版社，1995 年版，第 238 页。

阶级关系是所有制的核心内容。最后，阶级范畴是一个历史性范畴，因而具有自己的暂时性。阶级只是生产力发展到一定阶段的产物，它的存在仅仅同生产发展的一定历史阶段相联系。按照马克思的理解，阶级将存在于人对物的依赖关系这一阶段的全过程。伴随着生产力的发展以及私有制和旧式分工的消除，阶级最终是要趋于消亡的，阶级的消灭以生产力的高度发展和财富的极大丰富为前提条件。到了以人的自由而全面发展为基本原则的共产主义社会，将是一个无阶级的社会，这是阶级范畴发展的总趋势，但其实现过程是一个漫长的历史过程。

第二，阶级的区分。我们之前在强调生产关系范畴时说过，生产资料所有制决定着生产关系的性质。也即是说，人们对生产资料的占有关系和所有关系的不同决定了人们在生产中的地位以及产品的分配形式。所以在马克思看来，人们对生产资料的占有关系的不同是区分阶级的根本标志。这一点在恩格斯于1888年所作的《共产党宣言》英文版序言中明确得到了解释，他强调："资产阶级是指占有社会生产资料并使用雇佣劳动的现代资本家阶级。无产阶级是指没有自己的生产资料、因而不得不靠出卖劳动力来维持生活的现代雇佣工人阶级。"[1]从这个论述中可以清楚地看到，恩格斯正是根据对生产资料的占有情况来区分现代社会中的资产阶级和无产阶级的。同时列宁认为："所谓阶级，就是这样一些大的集团，这些集团在历史上一定的社会生产体系中所处的地位不同，同生产资料的关系（这种关系大部分是在法律上明文规定了的）不同，在社会劳动组织中所起的作用不同，因而取得归自己支配的那份社会财富的方式和多寡也不同；所谓阶级，就是这样一些集团，由于它们在一定社会经济结构中所处的地位不同，其中一个集团能够占有另一个集团的劳动。"[2]从列宁对阶级所下的定义中不难发现，阶级始终是与人们的社会劳动相联系，与人们在劳动中所处地位以及对劳动资料的关系不同，这使得人们在社会劳动组织中的地位和作用也互不相同，因此形成了不同的阶级。当然，我们不

[1]《马克思恩格斯选集》第1卷，人民出版社，1995年版，第272页。

[2]《列宁选集》第4卷，人民出版社，1995年版，第11页。

能因为经济关系和生产状况决定着阶级状况，就说阶级的区分和差异仅仅表现在经济上。除此之外，阶级的差异和区分还表现在其他方面，如他们的经济生活条件、生活方式、利益、社会参与度与教育程度等以及随之而产生的相互关系，因此在把握阶级时要考虑这些因素的综合作用。

此外，阶级意识对于区分一个阶级的阶级属性也具有重要作用。"阶级意识是指一个阶级对自身社会历史境遇及历史使命等的理性认识和把握，它是一个阶级存在的主观表现，也是一个阶级成熟性的重要标志。"[1]阶级最初是作为一个自在的阶级而存在的，一个阶级要从自在的阶级转变为自为的阶级离不开阶级意识。当一个阶级纯粹作为一个社会客观的现象而存在，如果没有形成共同的意识或政治组织，它只能算是一种自在的阶级。而只有当一个阶级对自身的主体身份、主体意识有了一个明晰肯定的认识之后，也就是说，一个阶级一旦形成了阶级意识，才能够真正意识到自身的历史使命和历史作用，在此基础上建立一定的政治组织来实现其阶级利益，这样才能成为自为的阶级。在无产阶级与资产阶级的斗争中，阶级意识非常重要，因为阶级意识的存在，能够使无产阶级自觉意识到自己的阶级利益以及所要承担的阶级使命，从而能够主动地发起无产阶级的革命行动。因此，马克思主义创始人非常重视无产阶级的阶级意识的培育和提高。

第三，阶级与生产力之间的关系。按照历史唯物主义的观点，生产力与生产关系构成了人的劳动活动自身的物质内容和社会形式，其中生产力是最具有决定性意义的力量和因素。在阶级的产生问题上，马克思明确提出："革命因素之组成为阶级，是以旧社会的怀抱中所能产生的全部生产力的存在为前提的。"[2]于是，阶级的状况是由生产力的状况所决定的，当生产力获得了进一步发展后，它必然会与当时社会中现有的生产关系发生矛盾和冲突，此时如果要想解决这种矛盾和冲突，一方面需要不断调整和改变生产关系，另一方面

---

[1]寇东亮：《马克思主义历史主体理论实现的三大转换》，《河南社会科学》，1997年第1期，第48页。

[2]《马克思恩格斯文集》第1卷，人民出版社，2009年版，第655页。

需要通过阶级斗争来"粉碎生产力在其中产生的那些传统形式"。鉴于此，我们可以这样来理解阶级与生产力之间的关系。一方面，生产力的发展决定阶级的产生和状况。另一方面，阶级一旦形成，便会作为一种独立的力量在社会中存在并影响生产力的发展。如前文所述，人的因素和物的因素共同构成了生产力范畴的实体性要素，其中人的要素是占据主导地位的，也是最活跃的因素。阶级作为一种特定的人的群体，它作为社会生产力中的人的要素便会对生产力的发展起到推动作用。正如马克思所说："最强大的一种生产力是革命阶级本身。"[1] 在现代社会，工人阶级不仅是最苦难的阶级，而且也是变革资本主义社会，解决既有的生产力与生产关系冲突的伟大力量。这一点在文明社会中表现得尤为明显，因为"当文明一开始的时候，生产就开始建立在级别、等级和阶级的对抗上，最后建立在积累的劳动和直接的劳动对抗上。没有对抗就没有进步。这是文明直到今天所遵循的规律"[2]。接着，马克思强调，"生产力就是由这种阶级对抗的规律而发展起来的"[3]。可见，由阶级矛盾和阶级对抗引发的阶级斗争在生产力发生质变过程中起着重要作用，它可以解放生产力，从而促进生产力的飞跃性发展。

第四，阶级斗争在人类社会历史发展中的重要作用。在《共产党宣言》中，马克思明确指出自原始公社解体，"人类的全部历史都是阶级斗争的历史"[4]，并且进一步把基于一定经济发展和生产方式的阶级斗争的规律看作马克思在《共产党宣言》中所发现的"重大的历史运动规律"。恩格斯也曾用"历史唯物主义"来表达这样一种关于历史过程的观点："即一切重要历史事件的终极原因和伟大动力是社会的经济发展，是生产方式和交换方式的改变，是由此产生的

[1]《马克思恩格斯文集》第1卷，人民出版社，2009年版，第655页。

[2]《马克思恩格斯全集》第4卷，人民出版社，1958年版，第104页。

[3]《马克思恩格斯全集》第4卷，人民出版社，1958年版，第104页。

[4]《马克思恩格斯文集》第2卷，人民出版社，2009年版，第14页。

社会之划分为不同的阶级，是这些阶级彼此之间的斗争。"[1] 从这句话中可以看出，阶级及阶级斗争是阶级社会发展的直接动力，是"现代社会变革的巨大杠杆"。按照历史唯物主义观点，生产力与生产关系、经济基础与上层建筑之间的矛盾运动构成了社会的基本矛盾，这个基本矛盾在阶级社会中通过阶级矛盾和斗争表现出来。所以，一个社会既然存在阶级，就会有阶级彼此之间因为利益的根本不同而产生的对抗，其中统治阶级剥削被统治阶级，被统治阶级反对统治阶级。统治阶级不仅是在经济领域占据统治地位的物质力量，而且也是在政治领域、精神领域占据着统治地位的力量。被统治阶级不仅付诸大量劳动，而且还不能享有劳动成果，始终处于被压迫地位隶属于统治阶级。这里的被统治阶级在马克思所生活的年代主要指的就是无产阶级，马克思在《〈黑格尔法哲学批判〉导言》中明确提出了"无产阶级"范畴，并且认为由于无产阶级在资本主义社会中是一个受苦受难的阶级，再加上他们经受了大工业的严酷锻炼，虽然一无所有，但他们却有最坚决的革命性和最彻底的斗争性。因此，无产阶级作为最先进的阶级，既是资本主义社会的掘墓人又是新社会的缔造者。在资本主义社会，生产力与生产关系的矛盾运动就表现为无产阶级和资产阶级的利益对抗，表现为二者之间的阶级矛盾和斗争。当二者之间的阶级斗争发展到最紧张的地步时，社会就会转变为全面的革命。因为"无产阶级和资产阶级之间的对抗仍然是阶级反对阶级的斗争，这个斗争的最高表现就是全面革命"[2]。只有当阶级被消灭，对抗不再出现的时候，社会进化才不再是一场政治革命了，而这一点是由该社会的生产方式所固有的矛盾决定的。与此同时，马克思还明确地指出了无产阶级与资产阶级对抗的结果就是无产阶级逐渐联合起来成为一个自为的阶级，并且团结在无产阶级政党的领导下不断去结成广泛的统一战线尤其是工农联盟，推翻私有制以夺取和掌握政权，从自发走向自觉以实现自身及全人类的解放。劳动的解放与人类的解放在本质上是统一的。人的本质在其

---

[1]《马克思恩格斯文集》第 3 卷，人民出版社，2009 年版，第 509 页。

[2]《马克思恩格斯选集》第 1 卷，人民出版社，1995 年版，第 194 页。

现实性上是一切社会关系的总和，而人的社会关系又是在现实劳动中形成和实现的。当劳动真正转变为人的自主活动时，它就成为一种解放人的手段。马克思立足现实生活和人的现实劳动，从物质资料生产出发，为无产阶级完成自身历史使命提供了现实的路径。这就是无产阶级要不断联合起来占有和支配自由时间，消除异化劳动，实现劳动意义上的革命性变化，从而使自身摆脱被剥削、被压迫、被统治的地位。可见，无产阶级革命的趋势必将是创造出一个没有阶级和阶级对抗的社会，这个社会是作为自由人联合体而出现的。

5.5.2 群众范畴

马克思通过对劳动范畴的认识，从劳动活动来对人加以理解，通过劳动赋予人的主体地位和肯定作用，并在这一过程中发现了人民群众在历史过程中所发挥的巨大作用。如前文所述，马克思在分析市民社会和国家的关系中打开了走向历史唯物主义的大门。根据马克思的切身生活体会和深入研究，他得出了与黑格尔完全不同的结论：即市民社会决定国家。生活在市民社会中的处于社会底层的被剥削者劳动群众才是历史的真正主体。同时，马克思在《神圣家族》中批判鲍威尔这些"批判的批判者"以精神、批判作为创造历史的主体而蔑视群众的错误观点时，明确指出，"批判的批判什么都没有创造，工人才创造一切"[1]。在马克思的眼中，人类社会历史不过是人民群众的劳动史，历史是人民群众在自己的物质生产劳动中不断创造出来的。这样，马克思对人类历史的理解就与黑格尔所理解的思辨的历史、精神的历史截然不同；历史是群众的活动、是群众的事业，历史发展的动力"与其说是个别人物，即使是非常杰出的人物的动机，不如说是使广大群众、使整个整个的民族，并且在每一民族中间又是使整个整个阶级行动起来的动机"[2]共同劳动的结果。既然人民群众的物

---

[1]《马克思恩格斯全集》第1卷，人民出版社，1965年版，第22页。
[2]《马克思恩格斯文集》第4卷，人民出版社，2009年版，第304页。

质生产劳动构成了人类社会历史存在和发展的基础，那么群众的活动必然会影响人类社会历史的发展。正如马克思所说："群众给历史规定了它的'任务'和它的'活动'。"[1]"历史的活动和思想就是'群众'的思想和活动。"[2]马克思正是对人类历史进行了深入考察，才发现只有群众参与的历史活动才会创造出有价值的事业。以往的革命未获得胜利的一个重要原因就是忽视和脱离了群众，对群众的利益漠不关心，因此未能动员和掌握群众、也无法唤起群众参与历史的热情和革命性所造成的。因此，"随着物质生产的发展，群众必然会认识到自己的利益同少数统治者的利益相冲突，必然会日益自觉地参加到社会的历史活动中来，群众必然成为社会进步的主要动力。"[3]并且在人类社会历史的发展中发挥重大作用。

第一，马克思的群众范畴首先是一个总体范畴，是一个特定的群体或人群。根据马克思对群众范畴的理解，群众首先指的是在一定社会中存在的占人口绝大多数且生活在社会底层的劳动群众。劳动群众体现了社会发展的运动规律和总趋势，并且成为推动社会发展的主要力量。一方面，劳动群众通过自己的物质生产劳动不断改变自然界，使其满足自身发展的需要；另一方面，劳动群众不断在劳动活动中结成一定的社会关系并且通过劳动活动来不断改变这种关系，使其呈现为"历史"。从这个基础来看，劳动群众是历史的创造者。马克思采取辩证的态度来认识群众范畴：一方面，看到了群众范畴作为一个总体范畴，指的是在推动社会发展中的绝大多数劳动群众；另一方面，又肯定了构成群众的一个个单个的现实的个人在推动社会历史发展中的作用。"历史是这样创造的：最终的结果总是从许多单个的意志的相互冲突中产生出来的……有无数个力的平行四边形，由此就产生出一个合力，即历史结果。"[4]在现实的个人中

---

[1]《马克思恩格斯文集》第 1 卷，人民出版社，2009 年版，第 285 页。

[2]《马克思恩格斯文集》第 1 卷，人民出版社，2009 年版，第 286 页。

[3]《马克思恩格斯文集》第 1 卷，人民出版社，2009 年版，第 287 页。

[4]《马克思恩格斯文集》第 10 卷，人民出版社，2009 年版，第 592 页。

对人类社会历史发展起到巨大推动作用的无疑是英雄人物、杰出的个人和领袖。他们作为人民群众的领导者，对人类社会历史的发展趋势及方向起着巨大的影响和作用，但是我们不能无限地把这种影响和作用夸大。毕竟英雄人物、杰出的个人、领袖以及伟人都是从人民群众中产生出来的，绝不能脱离群众和阶级。因此，历史从本质上来讲，还是人民群众创造的。

与此同时，马克思主义创始人在建立世界第一个无产阶级政党的时候就强调要保持党与工人阶级群众的基本关系，就是党必须以工人群众为依托不断发挥自己作为无产阶级革命事业的领导者的推动作用。政党是以阶级和群众为基础的，是阶级中的一部分，来源于群众。工人阶级构成了无产阶级政党实现自身领导作用的重要阶级基础。正是基于以上理解，马克思主义创始人为实现未来的共产主义社会找到了现实的阶级力量，获得了广泛的群众基础。在现代社会，群众以无产阶级为核心，要保障无产阶级革命的胜利，就需要无产阶级政党来领导本阶级。因为无产阶级政党在实践方面，"是各国工人政党中最坚决的，始终起推动作用的部分；在理论方面，他们胜过其余无产阶级群众的地方在于它们了解无产阶级运动的条件、进程和一般结果。"[1]因此，无产阶级政党和群众的根本利益是一致的，作为推动无产阶级解放事业的领导力量，它能够为无产阶级革命指明前进的方向，能够把无产阶级组织起来以取得革命的胜利。

第二，在阶级社会，群众范畴自身的具体内容会受到该社会阶级状况变化的制约。由于自身利益以及生活状况的不一致，在群众这个范畴内部也会出现这样一种情况：在阶级社会中，群众在不同的国家和不同的历史时期会有不同的构成；在同一个国家的不同历史时期和阶段也会有不同的内容。所以按照马克思的理解，群众范畴也是一个历史范畴，它处于不断变化的动态发展之中，随着人类社会的发展，群众的内涵和范围也会不断扩大，发生变化。但有一点是毋庸置疑的，即不论历史发生怎样的变化，群众的主体和稳定部分始终是从事物质资料生产、推动社会生产力发展的劳动群众。在阶级社会中，群众范畴

---

[1]《马克思恩格斯文集》第2卷，人民出版社，2009年版，第44页。

具有一定的阶级性，尤其是在马克思所生活的年代，群众范畴主要指的是被统治阶级即无产阶级或无产者。这是马克思主义创始人在 19 世纪三四十年代对当时的社会现实进行分析所得出的结论。在马克思所生活的时代里，人们的自主活动和物质生产的分离状态达到了非常严重的地步，以至于人们的物质生产即劳动始终是作为自主活动的否定形式而存在。也即是说，此时的劳动失去了任何自主活动的假象并成为摧残人们生命的一种手段。在这里，马克思所关注的"人们"其实主要就是指无产者。不过马克思此时也看到了无产者争取自身解放的现实可能性，他强调："只有完全失去了整个自主活动的现代无产者，才能够实现自己的充分的、不再受限制的自主活动。"[1]

第三，人民群众是人类历史的真正创造者。人类历史从本质上来讲，就是在现实的人的劳动活动中形成和实现的。而劳动中的人民群众构成了物质资料生产的主要力量，他们用自己的双手靠辛勤劳动不断进行着连续不断的生产，从而创造着整个人类社会。人民群众一方面在劳动的过程中不断改进劳动工具、提高自身的劳动技能、增加丰富的劳动经验，从而提升劳动过程，并在这个过程中使自身得到不断完善，从而创造出越来越丰富的且能够满足人们多样化需要的物质财富；另一方面人民群众在劳动的过程中不断改进和完善社会关系、生产关系以及人与人之间的其他关系，并且推动着社会不断朝着有利于人的发展和适合人的本性的方向前进。正是有了人民群众通过劳动所创造出来的物质生活资料，人类及其社会才能够得以存在和正常运转，在此基础上才会有从事政治的、科学的、文化的等其他领域的活动，进而才会有科学、艺术、精神文化等方面的发展和提高。因此，可以说，人民群众是社会历史的主体和创造者，是社会发展的决定力量。人民群众在现实实践活动中不仅创造了人类社会的物质财富和精神财富，成为社会财富的创造主体，而且还解决社会的根本矛盾使生产方式和社会形态不断向前发展，成为推动社会变革的决定力量。既然人民群众是人类历史的创造者和承担者，又是社会发展的决定力量，那么判断一个

---

[1]《马克思恩格斯文集》第 1 卷，人民出版社，2009 年版，第 581 页。

社会发展是否实现最终目的的重要标准就是社会是否最大限度地满足了人民群众的需要，实现了人民群众的利益，社会历史发展的最终成果是否被人民群众所享有。

在《神圣家族》中，马克思一方面明确肯定了物质生产作为历史发源地的重要性，另一方面又积极探讨了历史主体人的作用，尤其是群众的重要作用。他强调："历史活动是群众的活动，随着历史活动的深入，必将是群众队伍的扩大。"[1] 随着群众队伍的不断扩大，工人群众必将在创造人类社会历史的过程和推动人类社会历史发展的过程中占据主导地位，并且通过消灭一切违反人性的不合理的生活条件，最终实现自己的解放和全人类的解放。

通过对群众范畴和阶级范畴的具体分析，不难发现，人民群众的生产劳动和无产阶级的革命运动才是创造历史的过程，而人民群众创造历史的归宿则是要实现共产主义社会。这彰显了马克思为人类解放和实现人的自由的全面发展之路指明了所要依靠的历史主体问题。同时，我们前面所提到的生产力范畴、生产关系范畴、社会存在范畴等如果离开现实的人，离开群众的主体性，就会变成空洞的、毫无生机和活力的抽象概念，这些范畴所揭示的历史唯物主义的理论也将无法转变成现实。因此，只有把人类社会历史发展的主体与客体逻辑统一起来，才能更好地理解历史唯物主义理论体系。

---

[1]《马克思恩格斯文集》第 1 卷，人民出版社，2009 年版，第 287 页。

第 6 章

历史唯物主义基本范畴体系的
逻辑主线和逻辑旨归

我们要基于以上各章的内容，重点来分析一下历史唯物主义基本范畴体系的逻辑主线，即历史唯物主义诸范畴是围绕着什么主线来展开的。同时，我们还要弄明白历史唯物主义基本范畴体系的逻辑旨归，即最终落脚点是什么这样一个问题。下面我们就来逐一进行说明。

6.1　历史唯物主义基本范畴体系的逻辑主线

所谓逻辑主线，就是一个理论体系围绕其发展的脉络之所在，不仅这个理论体系形成和发展的各个阶段都体现着逻辑主线，而且该理论体系以范畴形式得以展开的各方面也都贯穿着这个逻辑主线而进行的。因此，可以说，一个理论体系就是围绕着其逻辑主线来架构和展开的，它对一个理论体系的完整理解是至关重要的。我们研究历史唯物主义基本范畴体系，同样需要对其逻辑主线这个问题进行深入分析和说明，只有这样，才能达到对历史唯物主义基本范畴体系的全面而深刻的把握。通过逻辑分析我们发现，马克思在谈论历史唯物主义及其诸范畴时，不论在哪种情况下，都是始终与人的发展、社会的发展以及劳动的发展联结在一起来谈及的，任何一个范畴都脱离不了这三方面中的任何一方面。换言之，历史唯物主义本身或者其构成要素也就是其诸范畴、概念和原理等都在一定意义和角度上蕴含着劳动的发展、人的发展和社会的发展的有机统一或者其中的某一方面和内容。因此，我们有可靠的根据来把劳动的发展与人的发展和社会的发展的有机统一作为历史唯物主义基本范畴体系形成的逻辑主线。同时理解这一线索也成为我们通向历史唯物主义实质性的路径。

6.1.1 逻辑主线：劳动、人和社会发展的有机统一

在前面我们提道，劳动范畴在历史唯物主义理论体系中占据着重要的地位，它构成了历史唯物主义范畴体系的逻辑起点。在劳动范畴的逻辑展开过程中，逐渐形成了历史唯物主义的一系列其他范畴及概念。通过对劳动展开过程的详细考察，我们发现，马克思在谈及劳动及其发展时始终是紧跟着谈论人及其发展和社会及其发展的。从本质上讲，劳动始终是人的劳动，而人及其劳动又是构成社会的必要前提和条件，因此可以说，劳动的发展史是与人的发展史和社会的发展史是相一致的。针对这一点，马克思和恩格斯坚决要求，"把历史当作一个十分复杂并充满矛盾但毕竟是有规律的统一过程来研究。"[1]而且他们还把关于社会历史发展一般规律的历史唯物主义在某种意义上称为关于现实的人及其历史发展的科学。这就表明，对社会历史的本质及其发展规律的揭示实质上也是对现实的人及其历史发展的科学把握，是对现实的人的劳动活动及其发展规律的科学研究。从某种角度上可以说，人类社会的发展其实就是在以人的劳动为基石而产生的生产力与生产关系矛盾运动的基础上，追寻着人的自由而全面发展目的的实现。因而离开人的发展和社会的发展来谈论劳动的发展是错误的，同样地，离开劳动的发展来谈论人和社会的发展也是错误的。正是在这个意义上，我们说对劳动的研究内在地、必然地包含着对人的发展以及社会的发展规律的揭示，它体现了人的发展与社会发展规律的有机统一。

从人类社会历史发展规律形成的机制来看，社会发展的规律实质上就是人的劳动活动的规律。关于社会的发展马克思有一个非常重要的观点，就是他把社会形态的发展看作一种自然历史过程。在马克思看来，人类社会的发展与自然界的发展具有相同之处，它们都具有不以人的意志为转移的客观规律性，因而是一个客观的、物质的辩证发展过程。但仅仅看到这一点还是不够的，还应

---

[1]《列宁全集》第 21 卷，人民出版社，1959 年版，第 39 页。

该注意到人类社会的发展不同于自然界的地方。这主要表现为自然界的发展变化是无意识的、是盲目的，其一般规律就是通过这些无意识、盲目的动力之间相互作用表现出来。而社会的发展与之截然相反，在社会历史领域中进行活动的人是有意识、有目的的，而且人类社会的历史就是由世世代代的人们连续不断的劳动活动创造出来的，其发展的一般规律就是通过人类有意识、有目的的劳动活动表现出来的。尽管任何人一生下来就会面临无法自由选择的既有生产力、生产关系、资金、环境等状况，这些历史条件不仅不以人们的意志为转移，而且还预先规定着人们的生活条件和活动方式的特点。这就决定了人们不能随心所欲地去创造历史，但这也不能说明人们因此就无能为力。恰恰相反，人作为有意识有目的的能动存在物，可以按照自己的目的和需要去改变原有的生产力和生产关系等物质条件。正是现实的、活生生的人类的这些有意识、有目的的劳动活动构成了人类社会发展的历史。人类社会发展的历史不过是追求着自己目的的人所从事活动的发展历史而已。换言之，人类社会历史规律就是作为历史主体的人的劳动活动的产物，是人的劳动构成了社会形成的源泉以及整个社会存在和发展的基础。离开人的有意识、有目的的劳动活动，就不会有人类社会的存在，更别提人类社会的发展规律了。从这个意义上说，人的劳动作为一种积极的、创造性的活动成为人类社会历史现实存在和发展的唯一可能的方式。这就表明，人类社会历史过程并不是在人的劳动之外独立存在的什么别的东西，其实它就是产生、存在并且实现于人的劳动活动之中，所以说它自身就是人的劳动的发展规律。正如恩格斯所说：“社会发展规律就是人们自己的社会行动的规律。”[1] 离开了人的劳动活动以及人们之间的相互作用，社会历史规律也就失去了它赖以存在的条件和发挥作用的场所。

由此可见，马克思从来不是抽象地去谈论人和社会，当他说到人时，始终说的是处于一定社会中的人、是具有社会关系的人；当他说到社会时，始终说的是处于一定历史阶段的社会、是具有特定性质的社会。因而，这样的人和社

---

[1]《马克思恩格斯文集》第 3 卷，人民出版社，2009 年版，第 564 页。

会也是处于一定生产方式之中的人的劳动的产物。可见，劳动不仅是人作为社会个体形成和发展的必要前提和条件，而且也是社会自身存在和发展的基础。人们进行的物质生产劳动不仅能够创造出物质生活资料来满足人们的基本需要，同时也保证了社会生活的生产和再生产，所以说，劳动产生了社会本身以及人本身。马克思是把劳动的发展与人及其社会的产生和发展过程紧密地联系在一起，甚至可以说是作为一个统一的过程来进行考察的。也正是在这个考察的过程中，马克思在劳动的从抽象上升到具体的运动中揭示出了人及其社会历史过程的全部奥秘。正是从这个意义上，对人类社会来说，社会的发展与进步程度主要是取决于人的劳动的性质及其发展程度。生产力与生产关系其实就是："交往形式与个人的行动或活动的关系。"[1]在共产主义社会，人的劳动真正成为确证人自身生命力量的自主活动并且是与物质生活的生产方式在本质上是一致的，正如马克思所说，人的"自主活动才同物质生活一致起来"，而这种一致过程"又是同各个人向完整的个人的发展以及一切自发性的消除相适应的"。[2]可见，马克思通过对劳动的认识来表达他对整个人类命运的关注以及对整个人类社会理想状态的揭示，从而使社会发展、人的劳动与个人的发展一致起来。总之，在历史唯物主义中，人的劳动的发展图式与人的发展图式以及社会形态更替的发展图式之间具有本质上的一致性。进一步来讲，人的发展与劳动的发展是马克思对社会的发展进行研究的两个维度，而劳动的发展又是把人的发展与社会的发展联结起来的中间环节。

6.1.2 劳动的发展和人的发展是研究社会的发展的两个维度

通过对历史唯物主义范畴的考察和进一步研究，我们发现，历史唯物主义绝不是什么对外在于人类主体的社会客观规律的直观映射，恰恰相反，它就是

[1]《马克思恩格斯文集》第1卷，人民出版社，2009年版，第575页。
[2]《马克思恩格斯文集》第1卷，人民出版社，2009年版，第582页。

建立在人类主体通过劳动活动对外部对象及人类自身进行历史改造之上的科学认知。这样，马克思在对社会发展进行研究时，他的思想逻辑中便呈现出一个非常重要的特点：既坚持从社会历史发展的现实基础出发又坚持从社会发展的主体即人的发展角度来对其展开研究。在这里，我们可以将前一种研究的逻辑思路概括为尊重社会现实基础的客观逻辑即劳动的发展维度；将后一种研究的逻辑思路总结为高扬人类主体在社会历史进程中的主导地位的能动逻辑即人的发展维度。毋庸置疑，这一思想逻辑的两个尺度之间绝不是各自独立、毫无关联的，相反，无论是从历史角度分析还是从逻辑角度分析，二者之间都是相互影响、相互渗透、内在地贯通在一起的。可以说，人的发展尺度是置于劳动的发展基础之上来开展的。也就是说，劳动的发展与人的发展在马克思对社会的发展研究之科学立点上被有机统一起来了，这一点尤其值得我们注意。正如张一兵教授所言："马克思第一个伟大的发现，恰恰确立于历史的、现实的、具体的社会物质生活中，科学地确定了人类主体的能动地位。在这里，我强烈地觉察到马克思的科学历史观应该有两个重要的逻辑层面：既科学地说明了人类主体的能动性和主导地位，又坚持了社会发展的一般物质生产基础和客观必然性，是历史地肯定人类主体作用的历史辩证法与坚持从现实物质生产出发的历史唯物主义的完整统一。"[1] 鉴于此，我们便可以得出这样的结论：马克思正是通过对人类主体能动的物质性活动即现实的人的劳动活动的历史确证来创立历史唯物主义的。为了说明这一点，让我们进一步对此做一些必要的分析和阐述。

　　与黑格尔把人类社会历史发展的规律归结为历史理性不同，马克思认为人们的劳动尤其是物质生活资料的生产劳动才是人类社会存在和发展的客观基础，是人类社会历史过程的源泉。尽管马克思极为重视物质生产劳动的基础地位和作用，但这并不表明马克思就脱离了人。事实上，人作为劳动活动的主体与劳动作为人所独具的存在方式二者是同一的。这表明，劳动是人的一种主体性的

---

[1]张一兵：《马克思历史辩证法的主体向度》，南京大学出版社，2005年版，第2页。

活动，人在劳动活动中不仅发挥着对社会的能动的改造作用而且还不断改变自身、提升自身使自身不断得到发展，因此可以说，劳动也就把人的自我发展包含在了其中。因此，当历史唯物主义把人类社会看成是劳动发展的结果时，其实也就是从主体方面去理解社会。就像马克思所说的："人们的社会历史始终只是他们的个体发展的历史，而不管他们是否意识到这一点。"[1]不过马克思是非常反对从抽象的个人即孤立的鲁滨孙式的个人出发来谈论人类历史发展的，他"所致力于探讨的不是那个大写的'人'的主体性特征或存在论内涵，而是那些在现实社会生活中支撑这个概念的具体的人的状况，即处于现实社会关系中的人"[2]。然而人们的社会关系又是在劳动活动中形成的，并且人们也是通过现实的劳动活动来调整和改造这些社会关系的。因此，我们说社会的发展是离不开人的劳动以及人的社会关系的发展的。马克思从来也没有离开过人及其活动来谈论历史。相反，马克思是非常注重通过对人的研究来说明社会历史的发展的，并且他从人的发展角度把社会形态的发展划分为三个阶段，即人的依赖性阶段、以物的依赖性为基础的人的独立性阶段以及人的自由个性阶段。由此可见，人类社会的发展进程不过是人通过劳动不断发展自己的过程。诚然，人在进行劳动时会受到各种客观规律的制约，但我们仍旧不能把社会发展的规律看成是独立于人类之外的某种神秘力量的规律，而应该看作人发展的规律。

在马克思看来，人作为一种积极的、能动的社会存在物，其独有的存在方式就是劳动活动，因而一个人可以自由支配的时间以及个人的劳动能力的发展等方面都可以看作衡量人的发展的内容。所以说，一个人对时间的分配和利用以及他劳动时间的多少都从一定程度上反映出其存在的状况与发展的程度。然而事实上，时间对每一个人来说都是一定的且有限的，当一个人将更多的时间分配到劳动时间即用于维持自身肉体生命生存的时间中，显然他自己所能够享受和发展的时间就会相应地减少。也就是说，当人们利用绝大多数的时间去从

---

[1]《马克思恩格斯文集》第10卷，人民出版社，2009年版，第43页。

[2]唐正东：《马克思在何种意义上是一位现代哲学家》，《哲学研究》，2002年第5期。

事作为谋生活动的劳动时，那他必然就不会有更多的时间拿来去发展自己，更无法谈及什么人的自由与全面发展。所以，人要想实现自己的积极存在从而获得真正的自由发展，就需要不断去节约劳动时间，因为这必然会"增加使个人得到充分发展的时间"[1]。要想真正将劳动时间缩短以获得更多可供其自由支配的时间，单纯靠个人的想象或人为的减少是不行的，而必须依赖于社会生产力的大力发展。只有以人类社会生产力的充分发展为基础，人们才不会再把更多的时间用于直接的劳动时间中，而生产力的高度发展又是靠人们的劳动来创造的，因此我们说离开了劳动的发展，就没有人的发展，只有通过劳动才能够实现人的发展。这就是说，只有在现实的劳动中人们才能获得诸如体现人的发展的科学技术与知识、创造才能与方法等要素，而且这些要素也只有参与到现实的劳动过程中才能发挥其创造作用。

在马克思看来，人类历史表现为："发展着的、由每一个新的一代承受下来的生产力的历史，从而也是个人本身力量发展的历史。"[2]由于人们在劳动过程中创造出了生产力，因此关于劳动的发展实际上也就是关于人的本质力量的发展。既然生产力和生产关系都是在人的劳动活动中形成的且"这二者是社会个人的发展的不同方面"[3]，那么我们就可以把这两者看作对个人的发展的抽象，所以生产力并不是脱离人而存在的外在于人的力量，它其实就是人自身及其活动的物质力量；生产关系也不是超历史的预成的实体，而是在人的生产劳动过程中所形成的人与人之间的经济关系。因此，我们说生产力与生产关系在一定程度上都体现着个人发展的水平和程度，而且只有在个人的劳动活动中两者才能真正统一起来。当我们从劳动的发展角度去考察社会发展时就已经转换了考察问题的视角，即强调了从人的发展的不同方面来研究人类社会的发展。这样看来，马克思就从劳动的发展中引申出了人的发展维度。但这并不代表人

---

[1]《马克思恩格斯文集》第 8 卷，人民出版社，2009 年版，第 203 页。

[2]《马克思恩格斯文集》第 1 卷，人民出版社，2009 年版，第 576 页。

[3]《马克思恩格斯文集》第 8 卷，人民出版社，2009 年版，第 197 页。

的发展维度只是简单地从劳动的发展中一般推论出来的，相反，人的发展维度在新的高度和层次上进一步提升和丰富了劳动的发展尺度。正如马克思所说："个人的充分发展又作为最大的生产力反作用于劳动生产力。"[1]这就是说，个人的充分发展会影响劳动要素的深刻变革以及重组，进而引起整个生产力结构的变革。不可否认，人作为劳动者是生产力系统结构中最活跃也是占据主导地位的因素，因此人的发展也日益被凸显出来并得到重视。在现代信息化社会中，脑力劳动者占据的比重越来越重且在社会生产中发挥的作用也越来越突出，因此人的生产经验、科学知识、劳动技能以及文化素质等的提高与进步对于生产力的发展便具有了决定性的意义。人作为劳动的主体，劳动的发展其实说的也就是人的劳动的发展。当然说到人的发展时也并不是与劳动无关的，因为人只有在劳动中才是现实存在的，人的本质也只有在劳动过程中才能形成和展现出来，所以不能用人的发展来贬低劳动或否定劳动。因此，我们在谈及社会的发展时要把这两种维度结合起来，而不是将二者对立，当然这里所说的将二者结合起来并不是刻意地去强求一致，而是致力于探讨其背后的深层意蕴。

总之，劳动创造了人，而人一旦产生就会以自身的存在形式影响社会发展从而赋予社会发展以新的维度。所以如果仅仅从劳动这一客体角度来研究社会的发展，那只能获得一种片面的研究和认识，因此我们还需要从人的发展角度即主体角度来揭示人类社会的发展。只有从劳动的发展和人的发展的双向角度去考察社会的发展，才能达到对人类社会历史规律的深刻认识。

6.1.3 劳动的发展是人的发展和社会的发展相结合的环节

在历史唯物主义的宏伟视野中，马克思是从人与社会的共同关系中来理解社会和人的发展的，他把对社会的发展的研究始终是与对人的发展的研究结合在一起进行的。每个人的发展都会受到他所处的社会制度的制约，而社会制度

---

[1]《马克思恩格斯文集》第8卷，人民出版社，2009年版，第203页。

的发展又受着一定历史阶段上生产力发展的制约。因而所谓离开人的劳动、离开社会的发展来抽象地谈论人及这一问题必然是历史唯心主义的观点。人是有意识、有目的地进行劳动活动的，人的这种能动活动使人类社会区别于自然界并显示出特殊的发展规律。同时社会存在、社会意识、生产力、生产关系、经济基础、上层建筑、阶级和阶级斗争、国家与社会革命、人民群众等这些历史范畴和历史活动的主体都是人，如果没有人就没有这些范畴的存在，也就不会形成历史唯物主义理论体系了。所以，我们强调社会的发展与人的发展是紧密地结合在一起的。从历史上看，人的发展与社会的发展具有同步性；从逻辑上讲，人的发展与社会的发展是相互依存、互为前提的。诚然，在不同的历史时期和阶段，马克思的理论研究重点会随着他所针对的不同任务而发生相应的改变，但是以劳动的发展为线索来反思和论证人的发展过程与社会的发展过程的统一却是马克思终其一生的理论要旨，也是历史唯物主义的基本特征。这是因为劳动是人类社会生活的现实基础，它构成了人类历史的本质。既然人们在劳动过程中通过劳动对象化把自己的本质力量体现在劳动客体上，那么我们就可以通过劳动客体的发展来衡量人的本质力量的发展程度。就是说，关于人是什么以及人的发展问题只有借助于劳动的发展过程才能得到根本的解答。对此，马克思进一步指出，人们现实中的社会关系的总和就表明了人的本质状况。而这些社会关系正是在人们劳动的基础上不断形成和延续的，并且还规定着人的主体地位，决定着人的社会存在。这样来看，人的发展实质也就表现为这些社会关系的不断变迁与升华上。而正是人们所发生的社会联系和关系的总和构成了所谓社会，所以当人们的社会关系和联系随着劳动的发展而发生变化和发展时，社会也就相应地发生变化和发展了。正是在这个意义上，马克思把人的自我实现和发展看作是社会历史发展的内容和价值目标，并且认为人的发展与社会的发展从根本上说是同一个历史发展过程。从人类总体历史上来看，人类社会历史的发展其实就是人们利用自身力量不断追求自由幸福和发展的过程。伴随着人的劳动的发展，人类社会历史会得到相应发展，与此相适应的是个人也将从地域性的个人转变为世界历史性的个人。正是这样，马克思才一直强调共产主义社会是人的发展与社会的发展的统一，并且认为这种统一是在劳动的发展过程中实现的。可见，劳动在历史唯物主义范畴体系中有着属于自己的重要地位，它是联结社会的发展与人的发展的中心环节和重要基础。

在马克思看来，劳动作为人用来实现其自身与自然之间物质变换的一般人类活动，是任何人类社会都具有的基本条件，无论是人的发展还是社会的发展，都是在人的劳动过程中形成的，也是通过人的劳动来得以实现和确证的。首先，劳动使古猿变成了人、创造了人本身，而人的这种最初的劳动又创造出了社会。人类生活在原始社会的蒙昧时代时，生产力水平极为低下，社会根本没有多余的产品。因此，不存在自由自觉的劳动这种人的本质和发展。随着人们劳动生产力水平的提高和发展，人类社会出现了剩余产品，伴随着剩余产品的出现，人们开始进行产品交换活动从而产生了自发的社会分工。这种自发分工相对基于生理和地理的自然分工来讲是一种历史进步，它使人得到了一定程度的解放。但由于有了自发分工，人类社会也就出现了私有制这一特殊的生产关系。私有制的出现使劳动主体与劳动客体的关系由原始的自在的统一转变为异化了的关系，这种异化的关系严重阻碍了劳动者个人的发展并对劳动者个人带来了极大的不幸。若从整个人类社会的发展来讲，我们可以很客观地说，这个过程是给人类社会提供了巨大的物质生产力的。然而即便如此，这种以私有制为基础的生产关系为生产力所提供的发展空间却又是很有限的，由于生产力的社会化发展，它必然会要求消灭这种不合理的私有制，发展适合人类生存的公有制的生产关系。在公有制社会尤其是在未来的共产主义社会中，劳动主体将会在社会化大生产以及社会普遍交往的基础上重新占有劳动条件及劳动客体，这样，劳动者的劳动就转变为真正的自主活动，每个人也都获得了全面发展自己个性和能力的机会与条件。到那个时候，社会的发展与人的发展就达到了真正的统一，人也成为真正脱离了动物界的自由的人，随之相应的是社会也真正成为人的社会，并由史前阶段进入真正的人的社会历史发展时期。但我们要注意一点，即便是到了共产主义社会，人类社会也并没有完结。那时，人类社会历史会继续前进，与之相应人的本质、人的价值、人的个性等也会得到进一步发展。从这个过程可以看出，伴随着人类社会的发展，人也是不断得到解放和发展的。

总而言之，对人的发展和社会的发展的规定及其相互关系的阐明，都必须坚持这样一个基本的方法论原则，那就是紧紧抓住劳动的发展来进行阐明。也就是说，要从人的劳动出发来理解社会和个人的关系及其发展，只有这样，才能使人们对社会的发展和人的发展的认识达到科学的高度。同时马克思也正是抓住了现实的人的生产劳动，才找到了打开人类社会历史之谜的钥匙，并且第一次把历史观置于科学的基础之上。质言之，历史唯物主义的科学性就在于它从现实的人的劳动出发，用劳动的发展来说明人的发展和社会的发展，并以此为线索来阐明人类不断通过劳动活动创造解放自己和全人类的条件、开辟走向自由王国的路径。

6.2　历史唯物主义基本范畴体系的逻辑旨归

6.2.1　人的自由而全面发展是历史唯物主义理论体系的逻辑旨归

人的自由而全面发展是社会发展的必然结果，是人的发展的内在要求，是劳动发展的逻辑旨归。前面我们分析过，生产力和生产关系的辩证矛盾运动规律给我们的启示就是，我们在判断社会的进步时，主要的标准就是生产力的标准。而生产力中既有人的要素又有物的要素，同时人在生产劳动中是占据主导地位的，起着核心作用。所以生产力归根到底是人的本质力量，是人的自主活动。因而在判断社会的进步和发展时，不能只看到物的进步，更应该看到并重视人的发展和进步标准。也就是说，人的发展和进步才是衡量社会发展和进步的最根本的标准。在第四章中考察人的劳动现实发生和展开的过程中，我们得知人的需要和利益是劳动展开的潜在发生机制。从这种角度来说，人的需要和利益也就内蕴人所应追寻的一种生存状态，即人不但要生存下来而且还要自由地、全面发展地生存这样一种状态。与此同时，现实的人不仅能够通过自身的生命活动即在自身的劳动活动中获得充实、享受和幸福，而且还能通过自身的劳动去创造自己特有的社会关系，并且进一步通过劳动来变革不适合人的社会关系从而建构起新的社会关系，使人成为自由的、全面的人。这表明，人不但是作为劳动的主体而存在，同时还是作为从人的劳动活动所引申出来的人类社会关系、生产关系的主体而存在，作为这种主体的人还是人们劳动活动本身及其关系发展的目的。即人们不断地认识、改造客观自然，创造社会历史的目的是满足人类自身生存和发展的需要，也是实现人的自由而全面发展的目的。因此，我们说人的发展作为社会发展的终极价值目标，这是马克思一贯的思想并且贯穿于马克思的一生研究中。质言之，作为马克思两大发现之一的历史唯物主义的重大价值不仅在于它对人类社会的历史发展之谜进行了科学揭示，而且更重要的是在此基础上，它时刻在探寻着实现人的自由而全面发展的途径和条件。

人作为社会历史发展的主体，也是现实生活中从事劳动的主体，因而对人的现实关注和重视也应该是人类社会历史理论所关注的研究终点。人的问题是马克思非常重视的一个问题，并不是像萨特所说的，马克思主义存在着一个人学空场，相反，历史唯物主义有着明显的人文价值取向。马克思在深入探索人类社会历史发展一般规律的基础上，强调要注重研究人如何随着社会历史的进步与发展而逐步实现自身的解放和发展。换言之，马克思在探寻人类社会历史发展规律的进程中是紧紧服务于人类解放和人的自由而全面发展这一思想主旨的。这样也就是使人的自由而全面发展的逻辑旨归落在了现实研究的基础之上，成为科学的理想目标。由此可见，对人类解放命运的高度关注以及对人的自由而全面发展的深刻阐明必然要求对人类整体历史发展予以特殊观照。按照历史唯物主义观点，从历史活动的主体即从人的自身解放和发展的角度来讲，人的自由而全面发展是共产主义社会一个不可或缺的基本特征和基本原则。正如有的学者指出的，"不是物的原则占据主导地位，而是人的自由、平等和全面发展的原则占主导地位，后者才是共产主义的基本原则和本质特征"[1]。

这是因为，共产主义社会作为世界历史发展的必然趋势，它的实现绝不是某一个人、某一个阶级或民族的解放，而是全人类的解放和自由而全面发展。正如马克思所强调的，无产阶级如果不首先解放全人类，那他也就不能够真正解放自己。在能够解放全人类的共产主义社会中，人们将会实现自由而全面的发展，那么处于该社会中的人也必然是作为世界历史性的个人而存在的，绝不是作为某种地域性的个人而存在。这也是实现共产主义社会的本质要求所在。同时，历史唯物主义所彰显的人文价值取向和深厚的现实关怀与目标也是向着共产主义社会人的自由而全面发展的方向前进。由此可见，历史唯物主义背后蕴含着深厚的感性的现实关怀，是为真正实现人的解放和个人的自由而全面发展而服务的。人类社会发展的历史在某种角度上就是人类自身的发展史，正如恩格斯所指出的："现代唯物主义把历史看作人类的发展过程，而它的任务就在于发现这个过程的运动规律。"[2]可见，人的问题是马克思历史唯物主义所关怀的最高问题，也是其最终问题。在逻辑上，我们把人的自由而全面发展规定为历史唯物主义基本范畴体系的逻辑旨归。也就是说，人的自由而全面发展作为历史唯物主义基本范畴体系的逻辑旨归是逻辑发展的必然选择和结果。只有对这一逻辑旨归有一个清晰明了的认识，才能获得对历史唯物主义自身的科学而完整性的理解。

6.2.2　人的自由而全面发展的内涵

人的自由而全面发展是在马克思科学分析人类社会的内在矛盾，特别是在揭示了人类社会历史发展的基本规律的基础上提出来的，它自身有着丰富的内涵。

---

[1] 韩庆祥：《马克思开辟的人学道路》，《江海学刊》，2005 年第 5 期。

[2] 《马克思恩格斯选集》第 3 卷，人民出版社，1972 年版，第 64 页。

　　首先我们要对人这一内涵有一个清晰的认识。马克思从来不抽象地谈论人及其发展问题，在创立历史唯物主义的过程中，他对人的理解有着一个认识上的过程。我们在这里将其归纳为五层含义：一是有生命的个人；二是现实的个人；三是社会的个人；四是有个性的个人；五是完整的个人。历史唯物主义所要求实现的人的自由而全面发展中的人首先指的就是"有生命的个人"。马克思曾经说过，有生命的个人的存在构成了人类社会历史发展的第一个前提。这种有生命的个人的存在同自然界中的动物一样，都是一种自然存在物，要生存下来获得生命，就会有本能的需要。当面对这种需要去进行活动的时候，有生命的个人就会显示出在本质上不同于动物的特殊性。这种特殊性就在于，动物只是按照本能的需要去进行活动，它同自己的生命活动是同一的；而人则不同，人是按照自己的目的和意识去进行能动地劳动活动。在劳动活动中，人利用自身的本质力量去不断地影响和改造自然，从而创造出满足其需要的物质生活资料。因此，这种能动的、创造性的劳动活动就成为有生命的个人的特殊的生命活动形式。换言之，当我们在说"有生命的个人"的时候，实际上说的就是从事某种实际活动的人。而当人们一旦从事某种实际劳动活动，那么这里的"有生命的个人"也就转变为"现实的个人"。也就是说，现实的个人指的就是在实际劳动活动中存在的个人，因而对现实的个人的理解是与人们的活动及其物质生活条件的总和丝毫不可分开的，它们在本质上是一致的。当现实的个人去进行劳动活动的时候，他必然会与其他人发生关系和联系，而且只有在这些联系和关系的范围内才会有他们和自然之间的关系，才可以进行生产。由此我们可以说，现实的个人除了直接地是一种有生命的、能动的自然存在物之外，他更是一种社会存在物，即是处于一定社会中的人，是作为"社会的个人"而存在的。就像马克思所说的："人不是抽象的蛰居于世界之外的存在物。人就是人的世界，就是国家，社会。"[1]可见，当我们在谈及现实的人时，始终不能忘记他是生活在特定社会阶段中的人，并且始终是作为社会的个人而与自然界、其他人发

_____

　　[1]《马克思恩格斯文集》第1卷，人民出版社，2009年版，第3页。

生相互作用和关系的。一旦脱离了社会，现实的个人就会变为一种抽象的人而无法被人们认知。而这种抽象地去谈论人也正是马克思所一直反对和批判的做法。一定的社会关系的总和规定着人们的社会性存在，并决定着人究竟是处于一种怎样的社会和获得了一种怎样的发展。可见，作为现实的人的存在方式的劳动显然是一种社会的活动，因此我们更加应该注重从社会性上来考察现实的个人。这里的社会性主要表现在人的活动、关系和生命运动上。当我们按照人们的社会特质来考察人时，这时的人及其发展就已经展现了他们所处的社会的性质及发展变化。由此可见，人们在不断地通过劳动活动去改善和提升他们的社会关系和联系，改变不适合人的本性的社会关系时，他们所处的社会也就会发生相应的变化。前面我们在谈到作为劳动的发生机制之一的交往时，提到过人的劳动活动在马克思理解的原初意义上应该是人的一种自主活动，那么社会中的个人在参与交往活动时就应该是作为一个自主的个人、自觉自愿地去参与到与他人的交往活动中并展示自己的差异性和个性。人们越是有个性、彼此之间越是不同，就越是需要彼此加强交往以发挥自己的特殊作用。而人们越是广泛普遍地参与到交往活动中，人们就越是在这种过程中不断成为一种有个性的个人。这种有个性的个人与完整的个人是同一的。当人们的劳动活动所创造的生产力得到高度发展，人们之间通过交往而发生的社会联系和关系实现普遍化和完善化后，这时的人便会由地域性的个人转变为世界历史性的个人，由社会的个人转变为已经获得丰富性本质和个性的"完整的个人"。在这里，完整的个人是已经消除了社会的自发性对个人的束缚而获得了属于自己的自由而全面发展，因而完整的个人作为主体会自由地发展自己的全部才能并产生出其创造性的生活表现，即自由劳动，从而使人的劳动真正成为人的自主活动，成为历史的事实。

顾名思义，人的自由而全面发展既包括人的自由发展又包含人的全面发展，两者是相互促进、不可分离的。人的自由发展有以下三重含义。其一，人是自己的社会结合的主人，即人是自己的社会联系和关系的主人，而不是社会关系的奴隶。马克思认为，在共产主义社会之前，人们在进行劳动过程时所实现的人与人之间的社会结合是自发产生的,而不是自觉形成的。尤其是在阶级社会中,由于存在着自发的社会分工以及生产力水平的低下,人们的劳动还只是谋生的手段。在这种条件下,人们只有"在一定条件下无阻碍地享用偶然性的权利"的个人自由。所以人们不可能摆脱社会分工的束缚,人们之间的社会结合主要表现为统治阶级对劳动人民的无情剥削和压迫。在这种情况下,人们难以进行真正自由意义上的交往,所以人们并不是自己的社会结合的主人。只有在消灭了阶级、消灭了旧式的社会分工的共产主义社会,人们才能真正享受这种社会关系给人带来的乐趣,享有平等而自由的交往,从此社会才能真正成为自由人的联合体。这时,每个人才能够自觉地控制自己的发展并成为自己社会结合的主人,同时每个人的自由发展也成为一切人自由发展的条件。其二,人是自然界的主人。当人成为自己的社会结合的主人时,人也就能够自觉地通过人们相互之间的活动与合作关系来驾驭周围的自然界这一劳动对象。这时,自然界就不再是统治人、压迫人的资本的物质形式,人也就不再受自然界规律的盲目支配,而是真正自觉地去认识和利用自然界发展的规律,因而人成为自然界的主人。其三,人成为自身的主人。当人成为自己的社会结合和自然界的主人时,就能够自觉地驾驭自己的社会关系和周围的自然界,从而对外部社会和自然的自由也就转变为主体人内部的自由了。人也就成为自己本身的主人,这时,人自身的生命活动即劳动就不再是处于狭隘的谋生需要的劳动了,而是真正成为生活的第一需要,人自身的发展也就成为人类劳动的第一目的。只有在这种情况下,人才能实现为自由的人。

人一旦成为自由发展的人,那么人对外部世界的自由便会与其自身内部的自由真正实现结合,而且是一种自觉的结合。作为这种结合的结果便是人们的劳动成为一种真正的自由劳动。也就是说,此时的主体活动即人的劳动创造活动处于一种发挥其独特个性和潜能的自由状态,成为一种自由自觉的活动。人的自由活动始终是与人的创造性才能联系在一起的,这种创造性才能的发挥使人的劳动活动具有了全面性。由于生产力本身在共产主义社会中实现了高度发展,这使得人们只需要花极少的时间去做社会所必需的工作,因而人们可以不再屈从于被迫的自发分工和狭隘的职业界限，而是有着更多的自由时间可以利用，并且是依照自己的天赋、特长、个性、爱好以及潜能等来发展自己。所以这时的人便会自由自觉地选择自己的发展领域并且在该领域中纵情驰骋，从而使自己所具有的各种潜能得到充分发展。马克思曾说，人的全面发展，"就是人以一种全面的方式，就是说，作为一个完整的人，占有自己的全面的本质。"[1]伴随着人们的生命活动即劳动的自由自觉化和全面性发展，人们的社会关系和联系也将获得全面性的发展。在二者的基础上，作为主体的人的需要、能力和素质也将获得全面发展。

6.2.3　人的自由而全面发展的实现

马克思从人的劳动活动出发，以人的能力的发展以及自由进步的程度为依据，把人类社会的自由进步过程划分为三个历史阶段。分别是"人的依赖关系阶段""物的依赖关系阶段"以及"人的自由个性阶段"。这一点是大家所熟知的，其中第一个阶段指的是人类自由的萌生阶段，这个阶段表现为人对人的依赖关系，主要是指资本主义社会以前出现的社会。它们有一个共同的特点就是都以自然经济为基础，因而不存在发达的社会分工。人与周围自然的对象性关系是天然统一的关系，这种关系是与狭隘的劳动生产以及水平低下的生产力状况相适应的。因而在这一阶段，个人主要是直接依赖于一定的自然共同体的，因而没有实现真正独立，即人是作为一定自然共同体中的成员来存在的。所以人们并没有真正的自由，有的只是狭隘性的人与自然的关系以及贫乏性的个人之间的社会关系。我们可以说，生活在前资本主义社会里的人们仅仅获得了极为有限且是畸形化了的自由，并没有实现人的发展的真正圆满境界。

到了以商品经济为基础的资本主义私有制社会这一阶段，商品交换活动以及社会分工尤其是物质劳动与精神劳动的分工都获得了极大的发展，整个社会

---

[1]《马克思恩格斯文集》第 1 卷，人民出版社，2009 年版，第 189 页。

中出现了一无所获的劳动者和不劳而获的资本家，这就导致人类的劳动活动在性质上发生了变化，形成了异化劳动。同时，人与人之间的社会关系也成为一种外在的关系，并且是以一种异己的、同人对立的物的关系的形式表现出来压迫和支配着人。这就是说，尽管人的劳动能力提高了，但是劳动者却无法控制和享受由自己的劳动所创造出来的产品，相反，这种产品作为一种与人相对立的物质力量驾驭着人，统治着人，从而使人丧失了自己的社会主体地位。人虽然摆脱了人身依附关系，但却转眼就陷入了对物的依赖关系中了。然而这种人对物的依赖关系作为对人的依赖关系的一种否定，实际上却是人的自由发展历程中的一种进步。但我们不能因此忽略这种物的依赖性关系使人们彼此不是把对方看作人，而是看作生产彼此所需要的物品的工具，这就表明人被降低到了物的工具和手段的水平。在这种情况下，我们可以看出，表面上是形式平等而自由的资本主义商品交换过程，实际上却包含着人与人之间的压迫和剥削关系。因此我们认为，在资本主义社会这一人的普遍异化的状态下，并不存在真正的人与人之间的社会关系。与此相应，人的发展也出现了普遍的片面化，同样人的自由虽然获得了一定的进步但实际上却发生了分裂。绝大多数人来承担维持人类生存的物质生产劳动，而只有极少数人来享用劳动成果且获得发展的机会；社会中的少数人获得的相对发展和自由是以大多数人的不自由和片面发展为代价的。然而这种分裂的自由却是人们通向真正的自由和发展的必经之路。这就是说，资本主义社会的充分发展一方面使人们对物的依赖关系达到顶点；另一方面，它所创造的巨大的生产力又为彻底消除这种物的依赖关系创造了条件。只有到了共产主义社会，人们才可以真正实现人的自由个性。在自由个性阶段，历史必然性不再盲目地起作用，人类个体与社会之间达到了真正的和谐，人与人之间的社会关系被置于人们的共同控制之下并成为实现人们自由和全面发展的必要条件。

人的自由而全面发展作为历史唯物主义范畴体系的价值诉求和逻辑旨归，不仅仅是一种思想运动，更是一种历史性的现实社会运动。人必须在自己的劳动中为自己的自由而全面发展创造出基本条件，如人的需要的丰富以及人类自身能力的发挥成为劳动的真正目的，从而形成生产力总和的增加，并且人们能够自主地占有这种生产力的总和，同时人们能够在劳动中真正联合起来形成社会化的人类，在最无愧于和最适合于人类本性的条件下，来共同支配和控制人与自然之间的物质变换过程。总之，人的自由而全面发展的实现需要依赖诸多条件，它需要依靠改变世界的现实力量来得以完成。首先，人类的物质生活资料的生产劳动是人们实现自由发展的基础和必要条件。通过生产劳动，人们能够创造出越来越多的财富，从而为人的自由而全面发展奠定坚实的物质基础，使人们不需要再把过多的时间投入必要劳动中去，腾出更多的自由时间来发展自己，从而使人的自由发展成为可能。同时要扬弃资本主义社会中出现的人的异化以及劳动的异化，就必须在生产力高度发达的基础上使交往普遍化，从而创造出人们全面的社会关系，并且把这种高度发达的生产力以及全面的社会关系置于人们自己的自觉控制之下，从而全面占有自己的本质。只有这样，才能真正消除私有制，实现人的全面发展。正如马克思所说的："随着联合起来的个人对全部生产力的占有，私有制也就终结了。"[1]

其次，要实现人的全面发展和人的自由个性，还需要充足的自由时间。马克思是从现实的个人及其活动的角度来理解时间的，正是由于这一点才会出现这样的情形：随着主体人的活动的不断发展和分化，就会产生相应的新的活动领域，而这些新的活动领域必然会扩大人的活动空间和发展空间，在这种新的空间中人们会建立起新的社会关系，从而发展人自身。正因为如此，马克思强调："时间实际上是人的积极存在，它不仅是人的生命的尺度，而且是人的发展的空间。"[2]这就是说，时间对于人的存在和发展具有重要的意义和价值。尤其是自由时间表明了人对自身动物性的一种超越，同时也是人对外在自然条件的一种摆脱，因而自由时间的多少关系到人的发展空间的大小以及人类自由的进步程度。自由时间其实就是人类在满足生存之必要劳动时间之外用于自由

---

[1]《马克思恩格斯文集》第 1 卷，人民出版社，2009 年版，第 582 页。

[2]《马克思恩格斯全集》第 47 卷，人民出版社，1979 年版，第 532 页。

发展自身的时间。在量的规定性上，自由时间的多少取决于人们剩余劳动时间的多少。因此，剩余劳动就构成了人们的自由时间的基础，正是从这个意义上，我们才不断强调要提高劳动生产率，大力发展生产力，也就是要不断缩减必要劳动时间，留给人们充足的自由时间。可见，工作日的缩短及必要劳动时间的节约便成为人们获取自由时间的一个根本条件和重要保证。随着联合起来的个人对自由时间的合理占有和支配，人们的劳动活动将不再是直接维持其单纯的自然存在需要的自发活动，而是转变为一种使人自由发展其能力和个性并占有自己的全面本质的自主活动。亦即自由时间中的劳动将由人的谋生的手段转变为人的生活的第一需要，并使生产劳动从奴役人的手段变为解放人的手段，即实现了自由自觉性质的劳动。这种真正自由的劳动将会消除私有制和异化劳动，并扬弃人的异化，从而实现人的自由而全面发展。

再次，无产阶级不断争取解放的斗争是人类达到自由而全面发展的必经之路。历史唯物主义理论的现实指向就是无产阶级革命的要求。这是因为我们要使生产力获得高度发展，获取更多的自由时间，就需要改变生产的不合理的社会形式，也就是要改变人类劳动的社会性质。在共产主义社会之前，尤其是在资本主义社会中生产的社会形式是极不合理的，人类的生产劳动始终是外在的强制的劳动，由于生产条件是生产力发展的界限，所以不能为生产力的发展提供足够的空间。尽管资本主义社会创造出了较之前社会多而大的生产力，但是这种财富并不为工人阶级所占有，相反，这种财富是对工人阶级生命力及其全面发展能力的一种掠夺，因而工人阶级变得越来越贫困，越来越受压迫。同时资本主义社会中的自由时间只是供资本家所享用，工人阶级由于过度进行强制劳动因而丧失了发展自己的空间。面对这种状况，无产阶级要想获得解放和全面发展，就必须变革社会关系以改变人类劳动的外在强制形式，就必须通过阶级斗争以摆脱和摧毁这种奴役人、剥削人的社会，从而实现解放自己和解放全人类的伟大历史任务。因此说，"只有完全失去了整个自主活动的现代无产者，才能够实现自己的充分的、不再受限制的自主活动，这种自主活动就是对生产力总和的占有以及由此而来的才能总和的发挥。"[1]
而要达到且实现无产者对生产力总和的占有,就必须使全世界无产者联合起来,
通过革命的途径即不断争取解放的斗争来改变现有劳动的性质,使其转变为真
正的人的自主活动,同时使人类社会被迫的交往转变为真正的人自觉自愿参与
的普遍交往,进而消除人类社会生活条件的一切自发性,使人不断向完整的个
人转变,从而实现人的自由个性的全面发展。总之,实现人的自由而全面发展
并不是一蹴而就的,而是伴随着人类社会历史的发展演进过程,其自身也有着
一个漫长的历史过程。

---

[1]《马克思恩格斯文集》第 1 卷,人民出版社,2009 年版,第 581 页。

结　语

　　值得肯定的是，立足于马克思本人思想发展的历史背景及过程性，依托马克思主义经典文本，捕捉文本本身的理论逻辑，对其进行极其细微而真实的解读，这着实会使我们对这一问题的理解继续向前推进一步，哪怕是很小的一步。历史唯物主义是研究人类社会发展最一般规律的科学，而历史唯物主义范畴体系是研究该科学已经形成和具有的概念、范畴和原理之间内在逻辑关系的，即它是研究一门科学的理论形态的。一门科学如果具有了其所特有的基本范畴以及基本原理，就说明这门科学已经基本形成，然而基本范畴和基本原理在伴随实践发展的过程中也会不断精确和全面，从而使科学不断发展并趋于完善，进而形成自己完整的理论体系。历史唯物主义也不例外。本书主要是找出了历史唯物主义范畴中的基本范畴，并进一步探究和分析每一个范畴所涵盖的内容，在此基础上，立足整体来诠释这些范畴之间的矛盾运动和内在逻辑关系，从而体现历史唯物主义基本范畴体系的整体逻辑。我们将劳动确立为其逻辑起点，不仅可以更好地说明其他范畴的展开以及原理之间的深化内在关系，如劳动与社会存在和社会意识，与生产力、生产关系，与经济基础和上层建筑等范畴是有内在联系的系列；同时也明晰了其基本原理之间的内在联系，有利于人们更好地把握历史唯物主义，从而更加科学地发挥其指导人类社会发展的巨大理论作用，为解决人类社会发展中的重大问题提供更加科学的方法论基础。这样，历史唯物主义的范畴体系从最抽象的开端范畴通过逻辑递进过程逐步上升到具体范畴，从而实现了对马克思主义创始人发现人类社会规律的理论概括和逻辑再现。

我们在研究历史唯物主义逻辑体系的过程中，不能就范畴研究而进行范畴研究，而要对范畴做全面的、动态的、总体的考量，既要研究范畴的形成与转化，又要研究范畴与原理之间的辩证关系；既要对其范畴做静态的研究，又要对其进行动态的考察；既要研究范畴的一般性质，又要研究范畴的特殊具体。这就要求我们，当前在对历史唯物主义理论体系进行研究尤其是在确立其逻辑起点的过程中必须以马克思主义经典著作为基础，以研究人类社会现实生活本身的历史发展为前提，以解决社会发展中出现的新问题为突破口，以加强和完善其系统性和完整性为目的，更好地对其展开研究，从而取得历史唯物主义研究的新成果。诚然，历史唯物主义毕竟不是封闭、僵固的理论体系，它始终要面向社会现实生活并解决社会存在的问题，因而是不断开放和发展的科学体系。同时，我们也要结合实践的发展来进一步完善和充实历史唯物主义范畴体系的内容。因此，笔者呼吁学界的专家学者继续积极对这个问题加以探究，力争真实地反映马克思主义创始人的逻辑思想脉络以及历史发展轨迹，形成统一定论，使得这种学术争论能够结出人类史上关于历史唯物主义本质认识的最美丽的思维之花，从而推进历史唯物主义在当代的科学发展。诚然，历史唯物主义范畴体系本身是一个相当复杂且涉及范畴内容众多的学术课题，笔者目前研究水平有限，尚难从历史唯物主义范畴体系这一整体角度对其进行全面系统的研究，在本书中也仅仅是选取了历史唯物主义的基本范畴体系来加以研究，分别对其逻辑起点、机制范畴（中介范畴），以基本范畴为中心的逻辑内容、逻辑主线以及逻辑旨归进行了初步且是尝试性的探讨。论文中难免存在疏忽和问题，还请专家学者批评指正。既然问题已经提出，相信本人在今后的研究中会进一步深入下去。

参考文献

（一）马克思主义经典著作

[1]　马克思恩格斯选集(1—4 卷)[M]. 北京：人民出版社，2012.

[2]　马克思恩格斯文集（1—10 卷）[M]. 北京：人民出版社，2009.

[3]　列宁专题文集·论辩证唯物主义和历史唯物主义 [M]. 北京：人民出版社，2009.

[4]　马克思恩格斯全集（第 33 卷）[M]. 北京：人民出版社，2004.

[5]　马克思恩格斯全集（1—3 卷）[M]. 北京：人民出版社，2002.

[6]　马克思恩格斯全集（第 30 卷）[M]. 北京：人民出版社，1995.

[7]　马克思恩格斯选集（1—4 卷）[M]. 北京：人民出版社，1995.

[8]　列宁全集（第 1 卷）[M]. 北京：人民出版社，1984.

[9]　马克思恩格斯全集（第 49 卷）[M]. 北京：人民出版社，1982.

[10]　马克思恩格斯全集（第 42 卷）[M]. 北京：人民出版社，1979.

[11]　马克思恩格斯全集（第 26 卷第 3 册）[M]. 北京：人民出版社，1974.

[12]　马克思恩格斯全集（第 23 卷）[M]. 北京：人民出版社，1972.

[13]　马克思恩格斯全集（第 20 卷）[M]. 北京：人民出版社，1971.

[14]　列宁全集第 21 卷 [M]. 北京：人民出版社，1959.

[15]　马克思恩格斯全集（第 4 卷）[M]. 北京：人民出版社，1958.

[16]　马克思恩格斯全集（1—3 卷）[M]. 北京：人民出版社，1956.

（二）学术著作

[1]　王南湜 . 辩证法：从理论逻辑到实践智慧 [M]. 武汉：武汉大学出版社，2011.

[2]　杨耕 . 危机中的重建：唯物主义历史观的现代阐释 [M]. 武汉：武汉大学出版社，2011.

[3]　安启念 . 新编马克思主义哲学发展史 [M]. 北京：中国人民大学出版社，2010.

［4］ 陈先达 . 走向历史的深处——马克思历史观研究 [M]. 北京：中国人民大学出版社，2010.

［5］ 丰子义 . 走向现实的社会历史哲学——马克思社会历史理论的当代价值 [M]. 武汉：武汉大学出版社，2010.

［6］ 张一兵 . 马克思历史辩证法的主体向度 [M]. 武汉：武汉大学出版社，2010.

［7］ 段忠桥 . 重释历史唯物主义 [M]. 南京：江苏人民出版社，2009.

［8］ [日] 广松涉著，邓习议译 . 唯物史观的原像 [M]. 南京：南京大学出版社，2009.

［9］ [英] G.A. 科恩著，段忠桥译 . 卡尔·马克思的历史理论——一种辩护 [M]. 北京：高等教育出版社，2008.

［10］ 万斌、王学川 . 历史哲学 [M]. 北京：社会科学文献出版社，2008.

［11］ 高文新 . 马克思理论基本范畴研究 [M]. 长春：吉林大学出版社，2007.

［12］ 张传开等著 . 马克思主义哲学范畴在当代的发展 [M]. 合肥：安徽人民出版社，2007.

［13］ 朱荣英 . 马克思主义基本范畴及其学科体系研究 [M]. 开封：河南大学出版社，2007.

［14］ [德] 霍克海默，[德] 阿道尔诺 . 渠敬东，曹卫东译 . 启蒙辩证法哲学断片 [M]. 上海：上海人民出版社，2006.

［15］ 吕世荣，周宏 . 唯物史观的返本开新 [M]. 北京：人民出版社，2006.

［16］ 常卫国 . 劳动论 [M]. 沈阳：辽宁人民出版社，2005.

［17］ [美] 马尔库塞 . 黄勇，薛民译 . 爱欲与文明 [M]. 上海：上海文艺出版社，2005.

［18］ [美] 马尔库塞 . 刘继译 . 单向度的人 [M]. 上海：上海译文出版社，2005.

［19］ 张一兵 . 回到马克思 [M]. 南京：江苏人民出版社，2005.

［20］ 张一兵 . 马克思历史辩证法的主体向度 [M]. 南京：南京人学出版社，2005.

［21］ 李秀林等 . 辩证唯物主义和历史唯物主义原理 [M]. 北京：中国人民大学出版社，2004.

［22］ 庄福龄 . 简明马克思主义史 [M]. 北京：人民出版社，2004.

［23］ 高新军 . 解开历史发展之谜：《资本论》历史唯物主义思想研究 [M]. 北京：中央编译出版社，2002.

［24］ 顾海良，张雷声 . 马克思劳动价值论的历史与现实 [M]. 北京：人民出版社，2002.

［25］ 孟庆仁 . 现代唯物史观大纲 [M]. 北京：当代中国出版社，2002.

［26］ 谭培文 . 马克思主义的利益理论 [M]. 北京：人民出版社，2002.

［27］ 薛勇民 . 走向社会历史的深处——唯物史观的当代探析 [M]. 北京：人民出版社，2002.

［28］ 教育部社会科学研究与思想政治工作司 . 唯物史观通史 [M]. 北京：高等教育出版社，2001.

［29］ 林泰主编 . 唯物史观通论 [M]. 北京：高等教育出版社，2001.

［30］ 金炳华等：《哲学大辞典》（修订本）[M]. 上海辞书出版社，2001.

［31］ 孙伯鍨，张一兵 . 走进马克思 [M]. 南京：江苏人民出版社，2001.

[32] 孙承叔 . 打开东方社会秘密的钥匙 [M]. 上海：东方出版中心，2000.

[33] 叶汝贤 . 马克思的唯物史观 [M]. 广州：广东高等教育出版社，2000.

[34] 余源培 . 马克思主义哲学的理论和历史 [M]. 上海：复旦大学出版社，2000.

[35] [匈] 卢卡奇著，杜章智译 . 历史与阶级意识 [M]. 北京：商务印书馆，1999.

[36] 魏小萍 . 历史主客体导论——从宏观向微观的深化 [M]. 北京：北京出版社，1999.

[37] 黄楠森 . 马克思主义哲学史 [M]. 北京：高等教育出版社，1998.

[38] 赵总宽，陈慕泽，杨武金 . 现代逻辑方法论 [M]. 北京：中国人民大学出版社，1998.

[39] 陈筠泉，刘奔 . 哲学与文化 [M]. 北京：中国社会科学出版社，1996.

[40] 冯契 . 逻辑思维的辩证法 [M]. 上海：华东师范大学出版社，1996.

[41] 黄楠森，庄福龄 . 马克思主义哲学史第八卷 [M]. 北京：北京出版社，1996.

[42] 吉彦波 . 历史唯物主义原理新探 [M]. 兰州：兰州大学出版社，1996.

[43] 魏小萍 . 唯物史观的发展和历史主客体理论历史的回顾与反思 [M]. 西安：西北大学出版社，1996.

[44] 庄福龄 . 马克思主义史 [M]. 北京：人民出版社，1996.

[45] 王东，石军，叶舟等 . 古今中外争鸣集萃 [M]. 北京：中国社会科学出版社，1995.

[46] 卢卡奇 . 关于社会存在的本体论——社会存在本体论引论 [M]. 重庆：重庆出版社，1993.

[47] 吴晓明 . 马克思早期思想的发展 [M]. 昆明：云南人民出版社，1993.

[48] 韩庆祥 . 马克思主义人学思想发微 [M]. 中国社会科学出版社，1992.

[49] 余源培 . 时代精神的精华——马克思主义哲学原著导读 [M]. 上海：复旦大学出版社，1992.

[50] 赵家祥，李清昆，李士坤 . 历史唯物主义原理 [M]. 北京：北京大学出版社，1992.

[51] 肖前，李秀林，汪永祥 . 历史唯物主义原理 [M]. 北京：人民出版社，1991.

[52] 陈先达 . 历史唯物主义新探 [M]. 北京：中国人民大学出版社，1990.

[53] [德] 哈贝马斯 . 交往与社会进化 [M]. 张博树译 . 重庆：重庆出版社，1989.

[54] [匈] 卢卡奇 . 社会存在本体论导论 [M]. 沈耕，毛怡红译 . 北京：华夏出版社，1989.

[55] 彭立荣 . 马克思恩格斯唯物史观的创立与发展 [M]. 上海：上海社会科学院出版社，1989.

[56] 熊子云 . 唯物史观形成史 [M]. 重庆：重庆出版社，1988.

[57] [苏]B.C. 巴斯林 . 当代历史唯物主义发展趋势 [M]. 北京：社会科学文献出版社，1987.

[58] 雷永生 . 唯物史观形成史稿 [M]. 石家庄：河北人民出版社，1987.

[59] [苏] 维·尼·科洛斯科夫 . 苏联马克思列宁主义哲学史纲要 [M]. 北京：求实出版社，1985.

[60] 叶汝贤.唯物史观发展史 [M].长春：吉林人民出版社，1985.

[61] 中国社会科学院研究生院编.中国社会科学院研究生院硕士论文选 [M].中国社会科学出版社，1985.

[62] [苏] 德里亚赫洛夫，拉津，拉索夫等编.历史唯物主义范畴 [M].北京：北京师范大学出版社，1984.

[63] 历史唯物主义论丛（第 5 卷）[M].北京：清华大学出版社，1984.

[64] 吴黎平，艾思奇.唯物史观 [M].北京：人民出版社，1983.

[65] 赵光武.历史唯物主义原理 [M].北京：北京大学出版社，1982.

[66] [苏]Ⅱ.B.柯普宁著，王天厚，彭漪涟译.辩证法逻辑科学 [M].上海：华东师范大学出版社，1981.

[67] 巴加图利亚著，陆忍译.马克思的第一个伟大发现 [M].北京：中国人民大学出版社，1981.

[68] 景天魁.打开社会奥秘的钥匙——历史唯物主义逻辑结构初探 [M].太原：山西人民出版社，1981.

[69] [德] 黑格尔.小逻辑 [M].贺麟译.北京：商务印书馆，1980.

[70] 黎澍.马克思恩格斯列宁斯大林论历史科学 [M].北京：人民出版社，1980.

[71] 孙叔平.历史唯物主义纲要 [M].上海：上海人民出版社，1980.

[72] 艾思奇.辩证唯物主义历史唯物主义 [M].北京：人民出版社，1978.

[73] [苏] 杜加林诺夫.历史唯物主义范畴的相互关系 [M].生活·读书·新知三联书店，1959.

（三）学位论文

[1] 戚高.马克思社会形态理论研究 [D].华中师范大学博士学位论文，2013.

[2] 杨国华.论马克思的劳动概念 [D].复旦大学博士学位论文，2013.

[3] 袁银传.马克思社会发展规律思想研究 [D].武汉大学博士学位论文，2013.

[4] 郑杰.作为生活范畴的劳动 [D].吉林大学博士学位论文，2012.

[5] 王清涛.马克思学说体系研究 [D].山东大学博士学位论文，2011.

[6] 顾相伟.马克思人的全面发展思想的当代价值研究 [D].上海师范大学博士学位论文，2010.

[7] 贾轶.马克思主义经济学历史唯物主义方法及运用研究 [D].河南大学博士学位论文，2010.

[8] 王海锋.论历史唯物主义的世界观 [D].吉林大学博士学位论文，2010.

[9]   杨芳.马克思的社会分工理论及其当代意义 [D].武汉大学博士学位论文，2010.

[10] 常江.马克思的历史观批判——"现实的人及其历史发展的科学" [D].东北师范大学博士学位论文，2009.

[11] 冯溪屏.劳动范畴在马克思哲学中的核心地位 [D].黑龙江大学博士学位论文，2009.

[12] 孙晓喜.观念的历史与历史的观念 [D].吉林大学博士学位论文，2007.

[13] 蒋红.马克思的市民社会理论和唯物史观的创建 [D].复旦大学博士学位论文，2006.

[14] 钱立火.《资本论》与唯物史观 [D].复旦大学博士学位论文，2004.

（四）期刊论文

[1]   仰海峰.劳动力成为商品意味着什么——关于《资本论》的经济学—哲学研究 [J].中国高校社会科学，2015（2）.

[2]   赵学清.马克思研究社会形态的不同视角及其统一——基于思想发展进程的讨论 [J].学习论坛，2014（6）.

[3]   徐志远，周福.论现代思想政治教育学一般范畴及其体系的建构原则 [J].探索，2013（4）.

[4]   刘同舫.通达历史唯物主义的逻辑路径——马克思对黑格尔市民社会理论的扬弃 [J].中共南京市委党校学报，2012（3）.

[5]   范建锋.从历史主体的深层建构看历史发展的实质 [J].前沿，2011（14）.

[6]   王虎学.马克思分工思想的双重意蕴——基于历史唯物主义的考察 [J].中共中央党校学报，2011（1）.

[7]   王虎学."物质生产"的历史剥离与奠基——基于历史唯物主义的考察 [J].教学与研究，2011（7）.

[8]   杨木."读懂"马克思——"五种'社会形态'"说对马克思"社会""经济的社会形态"和"社会形态"范畴的混淆 [J].甘肃理论学刊，2011（5）.

[9]   张奎良.关于唯物史观与历史唯物主义的概念辨析 [J].哲学研究，2011（2）.

[10] 赵家祥《1844年经济学哲学手稿》和《神圣家族》中的生产关系思想 [J].教学与研究，2011（7）.

[11] 赵兴良.中国特色社会主义理论体系的内容逻辑 [J].江西社会科学，2011（1）.

[12] 柴秀波.马克思的"劳动"概念解析 [J].中共郑州市委党校学报，2010（5）.

[13] 代俊兰.马克思人类解放理论的终极价值解析 [J].当代世界与社会主义，2010（5）.

[14] 吕成楷.唯物史观出发点的内涵探微 [J].企业家天地，2010（3）.

[15] 牟文谦.人的全面发展的逻辑内涵 [J].重庆社会科学，2010（4）.

[16] 王晓升 . 论马克思的两个劳动概念与两种历史解释模式 [J]. 马克思主义与现实，2010（6）.

[17] 吴波 . 马克思社会形态理论内在逻辑的当代解读 [J]. 河海大学学报（哲学社会科学版），2010（4）.

[18] 赵绥生，高凤香 . 以"现实的人"为逻辑起点重构历史唯物主义理论体系 [J]. 重庆邮电大学学报（社会科学版），2010（5）.

[19] 段忠桥 . 马克思的异化概念与历史唯物主义——与俞吾金教授商榷 [J]. 江海学刊，2009（03）.

[20] 李宏伟 . 关系实在——历史唯物主义的本体所系 [J]. 求实，2009（01）.

[21] 林剑 . 论马克思历史观视野中的"历史"生成论诠释及其价值 [J]. 哲学研究，2009（10）.

[22] 宋晓杰 . 马克思历史观的双重向度与逻辑构架 [J]. 理论与改革，2009（6）.

[23] 孙承叔 . 经济与哲学——马克思思想发展的内在轨迹 [J]. 学习与探索，2009（1）.

[24] 王东，吴敏燕 . 唯物史观原生形态结构新探——《德意志意识形态》第一卷第一章《费尔巴哈》新解读 [J]. 东岳论丛，2009（9）.

[25] 吴仁平 . 历史唯物主义的出发点："现实的人"抑或"实践"[J]. 求索，2009（10）.

[26] 杨谦，牛得清 . 马克思主义中国化最新范畴体系研究 [J]. 南开学报（哲学社会科学版），2009（5）.

[27] 安启念 . 唯物史观的当代解读关于唯物史观"经典表述"的两个问题 [J]. 哲学研究，2008（9）.

[28] 段忠桥 . 什么是马克思恩格斯创建的历史唯物主义——与孙正聿教授商榷 [J]. 哲学研究，2008（1）.

[29] 段忠桥 . 马克思对历史唯物主义的最初表述是在《黑格尔法哲学批判》还是在《德法年鉴》[J]. 社会科学研究，2008（3）.

[30] 段忠桥 . 重释历史唯物主义的缘由、文本依据和方法 [J]. 哲学研究，2008（5）.

[31] 胡为雄 . 重新理解马克思的"上层建筑"概念 [J]. 教学与研究，2008（7）.

[32] 林剑 . 论马克思"新唯物主义"哲学思维辐射的轴心 [J]. 哲学研究，2008（6）.

[33] 刘昌用 . 马克思历史理论劳动范畴的基本概念结构 [J]. 甘肃社会科学，2008（1）.

[34] 吴晓明 . 作为历史科学方法论的历史唯物主义 [J]. 中国社会科学，2008（1）.

[35] 叶汝贤 . 现实的人及其历史发展的科学——深入解读《德意志意识形态》所阐发的唯物史观 [J]. 哲学研究，2008（2）.

[36] 张新 . 把推动经济基础变革同推动上层建筑改革结合起来 [J]. 思想理论教育导刊，2008（6）.

[37] 赵绥生.唯物史观理论体系逻辑起点问题研究综述 [J].重庆邮电大学学报(社科版)，2008（4）.

[38] 赵绥生.唯物史观逻辑起点三个因素与五个因素关系探讨——重读《德意志意识形态》[J].中共长春市委党校学报，2008（6）.

[39] 冯屏溪，张奎良.劳动二维结构的生成与解构——马克思对历史之谜的破解 [J].齐鲁学刊，2007（4）.

[40] 苏海龙.马克思市民社会概念的历史演变 [J].学术探索，2007（1）.

[41] 王雅林.社会发展理论的重要研究范式——基于马克思社会理论的"生活 / 生产互构论"[J].社会科学研究，2007（1）.

[42] 奚兆永.再论"五种社会形态理论"问题——答段忠桥教授的辩文和赵家祥教授的商榷 [J].海派经济学，2007（3）.

[43] 徐志远.论建构现代思想政治教育学基本范畴及其系统的方法论原则 [J].思想理论教育导刊，2007（2）.

[44] 周前程.马克思的劳动观和他的共产主义思想[J].中共四川省委党校学报，2007（4）.

[45] 陈学明.唯物史观与共产主义信念 [J].浙江学刊，2006（3）.

[46] 陈忠.马克思哲学的"叙事方式"与"哲学叙事学"[J].学术研究，2006（6）.

[47] 段忠桥.对俞吾金教授"重新理解马克思"的三点质疑 [J].学术月刊，2006（4）.

[48] 姜爱华.从《德意志意识形态》的交往理论看个人的发展 [J].天府新论，2006（2）.

[49] 旷三平.历史唯物主义"重建"之思 [J].哲学动态，2006（08）.

[50] 石云霞.坚持马克思主义基本原理的科学体系和教学体系的一致性 [J].思想理论教育导刊，2006（5）.

[51] 徐志远.思想政治教育学基本范畴的逻辑结构试探 [J].探索，2006（3）.

[52] 俞吾金.马克思哲学研究中的三个问题——兼答段忠桥教授[J].学术月刊，2006（4）.

[53] 扬春贵.实践范畴在马克思主义哲学体系中的地位 [N].光明日报，2006-05-23.

[54] 赵家祥.分工的实质及其社会作用 [J].思想理论教育导刊，2006（3）.

[55] 高天琼，贺祥林.论马克思社会有机体范畴的形成及其意义 [J].重庆社会科学，2005（8）.

[56] 韩庆祥.马克思开辟的人学道路 [J].江海学刊，2005（5）.

[57] 李荣海.从"人"的发现到"以人为本"——马克思的"人学"发展理路[J].理论学刊，2005（1）.

[58] 林剑.马克思历史观视野中的生产力、生产关系及其矛盾运动[J].江海学刊，2005（6）.

[59] 孙承叔.关于历史主体性根源的哲学思考 [J].学术月刊，2005（02）.

[60] 孙承叔.关于创新历史唯物主义教科书体系的几点思考[J].江西社会科学，2005（7）.

[61] 孙承叔.马克思唯物史观的历史主体理论[J].西南师范大学学报人文社科版,2005(5).

[62] 陈宇光.历史过程中主客体关系的本体论批判[J].江海学刊,2004(6).

[63] 胡为雄.马克思的社会交往理论[J].教学与研究,2004(8).

[64] 赵智奎.马克思主义范畴体系的构建及其发展——从马克思到邓小平理论范畴的历史分析和考察[J].中国社会科学院研究生院学报,2004(4).

[65] 李云峰.完整把握社会物质生产范畴及其在历史唯物主义体系中的重要地位[J].马克思主义研究,2003(2).

[66] 汪皎英.历史客体的内涵和特性诠释[J].前沿,2003(7).

[67] 徐志远.论思想政治教育学基本范畴的逻辑功能[J].求实,2003(2).

[68] 冯景源.唯物史观理论基础再研究[J].新视野,2002(6).

[69] 李云峰.历史唯物主义教学中社会物质生产范畴的展开及其意义[J].思想理论教育导刊,2002(11).

[70] 彭漪涟.论"原始的基本关系"——冯契关于辩证分析逻辑起点的一个重要思想[J].华东师范大学学报(哲学社会科学版),2002(1).

[71] 王锐生.唯物史观:发展还是超越?[J].哲学研究,2002(1).

[72] 赵家祥.简论社会存在于社会意识的划分[J].思想理论教育导刊,2002(5).

[73] 杜辉.马克思主义哲学体系逻辑起点漫谈[J].井冈山师范学院学报,2001(6).

[74] 李静,李明.唯物史观的逻辑起点新探[J].延安教育学院学报,2001(4).

[75] 覃正爱.关于历史唯物主义方法及其体系研究若干问题的思考[J].广东社会科学,2001(1).

[76] 岳勇.对象化理论与历史主客体的辩证关系[J].内蒙古大学学报(人文社会科学版),2000(5).

[77] 张文喜.论唯物史观的两个向度:现实的个人与劳动[J].福建论坛,2000(12).

[78] 王伟光.论人的需要和需要范畴[J].北京社会科学,1999(2).

[79] 叶汝贤.马克思的唯物史观[J].马克思主义研究,1999(6).

[80] 段忠桥.历史唯物主义是马克思主义的历史哲学[J].史学理论研究,1998(1).

[81] 何进."现实的个人"及其逻辑进程——简析《德意志意识形态》中唯物史观的理论构架[J].理论学习月刊,1998(9).

[82] 赵家祥.历史发展的主体性与客观性——20年来历史唯物主义研究中的一个重要课题[J].哲学动态,1998(10).

[83] 张一兵.马克思历史唯物主义中的历史概念[J].哲学研究,1998(9).

[84] 寇东亮.马克思主义历史主体理论实现的三大转换[J].河南社会科学,1997(1).

[85] 李淑梅.关于人的发展和社会结构转型关系的哲学思考[J].南开学报,1997(5).

[86] 孙伯鍨, 张一兵, 陈胜云. 从"实践"转向"物质生产"的逻辑过渡 [J]. 江苏社会科学, 1997（1）.

[87] 孙秀民. 马克思恩格斯唯物史观的形成和发展 [J]. 辽宁教育学院学报, 1997（2）.

[88] 冯振广, 荣今兴. 逻辑起点问题琐谈 [J]. 河南社会科学, 1996（4）.

[89] 魏小萍. 马克思的历史主客体理论——马克思主义经典著作学习札记 [J]. 马克思主义研究, 1996（3）.

[90] 段忠桥. 论经济基础的构成 [J]. 哲学研究, 1995（2）.

[91] 段忠桥. 对生产力, 生产方式和生产关系概念的再考察 [J]. 马克思主义与现实, 1995（3）.

[92] 段忠桥. 对马克思社会形态概念的再考察 [J]. 教学与研究, 1995（2）.

[93] 李培庆, 池超波. 借助辩证法确定唯物史观的逻辑起点 [J]. 福建论坛, 1995（3）.

[94] 唐晓东. 再谈历史唯物主义的出发点 [J]. 社会科学, 1995（4）.

[95] 俞吾金. 论两种不同历史唯物主义概念 [J]. 中国社会科学, 1995（6）.

[96] 欧力同. 略议历史唯物主义的出发点问题 [J]. 社会科学, 1994（9）.

[97] 王复三, 陈锡林. 试论历史唯物主义的双重属性 [J]. 文史哲, 1994（2）.

[98] 王锐生. 历史唯物主义的若干问题 [J]. 江海学刊, 1994（3）.

[99] 魏小萍. 唯物史观若干热点问题研究综述 [J]. 哲学动态, 1994（9）.

[100] 杨霞. 论人类历史的自然前提和唯物史观的逻辑前提 [J]. 社会科学战线, 1994（2）.

[101] 杨耕. 社会科学方法的发生、范式及其历史性转换 [J]. 中国社会科学, 1994（1）.

[102] 陈咸瑜. 人是马克思唯物史观形成的理论支撑点 [J]. 江西社会科学, 1993（10）.

[103] 陆晓禾. 关于历史唯物主义出发点问题的思考 [J]. 社会科学, 1993（8）.

[104] 王立民, 李辉. 生产关系范畴的形成与唯物史观的建立 [J]. 理论探讨, 1993（1）.

[105] 余静, 胡泽洪. 马克思的劳动研究与唯物史观的创立 [J]. 湖南师范大学社会科学学报, 1992（3）.

[106] 冯景源. 马克思主客体理论与唯物史观的建构 [J]. 哲学研究, 1991（7）.

[107] 鲁夫. 再现唯物史观逻辑起点的一次尝试 [J]. 社会科学家, 1991（1）.

[108] 周正刚. 论社会关系范畴在历史唯物主义中的地位及方法论意义 [J]. 湖湘论坛, 1991（1）.

[109] 王锐生. "全部社会生活在本质上是实践的"——兼论实践是唯物史观的首先和基本的观点 [J]. 教学与研究, 1990（2）.

[110] 冯景源. 试论历史主客体理论与科学历史观思维坐标的转换 [J]. 江淮论坛, 1989（6）.

[111] 林剑. 历史主客体若干问题之我见 [J]. 哲学动态, 1989（3）.

[112] 梁锡棉, 徐乐雄. 试论马克思主义哲学的逻辑起点 [J]. 华南师范大学学报社科版,

1988（2）．

[113] 王东，孙承叔．马克思历史观中的三者统一原则 [J]．天津社会科学，1988（5）．

[114] 周世敏．历史主体和历史客体及其相互关系刍议 [J]．江西社会科学，1988（5）．

[115] 关凤云．历史唯物主义体系中的一个值得注意的范畴 [J]．学术交流，1987（6）．

[116] 张云勋．唯物史观三大基本规律及其逻辑联系 [J]．学术研究，1987（1）．

[117] 周穗明，翁寒松．论历史唯物主义体系的建构原则 [J]．天津社会科学，1987（3）．

[118] 卓湘哲．必须把需要范畴纳入历史唯物主义体系 [J]．社会科学研究，1986（4）．

[119] 刘又知．历史唯物主义的逻辑起点 [J]．江西教育学院学报，1985（1）．

[120] 王征国．"社会存在"新议——兼论历史唯物主义的逻辑起点 [J]．社会科学，1985（9）．

[121] 丰子义．经济学研究对唯物史观形成和发展的影响 [J]．马克思主义研究，1984（2）．

[122] 冯景源．马克思科学生产力概念的形成及其在唯物史观制定中的意义 [J]．江淮论坛，1984（4）．

[123] 黄霭明．历史唯物主义最重要、最基本的范畴——生产力 [J]．河北大学学报，1984（2）．

[124] 王成福，张晓林．试论社会是马克思主义的出发点 [J]．社会科学战线，1984（1）．

[125] 许俊达．从两种生产看历史唯物主义的逻辑结构 [J]．哲学动态，1984（1）．

[126] 杨耕．简论马克思创立历史唯物主义的思想线索 [J]．安徽大学学报，1984（1）．

[127] 张云勋．论物质需要和物质利益在唯物史观中的地位 [J]．天津社会科学，1984（5）．

[128] 李维．关于历史唯物主义的出发点问题 [J]．云南社会科学，1983（5）．

[129] 廖新泉．唯物史观体系的起点初探 [J]．辽宁大学学报，1983（2）．

[130] 刘全复．历史唯物主义体系的系统探究 [J]．江海学刊，1983（1）．

[131] 孙承叔．试论马克思历史观的逻辑起点 [J]．复旦学报（社会科学版），1983（2）．

[132] 徐建一．人不是马克思主义的出发点 [J]．求索，1983（3）．

[133] 胡素卿．历史唯物主义理论体系问题研究述评 [J]．教学与研究，1982（2）．

[134] [苏]IO.K. 普列特尼科夫．进一步完善历史唯物主义体系的问题 [J]．哲学译丛，1982（1）．

[135] 普列特尼科夫，安起民．社会存在和社会意识 [J]．哲学译丛，1982（6）．

[136] 王锐生．关于研究历史唯物主义理论体系的几点意见 [J]．教学与研究，1982（2）．

[137] 许明．人的物质生产活动是马克思主义的出发点 [J]．学术月刊，1982（4）．

[138] 叶汝贤．历史唯物主义的逻辑起点不是"人"，而是"人的劳动" [J]．中山大学学报，1982（1）．

[139] 张一兵．唯物史观逻辑起点的历史考察 [J]．南京大学学报，1982（2）．

[140] 张奎良．论历史唯物主义的二重起点 [J]．学习与探索，1982（3）．

[141] 赵立航．历史唯物主义的逻辑起点刍议 [J]．吉首大学学报，1982（1）．

［142］邹永图．略谈历史唯物论基本范畴的相互关系 [J]. 暨南学报（哲学社会科学），1982（2）．

［143］邹永图．建立历史唯物论体系要坚持社会主体与社会客体相统一的原则 [J]. 哲学动态，1982（8）．

［144］景天魁．建立历史唯物主义逻辑体系的基本原则 [J]. 哲学研究，1981（7）．

［145］李晓明．"自然的人"是唯物史观表述体系的逻辑起点 [J]. 哲学动态，1981（11）．

［146］王定一．历史唯物主义体系的起点是物质生产 [J]. 南昌大学学报，1981（1）．

［147］王锐生．关于改进历史唯物主义理论体系和方法论研究的一些意见 [J]. 社会科学辑刊，1981（6）．

［148］赵启厚．苏联学者讨论历史唯物主义的范畴系统化问题 [J]. 国外社会科学，1981（6）．

［149］邹永图．对"社会存在"范畴的在理解——兼答张云勋同志 [J]. 学术研究，1981（5）．

［150］黄春生．历史唯物主义体系的起点是经济 [J]. 学术研究，1980（5）．

［151］景天魁．历史唯物论的逻辑起点 [J]. 哲学研究，1980（8）．

［152］柯木火．历史唯物主义体系的起点应该是"现实的人" [J]. 学术研究，1980（5）．

［153］李鸿烈．简论历史唯物主义体系的起点与终点 [J]. 哲学动态，1980（8）．

［154］马中柱．关于建立历史唯物主义体系的方法问题 [J]. 学术研究，1980（5）．

［155］尹继佐．要研究历史唯物主义体系 [J]. 学术月刊，1979（9）．

［156］[苏] 阿列费耶娃，A.H. 维尔宾．唯物史观的本质 [J]. 苏联哲学科学，1978（3）．

（五）外文文献

[1]　Kai Nielsen: Marxism and the moral point of view: morality, ideology, and historical materialism, Colorado: Westview press, 1989.

[2]　David Mclellan: "Then and Now: Marx and Marxism", Political Studies, vol.47, No.5, 1999.

[3]　Giddens, A.New Rules of Sociological Method, Cambridge:Polity Press,1993.

附　录

马克思主义整体性的"三位一体"说
——从史、论、著三者关系谈起

摘要：对马克思主义进行整体性研究是推进马克思主义与时俱进的重要课题。从马克思主义发展史、马克思主义基本原理以及马克思主义经典著作三者关系来探讨马克思主义整体性是一个全新视角。只有依托经典著作，做到论从史出，史论著结合，才能真正把握马克思主义的精神实质。

关键词：马克思主义整体性；经典著作；基本原理；发展史

整体性是马克思主义的固有属性和品格，是我们推进马克思主义与时俱进的方法论原则。正如马克思所指出的："不论我的著作有什么缺点，它们却有一个长处，即它们是一个艺术的整体；但是要达到这一点，只有用我的方法。"[1] 即是说，只有运用整体性的视域及方法才能研究和把握作为"艺术的整体"的马克思主义。要做到这一点，就亟须在继承前人和吸收时人之研究的基础上再辟蹊径，将马克思主义经典著作、发展史与基本原理三者的研究统合起来。这也是我们正确把握马克思主义真精神的基本途径。其中，马克思主义

---

[1] 马克思恩格斯文集：第十卷 [M]. 北京：人民出版社，2009 年版，第 231 页。

经典著作是依据，马克思主义发展史是前提，马克思主义基本原理是基础。马克思主义基本原理不仅体现在马克思主义发展的历史过程中，也蕴含在马克思主义的经典著作中。通过追本溯源，系统研读经典著作，从文献学的角度明晰马克思主义发展的历史轨迹和脉络，可以深入掌握马克思主义基本原理的精髓和实质；通过考察发展史，可以理清贯穿于马克思主义发展历程中的主线及基本精神，领悟马克思主义基本原理的本真意义，考究马克思主义经典著作的成形和完善过程。从史、论、著三者关系及其相结合的高度来理解马克思主义及其整体性，无疑具有突出的理论价值和现实意义。

马克思主义理论一级学科的设立，既为开展马克思主义整体性研究提供了学术平台，也使得这项研究更为突出和紧迫。从学科体系、课程设置、教学体系以及马克思主义理论体系自身来看，马克思主义经典著作、发展史以及基本原理三者始终是融会贯通、相得益彰的，共同发挥它们在现实中指导实践的作用，使马克思主义呈现为一种史、论、著三者交互性存在的整体样态。从一定意义上讲，这种整体性构成了马克思主义理论发展的内驱力和整体本性。因此，研究马克思主义就必须有对"史"的深描，对"论"的阐释以及对"著"的解读，以史、论、著"三位一体"的眼光全新诠释马克思主义的整体性，更好地体现马克思主义理论学科的深度和广度，为马克思主义理论学科的建设提供坚实的学理支持，进而使马克思主义在指导实践中发挥其无穷威力。

一、经典著作是基本原理的文本根据，基本原理是对经典著作的概括凝练

真正弄明白、搞清楚马克思主义基本原理是理解马克思主义整体性的基础，也是提出将马克思主义经典著作、发展史与基本原理三者相结合，基于整体性来探讨其"三位一体"说的初衷。马克思主义基本原理不是纯粹抽象、思辨的精神产物，也不是从天而降、毫无根据的，而是各个原理在经典著作中具体地、历史地以内在联系的方式存在着，是对马克思主义经典作家思想的概括与凝

练。确切地讲，经典著作就是马克思主义基本原理最为有效的思想依据和文本载体，它们之间的内在联系赋予了马克思主义整体性以生机和活力，同时也是我们当前开展马克思主义整体性研究不可忽视的重要内容。

一方面，马克思主义经典著作蕴含和集中体现着马克思主义基本原理，是马克思主义理论的本原和根据。研究经典著作，不仅是要研究经典著作中所蕴含的基本原理，而且更是为了深化对基本原理的研究。我们党根据形势和任务的变化强调要有重点地学习马克思列宁主义的基本原理，强调"学马列要精、要管用"，毫无疑问，这是正确的。但这绝不是说可以忽视甚至放弃去研读马克思列宁主义的原著，经典著作与基本原理的关系好似"源头"与"活水"的关系，没有"源头"，哪来"活水"？因此，我们必须认认真真、原原本本地研读原著特别是马克思主义经典作家的代表著作，努力掌握贯穿于经典著作中的马克思主义基本立场、观点和方法。只有立足于当代世界和我国全面建成小康社会的实践需要，对内蕴于经典著作中的基本原理进行全面梳理和认真研究，才能真正回答人们普遍关注的"四个哪些"问题（哪些是必须长期坚持的马克思主义基本原理，哪些是需要结合新的实际加以丰富发展的理论判断，哪些是必须破除的对马克思主义的教条式理解，哪些是必须澄清的附加在马克思主义名下的错误观点），才能真正辨别马克思主义与非马克思主义以及现代社会思潮的真伪是非，才能真正确定哪些结论应该坚持并继续探索以赋予其新的含义、指导社会发展的实践，进而增强马克思主义理论整体的生命力，提升其感召力。也只有学懂、学通、学透马克思主义经典著作，才能完整而准确地掌握马克思主义基本原理的精髓，并在坚持基本原理的前提下创造性地运用这些原理去分析和解决我们面临的实际问题。

另一方面，基本原理是对经典著作中重要思想和贯穿于经典著作中的立场、观点和方法的理论阐发与归纳提升。经典著作可以证明教材中原理的出场有据，从经典文本的原初语境中可以解读马克思主义基本原理的发生、发展与变化。通过学习经典著作，我们可以明确，有些原理在经典作家那里第一次就已被表述得非常明确；有些原理并不是马克思和恩格斯一次就提出、一下子就完成的，而是通过不同发展阶段、呈现在许多著作中随着实践发展而不断深化形成和完善的；有些原理则是马克思恩格斯仅仅提供了一个线索，而由后继者不断加以丰富并使之完善的；又有一些原理在经典著作中是通过马克思和恩格斯在与其同时代的人物进行论战和争论的形式而被阐述的。如关于真理标准问题就被马克思主义创始人表述得非常明确。马克思在《关于费尔巴哈的提纲》一文中谈道："人的思维是否具有客观的 [gegenst ndliche] 真理性，这不是一个理论的问题，而是一个实践的问题。人应该在实践中证明自己思维的真理性，即自己思维的现实性和力量，自己思维的此岸性。关于思维——离开实践的思维——的现实性或非现实性的争论，是一个纯粹经院哲学的问题。"[1]恩格斯在《关于路德维希·费尔巴哈和德国古典哲学的终结》一文中再次重申了实践是检验真理的唯一标准这一原理，并强调："对这些以及其他一切哲学上的怪论的最令人信服的驳斥是实践，即实验和工业。既然我们自己能够制造出某一自然过程，按照它的条件把它生产出来，并使它为我们的目的服务，从而证明我们对这一过程的理解是正确的，那么康德的不可捉摸的'自在之物'就完结了。"[2]可以说，驳斥一切不可知论的最好方式就是实践，因为只有在实践中，才能证明人们对于某一过程的理解和认识是正确的，才能显示出思维的真正现实性。后来列宁又强调了实践作为检验真理标准的辩证性，他说："实践标准实质上绝不能完全地证实或驳倒人类的任何表象。这个标准也是这样的'不确定'，以便不让人的知识变成'绝对'，同时它又是这样的确定，以便同唯心主义和不可知论的一切变种进行无情的斗争。如果我们的实践所证实的是唯一的、最终的、客观的真理，那么，因此就得承认：坚持唯物主义观点的科学的道路是走向这种真理的唯一的道路。"[3]列宁在这里指明了实践标准具有确定性与不确定性的统一性质，丰富了实践作为检验真理标准的观点。因此，通过系统研读经典

---

[1]《马克思恩格斯文集》第一卷，北京：人民出版社，2009 年版，第 500 页。

[2]《马克思恩格斯文集》第四卷，北京：人民出版社，2009 年版，第 279 页。

[3]《列宁专题文集·论辩证唯物主义和历史唯物主义》，北京：人民出版社，2009 年版，第 49—50 页。

著作，充分挖掘和梳理经典作家的各种论述，可以再现马克思主义基本原理的本真状态、更深入地领悟马克思主义的思想精髓和深层意蕴。

二、经典著作研究是马克思主义发展史研究的物质载体和前提，发展史是阅读经典著作的重要视野和思维方式

马克思主义经典著作集中反映了马克思主义创始人及其后继者思想发展的内在逻辑理路，是书面写成的马克思主义发展史，更是人们学习马克思主义的物质载体和一手资料。正如恩格斯曾在谈到如何学习《资本论》时所说："对那些希望真正理解它的人来说，最重要的却正好是原著本身。"[1] 系统梳理与分析经典著作是深度阐发马克思主义理论问题、解决实践问题的基础性研究，是进行马克思主义发展史研究的前提。如果对经典著作一知半解甚或一无所知，连老祖宗讲过些什么都不知道，就无法真正搞明白什么是马克思主义这个基本前提，那么所谓发展马克思主义就会失去根本、成为一句空话。发展史表明，马克思主义的发展在理论上受到损害、在实践中遭受曲折的重要原因之一就是广大干部和群众长期忽视对经典著作的系统阅读与认真学习，从而使基本原理的应用遭受了破坏。可以说，马克思主义发展史就是马克思主义经典作家的思想发展史，是一部关于经典著作不断创造、呈现与发展的历史，是经典著作不断翻译与传播的历史。经典著作作为展现马克思主义发展史历程的一个重要维度，集中体现着马克思主义发展的全部精髓，是人们学习、宣传与推进马克思主义不断发展与创新的最佳文本，为新时期新形势下开展马克思主义发展史的教育提供了最好的"课堂"和最可靠的"教材"，具有不可替代的独特价值。

从经典著作这一维度来看，马克思主义发展的主干和基本脉络在经典著作中清晰可见，同时也体现出相对独立的发展轨迹和景观。以中国马克思主义发展中的主题为例，我们孜孜不倦地研读经典著作，可以清晰地发现"两个必然"，

---

[1]《马克思恩格斯文集》第七卷，北京：人民出版社，2009 年版，第 1005 页。

即"资产阶级的灭亡和无产阶级的胜利是同样不可避免的""什么是革命、怎样进行革命""什么是社会主义、怎样建设社会主义""建设一个什么样的党，怎样建设党""实现什么样的发展，怎样进行发展"等一脉相承而又与时俱进的马克思主义发展史各个不同阶段上的主题，更加真切地认识自己身上肩负的历史使命，更加明确当前我们的重要使命就是要不断在全社会弘扬和培育社会主义核心价值观，大力推进全面建成小康社会的任务。因此，把握经典著作中经典作家思想发展的历史特点并分析产生这些特点的原因，能够获得关于马克思主义发展的规律性结论，有助于人们科学解决马克思主义发展史上的若干重大问题。此外，马克思主义经典著作的创作史以及文献学研究也理应成为马克思主义发展史的题中之义和主要研究内容。开展经典著作创作史的专题研究，从总体上考察经典著作之间的内在联系，有助于对马克思主义理论创新过程及其规律的揭示。通过对经典著作进行编辑出版、翻译传播、结构分析与版本考证，深入开展对经典著作的考证研究及诠释学研究，即从文献学的角度研究经典著作形成和发展的历史，可以再现马克思主义及其发展的全貌，揭示经典作家思想的形成和发展的历史及其内在特点，从而完整准确地把握马克思主义的实质。从起初对马克思主义经典篇章的译介到系统的经典著作的编译出版和再版，可以看出，我国学者对经典著作研究的不断深入、全面和系统，为进一步开展发展史研究提供了翔实而丰富的思想史料，奠定了可靠的文献基础，创造了非常有利的条件。如由中央编译局负责编译、人民出版社出版的《马克思恩格斯文集》《列宁专题文集》以及《毛泽东选集》《邓小平文选》和《江泽民文选》等重要经典著作，确实较好地从总体上为我们说明了马克思主义发展的历史进程和内在逻辑，体现了马克思主义发展的多样性、丰富性以及具体性，为实现马克思主义的重大发展提供了丰实的物质载体与科学文本。认真研读这些原著，有助于加深人们从整体上对马克思主义发展的理解，防止将其简单化、庸俗化，避免对马克思主义的误解、肢解、曲解乃至陷入神秘化的境地。

强调阅读原著，从原著本身出发，并不是要走教条主义的歧路，而是要我们必须结合时代需要和实践要求，带着历史责任感、以新的方法和视野去认真阅读经典著作，而马克思主义发展史的视野就是忠实于经典著作所必须具有的理论视野。经典著作作为一个在特定历史背景和条件下的具体产物，具有明显的历史性和时代性，这要求我们，要以历史的态度和发展史的思维方式与视野来对其进行审视和研究，就是要我们联系上下文，结合当时写作的时代背景以及社会历史条件包括当时的社会状况、文化环境等来把握经典著作，紧密结合马克思主义创始人及其后继者们的思想发展状况来研读经典著作，明确经典著作所产生的社会历史背景、写作目的以及要解决的重点问题，分析清楚经典著作中的一些重要概念所处的独特语境，将经典著作放置于马克思主义萌芽产生、持续发展以及丰富完善的历史长河中去分析，以求获得对其文本意义最大可能的接近和理解，从而真正搞清楚经典著作在马克思主义发展史上的历史地位和理论贡献。可见，我们要坚定对马克思主义的信仰，以高度的理论自觉认真研读马克思主义经典著作，将学习经典著作与马克思主义发展史研究结合起来。只有这样，才能得到一个关于马克思主义纵向与横向相结合的理论整体。

通过阅读原著，可以学习马克思主义经典作家实事求是的科学态度，把握马克思主义与时俱进的理论品质。解放思想、实事求是、与时俱进、开拓创新的理论品质是贯穿马克思主义发展史的主线，这和马克思主义创始人在经典著作中进行理论分析的思想路线和逻辑主线具有高度的统一性。"如果说实现无产阶级解放并最终解放全人类是马克思一生致力于资本主义生产方式运行规律探索、创立马克思主义的思想路线的话，那么，揭示人类社会发展的客观规律就成为马克思进行理论分析、反映马克思主义理论整合的逻辑主线。"[1]伴随着人类社会以及实现无产阶级解放的实践运动的发展，这条蕴藏于经典著作中的思想路线和逻辑主线，也不断推动着以探索人类社会发展规律以及实现全人类解放为目的的马克思主义的发展，并在不同的阶段以具体的著作、文本的形式为载体呈现在人们面前。因而，我们要尊重马克思主义发展的历史，真正把

---

[1]张雷声：《马克思主义理论学科的分化与整合》，《思想理论教育导刊》，2010年第11期，第17-21页。

握经典作家思想的实际发展进程，以发展史的宏大视野、实事求是地研究不同时期的经典文本，尊重经典著作产生、形成与发展的系统完整性，绝不能脱离经典著作的历史背景和历史联系，孤立、主观、独断地对经典文本进行考据、解读和分析，否则就会发生历史的错位，导致对经典著作及其思想的历史性曲解和误解。反之，才能对经典著作进行准确定位，真正领会其历史价值。

三、发展史体现了马克思主义与时俱进的理论品质，马克思主义基本原理的丰富完善彰显马克思主义发展的时代性、实践性与科学性

马克思主义发展史与马克思主义基本原理之间的关系，即史论关系是开展马克思主义整体性研究中必须弄明白的一对重要关系。如果处理不好这对关系，以基本原理为研究马克思主义发展史的唯一标尺，根据基本原理来"重构"或"建构"发展史，就会损害发展史研究的科学性与基本原理的真实性。一般来说，以史为据、论从史出、以论带史、史论结合、双向互动，方能彰显马克思主义的整体性。如若不经历创立、成熟以及发展的过程，就不可能有科学的马克思主义基本原理的出现，所以基本原理与它的发展历史是密不可分的。对马克思主义发展史的文本研究始终是"论"的研究的一项基础性工作。马克思主义基本原理不是僵化不变的教条，"而是对包含着一连串互相衔接的阶段的发展过程的阐明"[1]，是从丰富多彩、纷繁复杂的史实中抽象概括出来的，即基本原理是马克思主义发展史的必然结果和理论结晶。系统而综合地学习发展史，能够理清基本原理发展的历史线索与逻辑脉络，有助于人们从整体上把握基本原理及其精髓，为我们当前坚持和发展基本原理提供必要的历史支撑。从这个意义上，马克思主义发展史就是以经典著作为载体的基本原理不断丰富、充实、突破、深化以致趋向完善的历史，基本原理也正是存在和表现于发展了的马克

---

[1]《马克思恩格斯文集》第三卷，北京：人民出版社，2009年版，第560页。

思主义形态中。只有坚持马克思主义，才能真正发展马克思主义。因而，坚持马克思主义基本原理是推动马克思主义发展的前提与根本。我们应以对"论"的研究来带动对史的重视和研究，开辟马克思主义发展史研究的新境界。

从发展史中我们可以清晰地看到马克思主义与时俱进的创新机制，这正是保持其顽强生命力的根本原因。这种与时俱进的理论品格不仅表现在经典作家对待自己理论的科学态度上，也表现在各国马克思主义者将基本原理与本国具体实践相结合的过程中，使基本原理在实践中得到了验证、丰富和发展。同时，在基本原理同各民族国家不同的实际相结合的过程中，也不断推进了马克思主义的理论创新并形成一部内容丰富且持续前进的马克思主义发展史。从马克思主义到列宁主义，经历毛泽东思想再到中国特色社会主义理论体系的创立，实质上都是在与时俱进中不断实现基本原理同具体实际相结合的理论创新史。马克思曾对俄国革命者将他对西欧资本主义起源的历史概括误读为"历史哲学"所进行的评析中说："一切民族，不管它们所处的历史环境如何，都注定要走这条道路——以便最后都达到在保证社会劳动生产力极高度发展的同时又保证每个生产者个人最全面的发展的这样一种经济形态。但是我要请他原谅。（他这样做，会给我过多的荣誉，同时也会给我过多的侮辱。）"[1]这说明，不同的历史环境，纵使面对相似的事变，也会产生完全不同的结论，得出不同的社会发展理论。倘若不根据变化的实践和条件来发展基本原理，而是对其一味地照抄照搬，无异于在歪曲和放弃马克思主义基本原理。可见，基本原理在与现实实践的结合与应用中要时刻以当时、当地的时间与条件为转移。正如列宁在为俄国社会民主工党起草纲领时所说："需要独立地探讨马克思的理论，因为它所提供的只是总的指导原理，而这些原理的应用具体地说，在英国不同于法国，在法国不同于德国，在德国又不同于俄国。"[2]基本原理是作为整体的马克思主义理论体系中反映整个世界及社会发展的规律性结论，体现马克思主义

---

[1]《马克思恩格斯文集》第三卷，北京：人民出版社，2009年版，第466页。

[2]《列宁专题文集·论马克思主义》，北京：人民出版社，2009年版，第96页。

的本质与灵魂。处于变化的并不是马克思主义的信念、精髓与基本的原理、观点和方法，而是其根据具体历史环境及条件而得出的具体观点、论断和结论。所以，在谈论某一基本原理时，就必须明白这一原理提出的历史背景和适用范围，只有区分清楚基本原理与个别论断和具体观点，并用动态与发展的眼光来看待基本原理，具体地、历史地运用基本原理，才能真正把握马克思主义的真谛。

列宁曾说过："理论只能指出基本的、一般的东西，只能大体上概括实际生活中的复杂情况，马克思主义者必须考虑生动的实际生活，必须考虑现实的确切事实，而不应当抱住昨天的理论不放。"马克思主义基本原理是绝对真理和相对真理的辩证统一，它的丰富完善体现了马克思主义发展的时代性、实践性和科学性。只要追寻基本原理自身的历史传承，从时代性和实践性出发，不断对其进行丰富完善，就能确保并彰显马克思主义发展的科学性。马克思主义原理必然包含着同客观对象相符的客观内容，同时又由于时代以及人类实践水平和范围以及认识能力的限制，使得它在一定的条件下，总是有限的。随着客观事物的不断发展，其本质不断显露出来加之人们的实践水平和认识能力的提高，这要求我们在思想和理论上相应地对基本原理不断进行调整和补充。因此，我们在遵循马克思主义发展真实历史的基础上，顺应时代潮流，把握时代脉搏，着力于解决时代问题，结合现实实践特点和要求，可以对马克思主义基本原理进行新的概括与总结，真正实现其科学性，使其成为人们改造世界的有力武器。如是说，整个马克思主义发展史就是一部结合现实实践的需要而进行的时代变迁史，马克思主义关于科学技术在先进生产力中的作用的认识就是一个典型例子。不断结合时代的发展趋势来发展马克思主义，并继续立足于时代，与实践紧密结合，依据现实实践的需要并在实践中使其获得科学发展，彰显出其符合现实的科学性，从而在指导现实实践中发挥巨大作用。

从本质上来说，史、论、著三者的关系密不可分，我们不能从马克思主义理论整体中主观地去除这三者中任何之一，也不能孤立地将某一方面剥离出来而不联系其他两项去审视马克思主义整体性。而只有打破以往分科、分块、分阶段研究马克思主义的局限性,真正搞清楚三者之间的整体关系,并自觉地从"三位一体"说的高度来解读马克思主义整体性,才能真正搞清楚马克思主义的精神实质,真正坚定马克思主义的基本立场,真正掌握马克思主义的基本方法和观点,发挥其认识世界和改造世界的实践功能,最终真正实现其整体性。也只有这样,才能形成马克思主义理论教育的合力,深入浅出,情理相融,从而更好地提高马克思主义大众化的实效性。

（原文作者：任琳，载于《学术论坛》，2013 年第 2 期）

关于劳动范畴是历史唯物主义逻辑起点的省思

摘要：科学地分析和研究人类劳动并制定出正确的劳动概念，对于历史唯物主义的理解有着极其重要的意义。可以说，历史唯物主义理论中的各个主要概念都是历史地从劳动范畴的逻辑展开中产生和发展起来的具体概念，并且它们都将在劳动范畴的基础上得到合理的解释和说明。现实的人的感性物质劳动既是人类历史的现实起点，也应当是历史唯物主义理论的逻辑起点。

关键词：劳动；历史唯物主义；逻辑起点

生产劳动作为人类历史的第一个活动将人与动物区别开来，这种人类最古老的活动是人们为了能够生存而必须每日每时都要去做的事情，"任何一个民族，如果停止劳动，不用说一年，就是几个星期，也要灭亡，这是每一个小孩都知道的。"[1]毫无疑问，马克思注意到了这一基本事实的全部意义和范围，而且他没有在事实面前止步，相反，他不满足于事实的描述和抽象的批判，而是锲而不舍地探寻着这个众人皆知的基本事实的背后所蕴藏着的"真理"，从而发现了历史唯物主义。"历史从哪里开始，思想进程也应当从哪里开始。"[2]现实的人的感性物质劳动既是人类历史的现实起点，也应当是历史唯物主义理论的逻辑起点。劳动范畴的辩证运动表现为历史唯物主义理论的骨骼，它逻辑地展开为社会存在和社会意识的辩证关系原理、社会基本矛盾运动原理、阶级和阶级斗争、国家和革命、人类解放和社会进步以及人民群众和个人的作用等历史唯物主义的基本理论内涵和重要原理，为全面系统地整理出马克思历史唯

---

[1]《马克思恩格斯文集》第十卷，北京：人民出版社，2009年版，第289页。

[2]《马克思恩格斯文集》第二卷，北京：人民出版社，2009年版，第603页。

物主义理论的逻辑体系奠定了坚实的基础。正如卢卡奇所说："在马克思那里，劳动到处都处于中心范畴，在劳动中所有其他规定都已经概括地表现出来。"[1]

一、劳动范畴的本质规定性内蕴社会存在和社会意识的关系原理

马克思将劳动过程的简单要素概括为："有目的的活动或劳动本身，劳动对象和劳动资料。"[2]任何时代的劳动要想得以实现，就必须同时具备这三个要素并使三者紧密结合。在实际劳动过程中，劳动者必须借助于一定的手段和中介即劳动资料，才能使自己的主观意识即劳动目的作用于客观世界即劳动对象，产生满足于自身需要的劳动产品。诚然，劳动过程中的手段、中介、劳动的对象以及赖以生存的物质资料等都是外在于劳动主体而存在的，从本质上讲，它们是人类赖以生存的物质生活条件中最为重要的部分，也是一定社会历史条件下的人们以往劳动的结果。劳动虽是人自由而有意识的感性活动，体现了人的类本质，形成了社会运动区别于其他运动形式的根本特征；但从人与自然的联系来看，人自身也是自然存在物，其劳动活动也受制于个人的肉体组织以及个体生活与其中的社会物质条件。因此，劳动者改造自然的程度和方式是不以劳动者个体的思想意识为转移的，而是取决于受一定社会历史条件限制的社会存在状况。人们只有满足了吃、喝、住、穿等基本的生存需要之后，才能从事其他活动如政治、科学、艺术、宗教，等等。"所以，直接的物质的生活资料的生产，从而一个民族或一个时代的一定的经济发展阶段，便构成基础，人们的国家设施、法的观点、艺术以至宗教观念，就是从这个基础上发展起来的，因而，也必须由这个基础来解释，而不是像过去那样做得相反。"[3]这就形成

[1]卢卡奇：《关于社会存在的本体论——社会存在本体论引论》中译本，重庆：重庆出版社，1993年版，第642页。

[2]《马克思恩格斯文集》第五卷，北京：人民出版社，2009年版，第208页。

[3]《马克思恩格斯文集》第三卷，北京：人民出版社，2009年版，第601页。

了社会存在决定社会意识的观点，正确回答了历史观的基本问题，对以往唯心史观给予了深刻批判，同时也是马克思对自己新唯物主义建构的经典论断。

人们的物质活动与物质交往决定着人们的思想观念与意识的产生。因此，我们不能从人的意识出发、在思想范围内去理解人的现实生活，而要从现实的人的现实生产劳动出发去理解人们的思想意识。"意识在任何时候都只能是被意识到了的存在，而人们的存在就是他们的现实生活过程。"[1] 这说明，意识是在人们的物质交往和需要中产生的，并且随着物质生产的发展而发展。当精神劳动从物质劳动中相对独立出来的时候，意识才能真实地想象并获得相对独立的外观，但这并不代表意识可以脱离物质劳动成为绝对独立的东西。事实上，任何意识无论是个人思想还是作为社会意识形态都源于生活过程，都是现实的物质活动的产物和对现实的物质关系的反映。归根到底，是由人们的现实生活所决定的。其发展绝不能脱离社会存在而独立发展，相反，它们是依赖于物质生产的。正如马克思所说："发展着自己的物质生产和物质交往的人们，在改变自己的这个现实的同时也改变着自己的思维和思维的产物。不是意识决定生活，而是生活决定意识。"[2] 这里的意识不再是黑格尔式的虚假观念和范畴，而是现实的人在其生活过程中的产物，存在也不再是无人身理性的抽象概念或思想为自身所设定的对象，而是现实的生产过程。我们要站在现实历史的基础上，从人的社会劳动出发来解释观念的东西，弄清楚观念产生的来龙去脉和真实面目。此外，劳动还体现了社会运动区别于自然运动的能动性，劳动过程实际上也是人类不断改变自身、人类自我认识不断升华的过程，因而社会意识必然要能动地反作用于社会存在。

---

[1]《马克思恩格斯文集》第一卷，北京：人民出版社，2009 年版，第 525 页。

[2]《马克思恩格斯选集》第一卷，北京：人民出版社，1995 年版，第 525 页。

二、社会基本矛盾原理已经逻辑地包含于马克思劳动范畴的物质规定性和社会规定性的统一中

劳动范畴内在的矛盾运动，逻辑地展开为社会生产方式矛盾运动，以及基于这种矛盾运动的整个人类社会发展规律的学说。马克思在具体研究现实的人的劳动过程中时，抓住了生产劳动的内在矛盾（一方面表现为与自然相联系的客观活动，另一方面又是人的有意识的能动的社会活动），自觉地分析了生产劳动的两个基本构成部分及其辩证关系，揭示了人类社会的有机结构及其存在和发展的基本原因和内在机制。在马克思看来，劳动是人们"同生产力并同他们自身的存在还保持着的唯一联系"[1]——生产力与劳动的物质规定性相联系。在劳动活动中，劳动者与生产资料相结合，使自己的劳动对象化为产品，通过劳动产品的质和量的规定性，显示人类改造自然的实际程度和能力。从这种意义上讲，劳动过程的简单要素也就是生产力的构成要素，这种人的要素和物的要素构成的生产力的总和"是哲学家们想象为'实体'和'人的本质'的东西的现实基础"[2]，是人们改造自然使其适合自己需要的物质力量。然而这只为生产力的形成提供了可能性，要将这种可能性转化为现实性，就必须在一定的条件下以一定的方式将它们结合起来，"这些力量只有在这些个人的交往和相互联系中才是真正的力量。"[3]也就是说，人们只有在劳动过程中结成一定的关系才能展开现实的劳动活动，才会改变自然存在物的形式，展现自身的本质力量。可见，生产关系与劳动的社会规定性密切相关，它就是围绕着人与劳动的关系而形成的人与人的关系，实际上就是人与劳动之关系的实现方式。它体现着生产力中人和物的要素的结合形式，并促成可能的生产力向现实生产力转

---

[1]《马克思恩格斯文集》第一卷，北京：人民出版社，2009年版，第580页。

[2]《马克思恩格斯文集》第一卷，北京：人民出版社，2009年版，第545页。

[3]《马克思恩格斯文集》第一卷，北京：人民出版社，2009年版，第580页。

化，因而是人们进行劳动的活动方式和必要条件。就其内容来说，大体上，"包含着劳动条件——劳动工具和材料——的分配，也包含着积累起来的资本在各个所有者之间的劈分，从而也包含着资本和劳动之间的分裂以及所有制本身的各种不同的形式。"[1] 劳动在人类社会的史前时期还仅仅是人们谋生手段的时候，人们必然要占有劳动成果以及生产资料，而这种占有关系决定着新的劳动过程中人与人的关系，以及分配、交换和消费等关系，从而形成特定的物质生产关系。这种物质关系"是由需要和生产方式决定的，它和人本身有同样长久的历史；这种联系不断采取新的形式，因而就表现为'历史'"[2]，生产力和生产关系既构成了现实的生产劳动，又离不开生产劳动，否则，二者都将成为毫无内容的抽象的东西。

马克思将生产劳动所包含的复杂关系概括为"生产力、社会状况和意识"，其中，生产力是生产劳动中人和自然的关系，它反映了人们在生产中结合的程度和方式；社会状况实际上是指生产劳动中人们结成的社会关系，即是说生产劳动是许多个人的共同活动，本质上就是生产关系；而意识主要是指人与自身意识的关系包括属于思想意识以及以一定的思想意识为指导的政治、法律生活方面的关系即上层建筑。生产劳动中的这三种关系即人与自然的关系、人与人的关系以及人与其自身意识的关系构成了社会的有机结构，构成了人类社会基本矛盾。马克思通过考察劳动分工进而揭示了三者之间的关系，认为，"生产力、社会状况和意识，彼此之间可能而且一定会发生矛盾，因为分工使精神活动和物质活动、享受和劳动、生产和消费由不同的个人来分担这种情况不仅成为可能，而且成为现实，而要使这三个因素彼此不发生矛盾，则只有再消灭分工。"[3] 分工既是生产力发展的结果，又是人们生产关系的体现者，"与这种分工同时出现的还有分配，而且是劳动及其产品的不平等的分配（无论在数量上或质量

---

[1]《马克思恩格斯文集》第一卷，北京：人民出版社，2009年版，第579页。

[2]《马克思恩格斯文集》第一卷，北京：人民出版社，2009年版，第533页。

[3]《马克思恩格斯文集》第一卷，北京：人民出版社，2009年版，第535页。

上）；因而产生了所有制。"[1]正是基于这种认识，马克思和恩格斯第一次把人类社会的发展划分为依次更替的五种社会形态，即部落所有制、古代所有制、封建所有制、资本主义所有制和共产主义所有制，从而将人类社会发展看成是一个自然历史过程。马克思还指出："社会关系和生产力密切相连。随着新生产力的获得，人们改变自己的生产方式，随着生产方式即谋生的方式的改变，人们也就会改变自己的一切社会关系。"[2]生产关系"在过去一切历史阶段上受生产力制约同时又制约生产力"[3]。生产力虽决定生产关系，但人们在生产关系中的地位也直接决定着人们在生产中扮演的角色，影响着人们满足自己需要的形式。当生产力的发展达到了生产关系所容许的范围时，原来适应并促进生产力发展的生产关系就会变成束缚生产力进一步发展的桎梏。这时，"已成为桎梏的旧交往形式被适应于比较发达的生产力，因而也适应于进步的个人自主活动方式的新交往形式所代替"[4]，而这种生产力与生产关系的矛盾运动，每一次都不免要爆发为社会革命。正是这种矛盾运动成为人类社会发展的客观规律，推动社会向前发展。通过科学制定生产关系范畴，马克思将市民社会理解为经济基础即一定生产关系的总和，进而又阐明了经济基础与上层建筑的辩证关系原理。历史唯物主义正是："从直接生活的物质生产出发阐述现实的生产过程，把同这种生产方式相联系的、它所产生的交往形式即各个不同阶段上的市民社会理解为整个历史的基础，从市民社会作为国家的活动描述市民社会，同时从市民社会出发阐明意识的所有各种不同的理论产物和形式，如宗教、哲学、道德等，而且追溯它们产生的过程。"[5]也就是说，物质生产劳动和由它决定的生产方式发展到一定的阶段，便产生了与之相适应的社会经济形态，并由此

---

[1]《马克思恩格斯文集》第一卷，北京：人民出版社，2009年版，第536页。

[2]《马克思恩格斯文集》第一卷，北京：人民出版社，2009年版，第602页。

[3]《马克思恩格斯选集》第一卷，北京：人民出版社，1995年版，第87页。

[4]《马克思恩格斯文集》第一卷，北京：人民出版社，2009年版，第575页。

[5]《马克思恩格斯文集》第一卷，北京：人民出版社，2009年版，第544页。

产生出国家制度和社会意识形态，而它们只不过是用来维护产生自己的经济基础而已。因而，经济基础决定上层建筑，上层建筑反作用于经济基础。马克思还告诫无产阶级，要使自己从雇佣劳动和资本的统治中解放出来，就必须进行社会革命，改变自己的一切社会关系。

三、马克思劳动范畴的持续动态发展过程展开了整个人类社会的历史并不断追寻历史的根源、社会的进步和人类的自由解放

马克思从现实的人的现实劳动出发来看待社会历史，看到了人类社会历史总是自觉不自觉地趋向符合人类自身要求全面发展的价值方向，并从劳动范畴内在矛盾运动的趋势中论证了人类解放的历史必然性、现实可能性以及实现力量。可以说，马克思的劳动概念蕴含着历史唯物主义关于社会进步和人类的自由解放的现实逻辑。正如张曙光教授指出的："马克思通过人的吃喝住穿这一最基本的日常现象，发现的不只是人的存在的肉身性即感性特质，甚至也不只是人类历史的世俗基础，而且是人类在这个基础上站立起来并掌握自己历史命运的途径——不无粗糙的生产劳动对于人和人的感性世界形成与发展的奠基、推动作用，以及这一活动自身的不断改变与超越。"[1]因而，对人类社会来讲，社会进步的程度取决于劳动的性质和发展状况。社会结构和面貌是由不同的劳动方式造成的，劳动方式的变化必然带来社会的发展和进步。为此，马克思以恢宏的历史感向我们展现了人类劳动发展的历史形式和辩证运动历程，并且着重考察了人类社会尤其是阶级社会中劳动发展的历史形式。由于原始社会的劳动生产率极其低下，生产资料归原始公社共同所有，没有剩余劳动，劳动的目的是直接满足人们对生活资料的需要，因而这种劳动是人们平等地集体地进行的，"是一切文明民族的历史初期都有过的这种劳动的原始的形式。"[2]随着

---

[1] 张曙光：《马克思主义哲学研究应有的现实性与超越性》，中国社会科学，2006 年第 4 期，第 5 页。

[2] 《马克思恩格斯文集》第五卷，北京：人民出版社，2009 年版，第 95 页。

劳动的发展及生产力水平的提高，人类产生了以生产资料私有制为基础的阶级社会，这时人们的劳动才逐渐在必要劳动之上产生了剩余劳动。马克思指出："剩余劳动，即超出劳动者维持自身生活所必需的时间以外的劳动。"[1]剩余劳动的产品被别人占有，即对劳动的剥削，是到目前为止一切在阶级对立中运动的社会形式的共同点。劳动的历史形式在阶级社会中先后出现了奴隶社会的奴隶劳动、封建社会的徭役劳动以及资本主义社会的雇佣劳动等，这三种劳动形式都不再是劳动者个人存在的积极表现和自我享受，实际上是剥削的三种形式，其最明显地反映了人与人之间的剥削与被剥削关系。正如马克思所说："在奴隶劳动、徭役劳动、雇佣劳动这样一些劳动的历史形式下，劳动始终是令人厌恶的事情，始终表现为外在的强制劳动，而与此相反，不劳动却是'自由和幸福'。"[2]显然，在阶级社会的各劳动形式中，人的劳动活动与物质生活的生产方式是分开的，普遍存在着劳动的强制和异化现象，只不过，在前资本主义社会，它们成为"自主活动的从属形式"，而在资本主义社会中，异化劳动则"失去了任何自主活动的假象"，仅仅成为谋生的劳动，即物质生活成为劳动的唯一目的，劳动狭隘地成为一种满足需要的活动。于是，这些劳动的"每个一定的历史形式，都会进一步发展这个过程的物质基础和社会形式。这个一定的历史形式达到一定的成熟阶段就会被抛弃，并让位给较高级的形式。"[3]历史唯物主义的价值旨趣即始终关切人的自由而全面发展，这种价值追求必然体现在劳动形式的演变上，为人类自由全面发展而实行的自由劳动将是劳动形式的最高形式。

毋庸置疑，在现实的历史的逻辑的指引下，马克思尤为突出地考察了现代资本主义社会的现实劳动，认为以大工业为基础的资本主义生产方式使劳动与雇佣劳动合二为一，雇佣劳动"表现为全面的异化"，是"生产活动对它本身

---

[1]《马克思恩格斯文集》第九卷，北京：人民出版社，2009年版，第217页。

[2]《马克思恩格斯文集》第八卷，北京：人民出版社，2009年版，第174页。

[3]《马克思恩格斯文集》第七卷，北京：人民出版社，2009年版，第1000页。

的条件和对它本身的产品的关系所表现出来的极端异化形式"[1]，集中体现了资本主义社会全面的矛盾和对立。因而，具有极端异化形式的雇佣劳动，只是"一个必然的过渡点"，但绝不是生产的某种绝对必然性，倒只是一种暂时的必然性。"它已经自在地、但还只是以歪曲的头脚倒置的形式，包含着一切狭隘的生产前提的解体，而且它还创造和建立无条件的生产前提，从而为个人生产力的全面的、普遍的发展创造和建立充分的物质条件。"[2]可见，现代资本主义生产方式在剥削劳动者的同时，也创造了巨大的社会生产力，为雇佣劳动的消灭创造了物质前提，对于人的全面发展也有一定的促进作用。与此同时，马克思强调对于异化劳动的消除，"只有在劳动本身的活动中才能实现"[3]，"绝不能把它理解为用一种范畴取代另一种范畴"[4]。只有彻底推翻一切旧的社会关系和劳动组织形式存在的基础，根本改造旧的生产方式，代之以新型的生产方式和劳动组织关系，使雇佣劳动转化为自主活动，使自主活动与人的物质生活真正一致起来，才能彻底消除资本主义私有制，使大量的剩余劳动或物质财富将转化为自由时间。而在自由时间中，人们从事的劳动和交往是以发展自身的能力为目的的，这样，"个人会在艺术、科学等方面得到发展。"[5]由此，人类社会进入了崭新的阶段即共产主义社会，在这种新型社会下，劳动无论就其形式还是内容将会发生革命性变化，出现一种真正自由的劳动。在这种自由劳动中，人们超越了自身内在的自然必然性，扬弃了"物的依赖关系"而形成自由个性。由是说，劳动的辩证运动过程就是人类的自由解放的现实历史过程，随着劳动活动本身不仅仅是谋生的手段，而且成为人生活的第一需要时，人类的全面发展和自由解放就得以实现。

---

[1]《马克思恩格斯全集》第三十卷，北京：人民出版社，1995年版，第511页。

[2]《马克思恩格斯全集》第三十卷，北京：人民出版社，1995年版，第512页。

[3]《马克思恩格斯全集》第四十六卷下册，北京：人民出版社，1980年版，第514页。

[4]《马克思恩格斯全集》第四十二卷，北京：人民出版社，1979年版，第255页。

[5]《马克思恩格斯文集》第八卷，北京：人民出版社，2009年版，第197页。

此外，马克思主义作为在劳动发展史中找到理解全部社会发展史的锁钥的新派别，一开始就是面向劳动者即工人阶级的，他们既看到了无产阶级在创造物质财富的过程中，不断发展着自身认识和改造客观世界的能力，推动生产力的发展，也看到了无产阶级在资本主义社会制度下所处的物化境遇，现实的矛盾使马克思肯定地指出无产阶级是现代资本主义社会雇佣劳动制度的掘墓人。正是因为马克思对劳动的内涵进行了深刻的理解，才使他找到了实现社会进步和进行"现实的共产主义行动"的主体，找到了实现人类自由解放的阶级力量和现实力量，即联合起来的无产阶级，只有无产阶级才是使这一事业取得"光辉的成果"的基本力量。正如马克思所说："完成这一解放世界的事业，是现代无产阶级的历史使命。"循着马克思劳动范畴展开的逻辑，我们将会发现许多以往尚未被注意到的思想内容，这必定会开创出历史唯物主义研究的新境界，更好地彰显马克思历史观关于人类解放的价值旨趣。

（作者：任琳，原文载于《甘肃理论学刊》，2013 年第 4 期）

后　记

　　回首这几年求学与研究的历程，自己不仅在学问上获益颇多，而且在为人处世上也有了很大的进步。感谢中华女子学院给我提供了一个非常浓厚的科研氛围，感谢马克思主义学院为我提供的优良的教学与研究环境，在此深深地对学校及学院道一声谢谢！过往的点点滴滴都将是我一生中的美好回忆。

　　衷心感谢我的恩师吴克峰教授对我的关心和指导！书稿从选题构思到资料的查阅，从确定写作框架再到撰写定稿都是在吴老师的悉心指导下才得以完成。由于笔者的能力水平有限，在写作时难免会考虑不周全，因此也给恩师增添了很多负担。但在修改和完善的过程中，吴老师总是不厌其烦地给予我精心的指导和帮助。除了敬佩吴老师渊博的学识和深厚的理论功底之外，吴老师严谨的治学态度、诲人不倦的敬业精神、谦逊的学者风范及仁厚的君子品格也是我学习的榜样。恩师不仅是我学业上的导师，更是我的人生导师。吴老师的谆谆教诲始终激励着我不断开拓进取、奋发向上，他还教给了我求真务实的治学态度以及善于思考、勇于创新的治学方法，这些都是我终生受之不尽的宝贵财富并将积极影响我今后的学习和工作。在此，向吴老师致以最衷心的感谢和最崇高的敬意！

　　衷心感谢我的家人多年来对我无私的关爱和奉献！在书稿写作期间，我的父母、公婆以及爱人都给予了我莫大的精神支持与鼓励，是他们的支持与鼓励给了我克服困难的信心和勇气，使我不断前进并且能够在学校专心完成我的学业。另外，我时刻牵挂的女儿和儿子也给了我很大的精神动力和支撑，对他们的思念使我一直要求自己、督促自己尽快整理完成写作，以早日腾出时间多陪伴他们。所有这些，都滋养着我的心灵，增强了我对生活的热爱和对社会的感恩之情，鞭策和激励着我更加努力地去回报社会。

最后，需要说明的是，历史唯物主义范畴体系这一选题涉及面非常广，书稿在构思及写作的过程中广泛吸收借鉴了目前学界已有的研究成果，并对所引用和参阅的这些成果在文中已尽力做了标注，如有疏漏，在此一并向这些文献的作者表示最诚挚的谢意！

任琳

2024 年 12 月